여성과 알코올

여성과 알코올

패치 스태던 엮음 | 정슬기 옮김

사회평론아카데미

여성과 알코올

2023년 12월 7일 초판 1쇄 찍음
2023년 12월 20일 초판 1쇄 펴냄

엮은이 패치 스태던
옮긴이 정슬기
편집 이소영·김혜림·조유리
표지·본문 디자인 김진운
본문조판 민들레
마케팅 김현주

펴낸이 윤철호
펴낸곳 (주)사회평론아카데미
등록번호 2013-000247(2013년 8월 23일)
전화 02-326-1545
팩스 02-326-1626
주소 03993 서울특별시 마포구 월드컵북로6길 56
이메일 academy@sapyoung.com
홈페이지 www.sapyoung.com
ISBN 979-11-6707-132-3 93330

* 잘못 만들어진 책은 바꾸어 드립니다.

※ 일러두기

1. alcoholism은 알코올의존증, 알코올중독 등으로 번역할 수 있다. 이 책은 보다 대중적인
   표현인 알코올중독으로 번역했다.
2. 각주 중 지은이의 주는 숫자, 옮긴이의 주는 *로 표시했다.
3. 원서에서 이탤릭체로 표시한 부분은 고딕체로 바꾸었다.

옮긴이의 글

　지난 20년간 대학에서 중독 수업을 진행하면서 학생들과 함께 한국 사회의 음주와 음주 문제, 그리고 음주 관련 문제를 강화하는 생물학적, 심리적, 사회적 요인들을 공부하고 이에 대한 개입과 예방 및 정책을 고민해 왔다. 그런데 알코올 연구 영역에서 여성의 음주를 다루는 내용은 매우 제한적이었다. 여성과 음주에 대한 주제는 주로 신체적 차이와 생물학적 특성에 맞춰져 있다. 여성은 남성에 비해 신체 내 수분 비율이 낮아서 같은 양의 술을 마셔도 혈중 알코올 농도가 더 높아지며, 임신 중 음주는 태아 알코올 스펙트럼 장애FASD를 초래할 수 있어 위험하다는 정보가 주를 이룬다. 예상할 수 있듯이 여기에 따라오는 제언은 그렇기에 여성은 더욱 알코올을 조심해야 한다는 것이다. 하지만 이것만으로 여성의 음주를 이해하기에는 부족했다.

　알코올을 주제로 하는 수많은 연구가 있지만, 여성 혹은 젠더를 중심에 두고 여성이 음주하는 이유, 음주하는 방식, 여성 음주의 의미, 여성이 원하는 치료 등을 촘촘하게 들여다본 연구는 많지 않다. 국외에서는 관련 연구들이 1980년대 이후에 활발하게 나오기 시작했고 책으로도 출간되었지만, 국내에 소개된 적은 거의 없다. 보다 전인적으로 여성의 음주를 탐구한 책을 학생들과 나누고 싶어서 갈

증을 느끼던 차에 패치 스태던이 엮은『여성과 알코올Women and Alcohol: Social Perspectives』을 만나게 되었다. 이 책은 여성의 음주가 그들이 살고 있는 사회와 문화와 환경과 관련되어 있다는 것을 다양한 방식으로 설명한다. 저자들은 음주 문제를 질병으로만 보는 전통 의학적 시각에서 벗어나 확장된 시각으로 여성의 음주를 이해하기 위해 사회적 모델을 적용한다. 사회적 모델은 음주의 맥락을 그 사회의 문화, 차별, 배제와 같은 사회적 요인과 더불어 이해하려는 모델이며, 음주 문제에 대한 사회적 책임까지 볼 수 있게 우리의 사고를 확장시켜 준다. 문제적 사용 여부를 떠나 여성이 속해 있는 문화와 상황을 이해해야, 여성들이 사는 삶에서 발생하는 권력의 차이가 여성 음주에 어떤 방식으로 작동하는지 볼 수 있다. 음주에 관대한 한국 사회에서 개인의 사회생활 능력을 보여주는 요소 중 주량은 높은 비중을 차지하는데, 유독 한국 드라마나 영화에 등장하는 성공한 여성은 음주에도 능한 캐릭터로 묘사되는 경우가 많다. 게다가 주류업계는 여성의 술 소비를 늘리기 위해 알코올 도수가 낮은 저도주를 출시하고 공격적인 마케팅을 펼친다. 하지만 여성의 알코올 문제나 중독을 대하는 태도는 남성에 비해 더 가혹하고 복합적이다. 이 책은 사회적 관점을 차용하여 여성에게만 부과되는 기대, 비난, 낙인, 규제 등이 어떻게 여성의 음주를 규정하고 설명하는지 보여 준다.

이 책의 집필진은 알코올 문제를 연구하는 교수와 연구자는 물론 젠더 연구자, 사회복지사, 간호사, 상담가, 지역사회 교육 전문가, 그리고 알코올의존으로부터 회복한 경험을 가진 당사자에 이르기

6

까지 다양한 경력을 가지고 여성의 음주를 주제로 다채로운 이야기를 펼친다. 이들이 여성의 음주를 문제적 관점으로만 접근하는 것은 아니다. 일반적으로 음주에 대한 논의는 남용 혹은 의존에만 매몰되어 있고 남용이냐 아니냐의 이분법에 경도되어 있다는 점을 지적하며 음주하는 여성의 다양한 목소리를 대변한다. 특히 2부 '다양한 여성들의 목소리'에 소개된 소수자 집단의 음주 경험을 둘러싼 연구들은 그동안 듣지 못했던 내용을 이해하고 침묵에 귀를 기울여야 할 필요성을 보여 준다. 7장 '카리브계 흑인 여성과 크리스마스 케이크', 8장 '레즈비언 여성의 음주 이해하기: 지지와 연대의 필요성', 9장 '음주 이면에 감춰진 아픔을 들여다봐야 한다'에서 들려주는 이야기는 알코올이 일시적으로나마 고통이나 규범적 사회의 기대로부터 벗어나게 해 주는 도구이며, 때로는 저항의 방식이자 대처방식, 그리고 권리를 가진 한 개인의 표현이라는 것을 알려 준다.

이 책의 여러 장을 따라가다 보면 여성이 술을 마시는 맥락과 음주를 지속하는 원인이 남성의 그것과는 구별되는 측면이 있다는 것을 알 수 있다. 게다가 여성의 음주는 사회적으로 항상 더 큰 주목을 받는다. 그런데 막상 음주로 인한 문제가 발생했을 때, 여성을 대상으로 한 차별화된 서비스는 거의 없다. 전통적으로 알코올 문제에서 젠더는 중요한 요인으로 고려되지 않았다. 알코올 문제의 원인과 유형과 치료법은 성별에 따라 상당한 차이가 있다는 학문적 인식이 증가하고 있지만 치료는 여전히 이를 반영하지 못하고 있다.

여러 특성 중에서도 여성의 알코올 문제는 유독 수치심과 연결된다. 알코올 문제를 겪는 여성은 사회가 기대하는 규범에 미치지 못했다는 죄책감, 가족을 지켜야 한다는 기대에 부응하지 못했다는 생각 때문에 수치심을 느끼며 이는 여성이 주위에 도움 청하기를 주저하게 만든다. 이럴수록 당사자의 목소리가 중요한데, 이 책은 여성에게 필요한 치료 서비스 요소들을 그들의 목소리로 전달한다. 여성들은 비심판적이고 신뢰할 수 있는 분위기에서 자신의 어려움을 이야기하는 장場, field, 다른 사람으로부터 평가받는다는 느낌 없이 내 감정을 이야기할 수 있는 장을 원했다. 특히 여성은 돌봄 책임을 맡고 있는 경우가 많기 때문에 위치와 접근성의 문제를 고려하지 않을 수 없다. 저자들은 이에 대한 대안으로 1차 의료기관에서 알코올 문제를 다룰 수 있는 모델과 지역 내 평생교육 장에서 알코올 문제 다루기 등을 제시한다. 이러한 방법들은 전통적인 치료 방식이나 보편적으로 이루어지는 치료 방식과는 다소 차이가 있다. 하지만 알코올 문제가 만연한 한국 사회에서는 보다 다양하고 대안적인 방식으로 알코올 문제에 접근하는 관점을 진지하게 고민할 필요가 있다.

이 책은 중독과 정신건강에 관심이 있는 연구자, 학생, 다양한 직역의 현장 전문가들에게 여성의 음주를 이해하는 폭넓은 시각을 제공할 수 있을 것이다. 젠더를 중심에 두고 중독을 이해하고자 하는 이들에게 이 책이 조금이라도 도움이 되기를 바란다. 아울러 음주 및 중독의 문제도 다양성 혹은 서로 다름을 중요하게 여기는 사회 안에서 고민되고 탐색되기를 기대해 본다.

실력이 출중한 전문 번역가들이 많음에도 불구하고 감히 혼자 책 전체를 번역하기로 결정하게 된 데는 대중서가 아닌 이 책이 번역가들의 선택을 받지 못할 것이라 생각한 이유가 컸다. 여러 번 다듬고, 보고 또 봤음에도 여전히 오류가 있을 터인데, 오역의 책임은 오롯이 옮긴이에게 있다. 독자분들에게 미리 양해를 구한다. 울퉁불퉁한 초벌 번역본을 함께 읽어봐 준 든든한 제자이자 동료인 이수영 선생, 이수비 선생, 김지선 선생에게 고마움을 전한다. 독서 인구 감소라는 어려운 상황에서도 책의 가치를 알아봐 주시고 출판을 결정해 주신 ㈜사회평론아카데미 윤철호 사장님께 큰 빚을 졌다. 마지막으로 거듭되는 수정에도 인내심을 가지고 함께 애써 준 김혜림 편집자에게 깊은 감사의 마음을 전한다.

2023년 12월

정슬기

서문

엘리자베스 에터Elizabeth Ettorre, 리버풀 대학교 사회학과 석좌교수

『여성과 알코올Women and Alcohol: Social Perspectives』은 알코올 분야에서 젠더가 어떻게 작용하는지에 대한 논쟁을 독려하며, 젠더 감수성을 갖춘 지식 생산이 우리를 한발 더 앞으로 나아가게 한다는 것을 보여 준다. 집필진은 변화가 가능한 우리의 인식론, 지식, 패러다임, 담론, 개념과 실천을 어떻게 바꿀 수 있을지 신중하게 선택하고 설명한다. 집필진은 '새로운 관점을 구성하기 위해서는 지금까지 가지고 있던 생각을 내려놔야 한다'는 의미의 '다시 생각하기re-vision'가 필요하다고 주장한다(Clarke and Olesen, 1999, p. 3). 『여성과 알코올』은 여성의 음주와 젠더 경험에 대한 새로운 통찰력을 구성하기 위해서는 술을 마시거나 오용하는 여성을 폄훼하는 시선, 이들을 향한 편견으로 가득한 생각과 불공정하고 낡아 빠진 이미지를 모두 없애야 한다고 강조한다.

이 책은 사회적 모델을 강조한다는 점에서, 그리고 다시 생각하는 관점을 취한다는 점에서 특별하다. 여기에는 여성과 알코올의 문제를 엄격한 의료 모델로부터 분리시키고 정치적으로 들여다보려는 노력이 담겨 있다. 책 전반에 걸쳐 있는 암묵적 가정은 술을 마시거나 오용하는 여성이 주변화되고 있다는 것을 인정하는 사회, 서로 다름을 중심에 두는 사회를 만들어 가는 것이 필요하다는 점이다.

그러한 가정을 바탕으로 집필진은 주변화되고 특권화된 공간에서 만들어진 규범적 생각과 실천에 의문을 제기할 수 있었다. 이들은 규범적 사고를 가진 이들에게 문제를 제기하고 구조적, 관계적 그리고 문화적 변화에 영향을 미치려고 노력한다.

같은 맥락에서 중독에 대한 질병 관점과 이에 기반한 연구 및 치료 지식은 약물을 사용하거나 음주하는 여성의 삶을 구성하는 젠더, 계급, 그리고 인종 차이에 대해 눈감게 만들었다(Campbell and Et-torre, 2011). 이러한 권력의 차이에 대한 앎이 없다면 마땅히 알아야할 여성의 구체적인 요구에 대해서도 계속 알 수 없을 것이다. 여기서 페미니스트적 혹은 젠더 감수성을 갖춘 지식 생산은 중독의 질병 관점을 지배하는 '무지의 인식론'(Tuana, 2006)을 극복할 수 있는 유망한 통로다. 여성의 건강운동 맥락을 연구한 투아나(Tuana, 2006)는 이러한 저항운동이 지식의 순환뿐 아니라 무지의 순환과도 연결되어 있다고 지적한다. 간단히 말하면 어떤 것에 대한 앎이 있기까지의 복잡한 과정 뒤에는 알지 못함에서 오는 실천들이 존재한다는 것이다. 투아나(2006, p. 2)는 그동안 존재해 온 지식 영역 내 집단적 학습 해체unlearning를 가져온 실천을 이해해야 한다고 주장한다. 이는 중독 과학의 영역에 내재된 무지를 확인시켜줄 뿐 아니라, 사회운동 발전의 핵심 요소들은 앎의 실천뿐 아니라 무지의 실천에 의해서도 구성되고 만들어진다는 것을 확인시켜 준다. 실제로 젠더화되고, 성별화되고, 계급화되고, 인종화된 논의를 기반으로 생성된 '무지의 인식론'에 근거한 실천은 여성 알코올 사용자 또는 '오용자'가 무엇을 필요로 하는지 알기 어렵게 만든다.

여성 알코올 오용자를 대상으로 하는 젠더 감수성을 담은 분석을 위해서는 권력 차이라는 개념을 우리의 정치적 투쟁의 중심에 두어야 한다. 『여성과 알코올』은 문제적 사용 여부를 떠나 여성의 음주를 그들이 살고 있는 특정 문화와 상황에서 이해함으로써 그것을 가능하게 한다. 또한 장애의 사회적 모델에서 비롯된 사회적 모델을 추구한다는 것은 혁신적이며 정치적으로도 합당하다. 이제는 영국 학계가 이론과 경험을 기반으로 여성과 알코올 분야에 다학제적으로 기여해야 할 때다. 여기에 응답하는 것이 바로 『여성과 알코올』이다.

들어가는 글

패치 스태던

이 책을 읽어야 하는 이유

이 책의 핵심 주제는 사회적, 환경적 맥락 내에서 알코올 '오용'과 관련된 문제를 이해할 때 비로소 제대로 이해할 수 있다는 것이다. 종종 '사회적 모델'(Beresford, 2002; 이 책 1장)이라고 불리는 이러한 이해는 필연적으로 정치적 관점을 포함하는데, 사회학적으로 본다는 것은 우리 삶의 사회적 요소와 개인 요소 사이의 연관성을 비판적으로 본다는 것이기 때문이다(Mills, 1959). 이는 의학적 해석에만 치우치는 것과 같은 상대적으로 좁은 견해가 주를 이루지 않게 바로잡아 준다(Oakley, 2007). 이러한 관점을 적용하는 것은 알코올 문제가 사회적으로 그리고 의학적으로 어떻게 인식되고 다루어지는지에 영향을 미친다. 그중에서도 특히 젠더의 중요성을 다루는 것은 시급하다.

이 책의 지향점

이 책의 목표 중 하나는 미디어가 어떤 방식으로 여성의 음주를 묘사하고 때로는 왜곡시켜 도덕적 패닉(Cohen, 1972)을 초래했는지(Plant and Plant, 2006)를 설명하는 것이다. 반면 각 장의 저자들은 문제가 있든 없든, 여성의 음주가 그들이 살고 있는 특정 문화와 환경과 관련되어 있음을 각자의 방식으로 설명한다. 전체적으로 이 책은 여성이 다양한 음주문화에 대처하는 여러 가지 방법을 보여 준다. 즉, 알코올은 여러 의미를 가지고 있는데, 예컨대 카리브계 흑인 여성과 대다수 레즈비언 여성에게 알코올은 각각 다른 방식과 다른 목적으로 사용된다. 알코올은 가정폭력에 대처하는 방법이기도 하고, 과거에 겪은 학대와 외상의 여파에 대처하기 위해 사용되기도 한다.

이 책은 특히 알코올 치료의 사회적 모델 발달에 장애물이 되는 요소를 살펴본다. 여기에는 '알코올중독'을 질병으로 보면서도 동시에 부도덕함으로 인식하는 대중의 이해(오해)도 포함된다. 이는 '잘못을 저지르는 사람'에게 꼬리표를 붙이고 주변화시킴으로써 우리 사회 자체는 '그렇지 않다'고 위안받으려는 사회적 기능을 수행한다(Becker, 1963; Goffman, 1963; Staddon, 2005; Ettorre, 2007). 그러나 이 접근법은 궁극적으로는 자기패배적이고 일탈을 강조하며(Merton, 1968), 결국 소외(Staddon, 2005; Ettorre, 2007)와 사회적 부조화(social dissonance, Wearing et al, 1994)를 초래한다. 게다가 이런 제재는 남성에 비해 높은 도덕적 잣대가 적용되고 더 많이 주목받으며 비판받는 여성에게 더 큰 영향을 미친다(Ettorre, 1992, 1997; Waterson, 2000).

이 책의 세 번째 목표는 여성이 알코올을 사용하는 방법이 다양할 뿐 아니라, 문제음주로부터 회복하는 방법도 여럿임을 보여 주는 것이다.

알코올 연구에서 젠더를 고려하다

영국에서 왜 술을 마시는지, 왜 알코올 문제가 발생하는지, 혹은 이 문제를 어떻게 다루어야 하는지 등을 주제로 하는 알코올 연구에서 젠더를 관련 요인으로 고려하기 시작한 건 비교적 최근에 와서였다(Ettorre, 1997; Waterson, 2000; Raine, 2001). 젠더가 누락되었던 것은 여성이 망신을 당할까 두려워 음주 문제가 있다는 것을 인정하기를 꺼리기 때문일 수도 있다. 여성 음주에 관한 가장 초기 기록 중 하나는 에세이집『여성의 알코올 문제Alcohol problems in women』(Wilsnack and Beckman, 1984)이다. 이들은 여성의 상징적 역할(Fillmore, 1984)과 같은 젠더 요인에 대해 설명했고, 초기 연구자들이 연구에 포함하기에 충분할 만큼 술을 마신다는 사실을 인정한 여성을 찾기가 어려웠던 경험도(매번 기록으로 남기지는 않았지만) 기술하고 있다. 그로부터

10여 년 후, 플랜트(Plant, 1997)는 여성 음주의 역사를 정리했는데, 여기에는 여성의 음주와 음주 방식의 두드러진 차이, 다르게 나타나는 신체적 차이, 심리적 차이, 여성에게만 적용되는 음주 구성 방식, 그리고 알코올 치료와 '알코올중독자모임AA'에서 여성이 겪은 다양한 경험이 잘 나타나 있다.

에터Ettorre의 두 저작인 『여성과 약물 사용Women and substance use』 (1992)과 『여성과 알코올: 개인적인 즐거움인가 공공의 문제인가? Women and alcohol: A private pleasure or a public problems』(1997)는 여성의 음주에 대한 사회학적 이해를 크게 증진시켰다. 미섬과 브레인(Measham and Brain, 2005)은 여성에 대한 사회적 압력이 과음을 부추길 수 있다고 설명했고, 밴 워시와 워커(Van Wersh and Walker, 2009), 그리고 스태던(Staddon, 2009, 2011a, 2011b, 2012, 2013a, 2013b)의 연구들은 이 가설을 증명했다. 동시에 에터(Ettorre, 1997, 2007)는 쾌락을 누릴 권리와 사회적 압력으로부터 잠시나마 자유로워질 권리를 주장했으며, 성인이 되고 역량을 개발하는 영역에서 알코올이 차지하는 역할도 설명했다(Staddon, 2005; Sulkunen, 2007).

이러한 일련의 배경은 영국에서 알코올 '치료' 정책에 젠더를 고려하는 것이 중요하다는 인식을 증가시켰으며 인종, 민족, 종교, 장애와 같은 잠재적 차별 요소도 고려하게 했다. 여성(그리고 남성)에 대한 사회구조와 조직의 영향에 주목하는 것은 물질중독과 관련해 건강 문제의 다양한 원인을 보게 한다. 즉, 음주의 사회적 모델(Staddon, 2013b)은 정신적 고통의 근원을 조금 다르게 보는데, 개인의 심리보다는 우리 사회 자체의 특성에서 그 원인을 찾는다(Wilkinson and

Pickett, 2009).

낙오자라는 인식에 도전하기

다른 정신건강 생존자에 비해 알코올 오용 생존자와 대중 및 의료계는 아직까지 음주 문제에 대한 비판적 목소리를 발전시키지 못해 왔다(Staddon, 2012, 2013a). 이제는 음주하는 당사자가 알코올을 오용하는 사람을 낙오자, 또는 신뢰할 수 없는 부도덕하고 병든 자라고 보는 사회의 시선에 도전할 수 있어야 한다(Staddon, 2013b). 이러한 사회적 불의와 억압은 이 책의 중요한 주제이며, 저자들은 알코올 문제 회복과정에서 여성들이 자존감을 되찾고, 사회적 자본을 확립할 수 있는 환경을 만들어 가야 할 필요성을 피력한다.

'음주가 던지는 여러 질문은 음주 행위 자체보다 더 많은 것을 내포한다.'(Nicholls, 2009, p. 261) 알코올 사용과 오용의 사회적 모델은 불평등의 정치와 직접적으로 연결된다. 이 책의 저자들은 불평등과 기회 부족으로 인해 발생하는 구조적 폭력을 설명한다. 나는 다른 글에서 여성의 알코올 문제를 설명하는 사회적 모델의 정치적 중요성과 여성 음주가 어떻게 인식되고 취급되는지에 대해 설명한 바 있다(Staddon, 2013b).

분량 문제로 이 책에 미처 담지 못한 영역은 여성 음주와 임신 및 장애와 관련한 내용이다. 이는 향후 꼭 탐색하고 싶은 영역이다. 여성 '웰빙'에 대한 사회학은 이 영역에서 선택의 자유와 건강의 본질에 관한 흥미로운 논쟁들을 발견할 것이다.

회복접근과 여성에게 필요한 치료

과거에는 사람들이 어떻게 회복하는지, 얼마나 성공적으로 회복하는지 또는 회복이 어떤 의미인지에 대한 확실한 증거가 부족했다(White, 2008). '회복접근은 미국 민권운동에서 시작되었다(Chamberlin, 1978; Davidson et al, 2010). 회복접근은 증상의 지속 유무와 관계없이 삶의 질을 유지하는 것에 중점을 두며, 정신건강 문제를 가진 당사자가 정의를 내리는 것이다.'(National Involvement Policy, 2014, p. 4) 이 모델은 단순히 증상을 치료하거나 관리하는 것이 아니라 희망, 수용, 통제, 기본욕구 및 의미 있는 활동[1]을 통해 정신건강 문제를 가진 당사자의 탄력성을 만들어 가는 과정을 중시한다(National Involvement Partnership, 2014, p. 1).

그러나 회복 개념, 심지어 웰빙 개념도 물질적 불평등을 무시할 위험이 있으며(Friedli, 2009; 이 책 1장), 이 두 단어에 의미와 중요성이 과다하게 부여된 경향이 있다. 웰빙 의제에 내재된 또 다른 위험은 비정치화de-politicisation다. 즉, 알코올중독을 주로 사회적 요인에 의해 발생되고 여러 불평등으로 인해 악화되는 문제라고 이해하기보다, 개인의 문제로 인식하는 위험이다. 이러한 인식은 자격이 있는 환자

1 https://rethink.org/advice-and-information/living-with-mental-illness/treatment-and-support/recovery-and-mental-illness/

와 자격이 없는 환자 논쟁(Shaw, 2004)에 힘을 실어 주고 개인이 겪는 어려움의 책임을 개인에게 돌리는 데 일조한다. 그럼에도 불구하고 회복관점은 적어도 이론적으로는 인생의 여정을 전인적으로 조망하고, 스스로 결정하고 삶을 운영하면서 서로에게 배우는 것을 지지한다(Wright, 2012). 또한 중독을 이해하는 전통적 방법에 도전하고(White, 2008) 사회 변화를 촉진할 수 있다.

이 책뿐 아니라 다른 여러 연구(Women's Health Council of Ireland, 2005; Neville and Henrickson, 2005; Eliason, 2006; Niv and Hser, 2007; Women's Resource Cen-tre, 2007)에서도 여성은 알코올 문제와 관련해 남성과 구별되는 치료적 요구를 가지고 있는 것으로 나타났다. 하지만 의사들은 음주 문제를 호소하는 환자에게 귀를 기울이는 기술이 부족하고, 적절하고 전인적인 도움을 제공할 수 있는 정보를 충분히 가지고 있지 않은 것으로 알려져 있어서 이러한 차별성을 이해하지 못할 수 있다(이 책 1장). 일반의는 알코올 문제를 가진 이들에게 '도덕적 관점'에 근거한 일종의 혐오감을 갖기도 하며, 자신들이 마땅히 해야 하는 일임에도 불구하고 알코올 문제 치료는 골치 아프고 품위가 떨어지는 불쾌한 일로 여겨 회피하기도 한다(Shaw, 2004). 또한 이들을 '단골 환자'*라고 부르기도 한다. 일부에서는 의사 수련 과정이 의사와 환자 모두가 기대하는 도덕적 중재자라는 역할을 제대로 훈련시키지 못한다고 주장한다(Crome, 1999; Abbasi, 2004; International Drug for Drug Policy, 2007). 의사들은 자신이 받아 온 교육과 실제 경험, 즉 교육과정을 통

---

* 치료가 불가능한 여러 증세를 호소하는 단골 환자.

해 만들어진 성차별적이고 특정 환자를 무시하는 기풍과 자신이 직접 현장에서 경험하는 환자들의 고통과 불의 사이에서 딜레마에 처한다(Staddon, 2009, p. 213 인용).

치료 결정commissioned treatment은 좋은 의료 실천good practice과 만족스러운 성과를 바탕으로 이루어져야 하지만, 이 둘의 본질에 대해서는 논쟁이 있다. 알코올 치료를 비난하는 일부 전문가의 목소리는 오랫동안 존재해 왔다.

영국에서는 정책을 제안하기 위해 선택하는 증거가 현존하는 증거와 일치하지 않는다. 건강관리 의제는 불법 약물의 경우와 마찬가지로 많은 부분 공공질서를 위한 의제로 대체되었다. 폭음과 책임 있는 음주만 강조하는 현실은 알코올 가용성을 제한해야 할 정부와 주류업계의 책임을 감면해 준다. 결과적으로 치료는 폭음하는 개인의 책임으로 남는다(Raistrick, 2005, p. 1213).

대부분의 환자나 클라이언트가 치료의 '성공'이나 '실패'를 보고하러 따로 찾아오지는 않기 때문에 치료 효과를 측정하는 것은 쉽지 않다. 안전하게 중독을 다스리고 있다는 것은 때로는 무력함을 강화시키는 자조모임의 메시지를 받아들인다는 것을 의미한다. 그러나 이 책은 중독 치료의 변화를 요구하는 목소리에 귀를 기울이기 시작했다는 것을 보여 줄 것이다(White, 2008).

책의 내용과 구성

이 책은 피터 베리스퍼드Peter Beresford 교수의 '사회적 모델'에 대한 설명과 이 모델을 여성 음주 문제에 적용하는 것으로 시작한다. 이 책은 크게 세 개의 부로 구성되어 있다.

- 1부: 여성의 음주는 사회적으로 구성된다는 현재 여성의 알코올 사용과 오용이 어떻게 잘못 이해되고 잘못 해석되고 있는지를 보여 준다. 특히 여성의 알코올 사용과 오용에 대한 대중의 인식에 초점을 두고 정책과 실천 개발에 앞서 어떤 함의가 도출될 수 있는지 살펴본다.
- 2부: 다양한 여성들의 목소리는 다양한 문화 속에서 여성에게 영향을 미치는 사회적 요인을 탐색한다. 여성 노인, 가정폭력 피해 여성, 인종과 문화적 배경이 다른 여성, 레즈비언 여성이 각각 이해하는 알코올의 의미를 다룬다.
- 3부: 사회적 접근으로 해결책을 모색한다는 알코올 문제가 있다고 생각하는 여성에게 제공되는 서비스에 사회적 모델이 기여할 수 있는 방법을 알아 보고, 그것이 다른 종류의 치료로 이어질 수 있는 방법을 모색한다.

마지막으로, 알코올 문제를 경험하는 여성에게 사회적 모델을 적용하는 것의 의미를 요약하면서 마무리할 것이다.

1부: 여성의 음주는 사회적으로 구성된다

베리스퍼드의 1장은 '사회적 모델'이 장애운동에서 시작되었다고 설명하면서 '장애'라는 개념이 비장애인의 편의와 혜택을 위해 구성된 사회에 기반한다는 것을 보여 준다. 그는 인간이 사람들을 각자의 '적절한 자리'에 머물게 하는 특정한 이야기들을 전하고 훈계함으로써 질서를 유지한다고 지적한다.

'다루기 어렵고', 못생기거나 창피하게 보이는 조건을 대하는 차별적 태도 자체가 장애를 유발한다. 이는 정신건강 문제가 어떻게 받아들여지는지 잘 보여 준다. 낙인은 웰빙과 회복에 영향을 미친다. 자존감을 지키기도 어렵고, 때로는 일자리를 찾는 것도 힘들다. 예를 들어 성격장애, '정상적으로' 반응하기 어려운 상태(예컨대 자폐증 등의 영향으로), 안면기형, 비만 등을 대하는 위와 같은 태도는 이들이 변화를 모색하거나 앞으로 나아가기 어렵게 만든다. 주취酒醉, intoxication(특히 여성이나 노인)에 대한 태도도 이와 유사하다.

이어지는 2~5장에서는 현재 여성의 알코올 사용과 오용이 어떻게 잘못 이해되고 왜곡되는지 알아보고, 정책과 실천 개발에 앞서 어떠한 점들을 고려해야 하는지 설명한다.

매컬린McErlain(2장)에 따르면 여성의 음주와 '폭음'에 대한 호들갑(Plant, 1997)은 새로운 현상이 아니며 역사적 뿌리를 가지고 있다. 이것이 가장 최신의 '도덕적 패닉'인가(Nicholls, 2009, p. 251; 이 책 3, 4장)? 여성이 도덕적 규제에 의해 통제되는 현상은 여성 음주에 대한 대중의 반응이나 여성들이 '제대로' 처신하지 않는다고 묘사하는 미디어를 통해 잘 드러난다. 매컬린에 따르면 '재발은 언제든지 가능하다'는 메시지의 효과(어쩌면 목적)는 '규범적인 여성 음주를 장려하기 위해 수치심을 도구로 사용'하는 것이다. 그는 '빅토리아시대의 젠더 관념이 여성 음주의 도덕적 규제 안에 지속되고 있다'고 주장한다.

블랙먼과 동료들Blackman et al.(3장)과 매키비치Mackiewicz(4장)는 언론이 묘사하는 여성 음주의 단순한 설명에 문제를 제기한다. 이들은 알코올 중심 문화 속에서 살아가며 여성(특히 젊은 여성)이 겪는 여러 어려움을 성공적으로 관리하고 타협해 가는 여러 사례를 보여준다(4장). 이 내용은 책의 뒷부분, 특히 문Moon의 글(9장)에서 다시 언급된다.

갈바니와 토프트Galvani & Toft(5장)는 여성을 사회적으로 통제하는 또 하나의 요인인 가정폭력의 역할에 대한 불편한 현실을 설명한다. 가정폭력은 음주와 관련 있고 술 취한 여성은 폭력을 당해도 싸다는 인식을 확인시켜 주는데, 이는 매컬린(2장)의 설명과 매우 유사하다. 가정폭력은 젠더화되어 있고 수치심에 가려져 있으며 여성에게 음주 문제를 발생시키는 주요 요인 중 하나다. 학대당한 여성은 수치심을 느끼기 때문에 자존감을 회복하고 사회적 자본을 확립하려는 욕구를(단주 여부와 관계없이) 가지고 있다. 상황을 더 어렵게 만드는 것은 가정폭력 관련 서비스가 음주 문제를 가진 여성에게 종종 애매한 입장을 취한다는 점이다. 예컨대 안전 문제를 이유로 쉼터를 제공하지 않는 경우 등이다.

2부: 다양한 여성들의 목소리

여성 음주와 관련한 사회적 요인은 2부에 소개되는 네 개의 장에서 계속 탐색된다. 여기서는 알코올이 특정한 개인들 혹은 다양한 지역공동체 내에서 다른 의미를 갖게 되는 방식을 설명한다. 여성이 직접 전하는 이야기(내러티브)는 이 장들의 내용을 풍부하게 해 준다.

반스와 워드Barnes & Ward(6장)는 노인 연구에서 도출된 주제를 탐색한다. 노인 집단 역시 일반적으로 언론과 대중이 인식하는 것보다 알코올의 즐거움과 위험에 대해 잘 인식하고 있으며, 음주에 대한 나름대로의 이해를 가지고 있다는 것을 보여 준다(이 책 7, 8, 9장 참조). 인터뷰에 응한 이들 대부분은 자신의 음주에 문제가 없다고 했지만, 이 장은 외로움 등이 미치는 부정적인 영향을 명확하게 보여 준다.

7장에서 세런트Serrant는 영국의 카리브계 흑인 여성의 음주에 대한 정치적, 페미니스트 접근을 제시한다. 여성 음주에 대한 대중의 두려움과 오해는 전문가들에게도 영향을 미친다고 지적하며, 전문가 집단이 공유하는 가설이 어떻게 학계와 교육과정에 뿌리내리는지 설명한다. 여기에는 불평등의 문제도 있지만 혼란의 문제도 존재하는데, 부정확한 정보는 종종 잘못된 제안으로 이어진다. 특정 민족 집단에 대해 가지고 있는 음주 관련 선입견은 그 집단의 전반적 음주 행태와 다른 경우가 많다. 게다가 갈바니와 토프트가 주장한 대로 알코올 치료는 주로 남성의 영역이다.

레즈비언 여성의 음주를 다룬 문과 스태던Moon & Staddon(8장)에 따르면 어떤 상황에서는 알코올이 긍정적 역할을 하기도 한다. 예를 들어 음주는 독립을 축하하는 의미로 사용된다. '사회가 부여한 갑옷을 입고 살아 온 여성에게 반항은 중요할 수 있기 때문이다.' 음주 여부와 관계없이 동료의 지지와 우정은 삶에서 결정적인 요소다.

2부의 마지막은 비판적 인본주의 관점에 기반한 문의 의미 있는 자문화기술지auto-ethnographic 기록으로 마무리된다. 스태던과 마찬가지로 문도 심각한 알코올 문제를 경험했고, 서문과 11장에서 언급한 '구조적 폭력'의 영향을 잘 보여 준다. 그녀는 음주 결정에 영향을 미치는 근본적인 역사적 맥락과 쟁점들을 풀어 가려고 시도하며, 자신의 삶과 알코올 사용 및 '오용'의 관계를 자문화기술지 기록을 통해 풀어낸다. 다른 학자들도 여성의 알코올 '남용'을 이들을 좌절시키는 불의한 사회적 구조에 대한 합리적인 반응으로 설명한 바 있다(Smart, 1976; Jacobson, 1986; Hendry, 1994; Raine, 2001; Ettorre, 2007).

전반적으로 네 명의 저자들은 음주의 의미를 사회적 환경과 우정, 그리고 가족 관계 속에서 조망한다. 이 관계가 약해지면 알코올은 가족과 친구가 채워 주지 못하는 간극을 메워 주는 역할을 한다(이 책 12장 참조). 1부의 내용은 알코올 문제와 치료 체계에 대한 고정관념과 해묵은 일반 '지식'이 부적절하다는 것을 강조하며, 다양한 여성 집단이 왜 그리고 어떻게 술을 마시는지 이해할 수 있는 새로운 방법을 제안한다.

3부: 사회적 접근으로 해결책을 모색하다

3부의 저자들은 사회적 모델이 알코올 문제를 가진 여성을 위한 서비스 제공과 지원에 기여하는 함의에 대해 각자의 방식으로 탐색한다. 사회적 맥락과 젠더 경험의 영향에 초점을 두고, 기존의 국민보건서비스NHS 구조 안팎에서 변화를 도모할 방법을 모색한다.

NHS에서 물질남용 전문 간호사로 일하는 퍼낸데즈Fernandez(10장)는 여성 약물 남용 문제를 위한 안전한 환경을 제공하는 방법을 개발했다. 이 방법은 금주에 초점을 두되, 여성에게 익숙한 환경이나 자신의 집에서 쉽게 접근할 수 있는 환경의 중요성을 강조한다.

5장과 유사하게 루이스Lewis(11장)는 가정폭력과 정신건강 및 음주의 젠더화된 경험의 연관성을 설명한다. 그녀의 초점집단 연구는 정신건강 및 성인 지역사회 교육 분야의 정책 수립과 자원 할당에 영향을 미친다. 그녀는 페미니스트 지역사회 교육 모델이 어떻게 사회적, 정서적 자본 축적을 촉진시키는지 설명하는데, 이는 '정체성과 사회적 인정을 포괄하는 사회정의의 관계적 차원(Gewirtz, 2001)과 연결되어 있으며 문화적, 상징적 영역에 존재하는 다소 추상적인 성격을 갖는다'.

스태던(12장)은 서비스 이용자(당사자)가 주도하는 연구를 설명하는데, 이는 여성들이 어떤 알코올 서비스를 원하고 지지하는지를 확인하고자 함이다. 여성들은 동료 지원, 여성 전용 서비스와 더불어 같은 문제를 경험한 여성이 비심판적인 태도로 지지해 주고 필요한 서비스 정보를 요구에 따라 제공하는 헬프라인(온라인)을 선호한다는 것을 알 수 있다.

마지막으로 보그와 보그Bogg & Bogg(13장)는 치료과정에서 얻은 모든 것을 잘 유지할 수 있게 해 주는 회복자본 구축의 중요성을 설명한다. 이들은 주로 의료적 접근에 기반한 알코올 치료가 '자존감, 정체성, 역할기대의 영향'을 제대로 다루지 못하거나 아예 다루지 않는 것에 우려를 표한다. 여성 알코올 치료에 대한 전인적인 접근이 조금씩 개발되고 있기는 하지만, 여전히 의료적 접근이 지배적이고 이는 장기적으로 효과적이지 않다고 주장한다. 영국 내외에서 수행한 여러 연구 증거를 바탕으로 그들 역시 여성을 위한 성공적이고 더 나은 치료 정책에 사회적 접근의 발전이 반드시 필요하다고 설명한다.

맺으며: 여성 음주를 이해하는 사회적 모델이 필요하다

이 책의 마지막 장은 각 장에서 기억해야 할 가장 중요한 내용을 요약하는 것으로 마무리한다. 여성의 음주에 대한 사회적 모델이 어떻게 이해를 증진시키고 정보에 입각한 정책과 실천으로 이어질 수 있는지를 정리하는데, 여기에는 치료 기관뿐 아니라 지역사회 내에서 가정폭력에 대한 인식을 증진시키고, 여성 및 주변화된 집단이 가지고 있는 여러 요구들을 이해하고, 자존감과 회복 기술 재건의 필요성을 이해하는 것이 포함된다. 또한 앞서 설명한 정치적 사회적 요소들이 새로운 이해와 새로운 접근법 개발에 얼마만큼 기여할 수 있는지도 정리해 볼 것이다.

　이 책이 강조하고자 하는 것은 '공감적이고 정보에 근거한 대응'(5장), 사회적 학습(9장), 다양한 '해법'에 대한 열린 마음(8장), 적절하고 안전한 환경(10장), 교육(11장), 당사자가 주도하는 독립적 지원(12장), 그리고 회복자원 구축의 과정(13장)을 포함하는 회복에 대한 의미 있고 지속적인 해석이다. 이 책이 제시하는 방법들은 사회적 변화를 촉진할 것이며, 그런 의미에서 이 책은 실용적이면서 동시에 정치적이다.

차례

1부 여성의 음주는 사회적으로 구성된다

1 음주를 바라보는 새로운 관점이 필요하다

2 19세기 중반과 21세기의 영국, 여성 음주를 보는 시선은 얼마 나 달라졌을까

3 영국 청년에게 술이란 무엇일까?: 음주문화 민족지학 연구

1

여성의 음주는
사회적으로 구성된다

1장

음주를 바라보는 새로운 관점이 필요하다

피터 베리스퍼드

알코올 문제, 전통적 접근을 넘어 새로운 이해로

알코올의존과 부적절한 사용은 전 지구적 사회문제다. 이는 범죄나 폭력과도 밀접하게 연관되어 있다. 알코올은 교통사고 및 기타 사고의 주요 원인으로 수많은 사망과 심각한 상해를 초래한다. 개인과 가족의 불행과 고통의 측면에서 막대한 비용을 초래하고 경제적 손실뿐 아니라, 기대수명 감소와 사망률 증가로 보건 의료비용에도 거대한 부담을 지운다(Heather et al, 2001). 알코올이 초래하는 비용은 불법 약물 사용 관련 비용보다 훨씬 크지만, 알코올에 대한 이해와 치료는 사실상 100년 전부터 적용해 온 해묵은 개인화된 접근을 통해 이루어진다. 영국에서는 흡연에 대한 급진적 정책으로 피해가 전례 없이 감소했다. 그러나 같은 기간 동안 우리는 알코올 접근성을 오히려 증가시키는 공공정책을 목도했고, 증가하는 알코올 관련 문제에 대한 우려는 높아지고 있다.

그런데 여전히 알코올 문제를 치료하는 지배적 모델은 '위대한 힘'에 의존하는 '12단계' 모델이다. 21세기 서구 사회에서 여전히 이 모델처럼 개별화되고 준신학적이며, 형이상학적인 틀로 이해하는 사회적 또는 의학적 의제는 드물다. 이는 새로운 이해를 바탕으로 알코올과 알코올의존을 급진적으로 재고해야 한다는 경각심을 불러일으킨다. 이 책은 그래서 중요하다. 그런 토론을 독려하는 장을 제공하기 때문이다. 무엇보다 이 책은 알코올 영역에서 역사적으로 열등한 치료를 받아 온 집단에게 의학적, 개인적 접근에서 벗어나 좀 더 사회적 관점으로 다가가고자 하는 시도이며 그 집단은 바로 여성이다.

또한 알코올 문제를 새로운 관점에서 이해하고 탐색하는 데 도움이 되는 것은 서비스 이용자service user(이하 당사자)* 자신의 경험 및 경험적 지혜다. 따라서 이 장에서는 당사자, 그중에서도 장애인과 정신건강 서비스 당사자 및 생존자들이 주도해 온 당사자 운동에 주목한다. 특히 두드러지는 것은 이들이 추구해 온 사회적 지향이다.

---

* 이 장에서 서비스 이용자는 알코올 서비스를 이용한 적이 있거나 서비스를 찾는 사람을 의미한다. 우리나라에서는 당사자라는 표현이 더 익숙하므로 이하 당사자로 옮겼다.

사회적 접근: 전통적 선입견에 이의를 제기하다

2014년 3월 11일부터 7월 6일까지 파리 오르세 미술관에서는 '반 고흐/아르토: 사회적 자살Van Gogh/Artaud: Suicide by Society'이라는 제목의 전시가 열렸다. 프랑스 배우이자 작가인 앙토냉 아르토 Antonin Artaud, 1896-1948는 1947년 정신과 치료를 경험했는데 여러 치료와 함께 전기충격 치료를 받았다. 아르토에 의하면, 반 고흐의 작품은 당시 사회에 너무 충격적이어서 받아들여지지 않았고 그런 현실은 고흐를 절망과 자살로 몰아갔다. 그는 반 고흐를 '사회에 의해 자살당한 사람'이라고 주장했다.[1] 아르토는 지금까지도 반 고흐의 삶과 작품을 모호하게 만드는 고흐에 대한 단순하고 병리적인 정신과적 평가를 일축했다. 대신 '광기와 고통의 사회적 모델'이라는 초기의 비유를 제시했다.

사회적 모델 접근은 장애 영역에서 가장 먼저 시작되었고 장애와 관련해 가장 포괄적으로 개발된 모델로 알려져 있다. 그 영향을 과장하지는 말아야 하지만, 장애의 사회적 모델이 장애 정책과 실천, 그리고 수많은 장애인의 삶에 큰 영향을 미쳤다는 것에는 의심의 여지가 없다. '장애의 사회적 모델' 등장 이후 두 가지 발전이 있었다. 첫째, 사회적 모델에 대한 광범위한 논쟁이 시작되었다(Oliver, 2009). 종종 양극화된 열띤 논쟁으로 번지기도 한 이 논쟁에서 한 쪽

---

1 www.musee-orsay.fr/en/events/exhibitions/in-the-musee-dorsay/exhibitions-in-the-musee-dorsay/article/van-gogh-artaud-37162.html?tx_ttnews%5BbackPid%5D=254&cHash=66af044067

은 이 모델의 본질적 약점을 주장했고, 다른 쪽은 이 모델이 모든 분야를 아우르는 지배적 모델이 아니라는 점을 강조했으며, 또 일부는 이러한 논쟁이 장애를 이해하고 설명하는 유용한 발전의 과정이라고 주장했다. 나는 마지막 주장에 동의하는 입장이다.

둘째, 초기에 모델을 개발하고 적용한 신체 장애인과 감각 장애인을 넘어 다른 집단에까지 이 모델을 확대하여 적용하려는 노력이 전개되었다. 여기에는 특히 학습장애와 정신건강 당사자가 포함되며, 뒤에 설명할 몇 가지 쟁점이 대두되었다(Thomas, 2007).

장애의 사회적 모델의 독특하고 혁신적인 점은 '손상impairment'과 '장애disability'를 구분했다는 것이다. 손상은 개인의 신체, 감각 또는 지각과 관련한 실제 혹은 인지된 손상을 의미한다. 장애는 이러한 손상을 가진 사람과 집단에 대한 적대적인 사회적 반응이다. 이 부정적 반응은 여러 가지로 나타난다. 때로는 손상을 가진 사람이 경험하는 장애물barrier이나 이들에 대한 배제로 나타난다. 이는 태도, 의사소통 또는 물리적, 환경적 장애물을 포함하는데, 이는 손상을 가진 이들이 할 수 있는 것을 제한하고 장애인에 대한 낙인과 부정적 고정관념을 양산한다. 또한 장애인이 사회에서 직면하는 억압으로 개념화되는데, 여기에는 차별 및 낙인과 관련한 억압뿐 아니라 물질적, 사회적 그리고 정치적 억압도 포함된다. 이 두 개념은 명백히 서로 연결되어 있다. 두 개념 모두 장애인의 인권과 시민권을 강조하고 장애인의 인권과 시민권이 어떻게 침해당하고 부정되는지 보여 준다.

이미 언급했듯이 사회적 모델은 비판적으로 손상과 장애를 구분하고, 개인의 신체와 (인지된) '병리'에 대한 전통적인 선입견에 이의를 제기한다. 사회적 모델에 대한 논쟁이 진행됨에 따라 손상과 장애에 대한 논쟁이 더 활발하게 이루어졌다. 일부 페미니스트 장애인은 특정 손상은 장애물이 없어진다고 해도 여전히 장애인의 활동에 제약을 준다고 주장했다(Crow, 1992; French, 1993). 다른 논평가들은 손상은 시간과 문화와 이데올로기에 따라 각각 다르게 이해된다는 점을 강조하며 객관적 개념이 아니라고 주장했다. 캐럴 토머스Carol Thomas는 활동의 제한은 신체적, 감각적, 지적 손상에 관계된 것이라는 '손상 효과' 개념을 제시했지만, 손상과 손상 효과는 단순히 자연적인 혹은 생물학적인 것으로 간주되면 안 된다는 점을 분명히 했다. 타인이 어떻게 인식하고 당사자가 어떤 경험을 하는지는 생물학적 요인과 사회적 요인의 상호작용에 의해 형성된다고 강조했다(Thomas, 1999, 2007). 캐머런(Cameron, 2014, p. 77)이 제안한 대로 '일상 속에서 장애와 손상 효과는 계속 상호작용하므로, 따라서 이 둘의 차이를 명확하게 하는 것이 중요하다'.

이 주제는 알코올, 알코올의존, 알코올 '오용'에 대한 사회적 이해 부분에서 다시 다룰 것이다.

이 시점에서 장애의 사회적 모델과 장애 또는 정신건강 문제에 대한 사회적 접근을 보다 일반적으로 구분하는 것이 필요해 보인다. 이 문제에 대한 사회적 접근은 오랫동안 관심을 받아 왔다. 예를 들어 최근 정신건강과 관련한 많은 글이 발표되었다(Sayce, 2000; Ramon and Williams, 2005; Tew, 2005, 2011; Tew et al, 2012 등). 이들은 정신건강과 관련된 사회적 요인에 초점을 맞춘 연구들이지만 대부분 본질적으로는

1부 여성의 음주는 사회적으로 구성된다

'정신건강'의 의학적 설명과 이에 근거한 진단 체계를 받아들인다. 이를 당연한 것으로 전제하면서, 동시에 개인을 넘어 사회 환경으로 문제의 원인을 확대해 탐색해야 한다는 문제의식을 갖는다. 이는 장애를 개인의 비정상, 병리, '비극'의 개념으로 이해하는 서구의 전통적이고 지배적인 의료 모델 혹은 비극 모델을 거부하는 장애의 사회적 모델과는 다소 대조적이다.

알코올 문제와 관련해서는 아직까지 사회적 모델로 접근하는 시도가 거의 없었다. 그런 면에서 이 책의 엮은이 패치 스태던의 글은 예외적이다(예를 들어 Staddon, 2012). 그녀는 정신건강 연구와 당사자에 대한 글(Staddon, 2013a)「'알코올중독'의 사회적 모델 이론: 바람직하지 않은 행동을 하는 서비스 이용자」에서 이에 대해 설명했다. 이 논의에서 나는 알코올 '오용'이 꼭 장애와 동일하다고 제안하는 것은 아니다. 그보다는 여성과 알코올 그리고 알코올 오용을 고려할 때, 사회적 모델이 어떤 유용한 통찰력을 제공할 수 있는지를 파악하고자 하는 것이다.

여성의 만취 vs 남성의 만취

이 주제로 넘어가기에 앞서 여성과 알코올에 대한 탐구에는 사회, 문화, 젠더 문제를 고려한 중요한 역사가 있다는 점을 강조할 필요가 있다. 이 분야의 주요 개척자는 심리학 연구자 셜리 오토Shirley Otto다. 오토는 이미 40년 전에 술 마시는 여성이 직면하는 특정한 장벽과 억압에 대한 글을 썼다(Otto, 1974). 오토는 여성이 술 때문에 자녀를 등한시한다는 '사회 스캔들', 즉 '어머니의 몰락'*이 성행했다는 설명과 함께 음주를 빅토리아시대의 '위험한 계급'과 연결시키던 역사를 기술했다. '특히 술 취한 여성, 그중에서도 난동 부리는 여성'은 낙인과 함께 거센 비난을 받았으며, '여성 알코올중독자'를 돕기 위한 노력은 거의 없었다는 점을 강조했다(Otto, 1974, p. 28).

우리 사회는 대부분 남자가 '코 삐뚤어지게 취하는 행위'에는 너그럽다. 반면, 세련된 런던에서조차 여성 대부분은 혼자 술집에 들러 조용하게 한잔 마시는 것도 꺼려하는데, 공격에 대한 두려움보다는 오해에 대한 두려움 때문이다. 여성의 음주는 여전히 성적 문란함과 연결된다. (Otto, 1974, p. 28)

장애를 이해하는 전통적인 접근이 올리버(Oliver, 2009)의 표현대로 '비극' 모델이라면, 오랫동안 알코올의존을 이해해 온 방식은 '희극' 모델이라고 할 수 있다. 여기서 '술 취한 사람'은 재미와 조롱의 대상이다. 하지만 이는 주로 남성에게만 적용된다. 오토가 처음 글을 쓴 이후 여성을 부적절한 행동이나 느슨한 성 관념 혹은 나쁜 평판과 연관시키는 경향은 더 증가했고, 최근에는 노출이 심한 옷을 입고 술에 취해 길에서 구토하는 라데트ladette** 문화 때문에 도덕성

---

*   진(Gin)을 칭하는 표현. 18세기 싸게 주조해 마실 수 있었던 술. 저소득층 남성뿐 아니라 여성도 음주를 하게 되고 이에 따른 여러 문제로 인해 어머니의 몰락(mother's ruin)이라는 오명을 얻었다.
** 제멋대로 행동하며 술을 많이 마시는 젊은 여성.

이 무너졌다고 호들갑을 떨어댄다(Coslett and Baxter, 2014). 오토는 인식을 개선하고 지원을 증가시키기 위해서는 음주와 관련하여 여성을 '특별한 사례'로 취급하는 것에 대해 제대로 이해해야 한다고 강조했다. 하지만 안타깝게도 이 분야의 발전은 더디고 사람들의 인식은 구시대적 낙인찍기와 징벌적 사고에 머물러 있다. 여성의 '폭음'이 바로 그 예다(Plant and Plant, 2006; van Wersch and Walker, 2009). 스태던이 언급한 대로 '여성이 폭음을 하거나 몸을 못 가누는 듯한 모습을 보이면 사람들은 분노를 표출한다'(2013a, p. 108).

> 어떤 '자유로운 선택'을 하든 여성들은 남성에게는 가해지지 않는 비난에 직면한다. 대부분의 담론이 여성성을 남성성에 비해 부정적으로 구성하기 때문이다. 여성의 건강에 대한 우려가 자주 등장하고 특히 미래 혹은 현재 어머니로서의 기능에 대한 불안감이 도드라진다. 하지만 여기서 핵심은 술 취하거나 무분별하거나 부적절하게 행동할 수 있는 여성의 권리에 관한 것이다. (Staddon, 2013a, p. 109)

알코올중독은 개인적 결함이다?

앞에 언급한 스태던(Staddon, 2013a)의 알코올 사용 및 남용의 사회적 모델에 대한 논의는 앞으로 다룰 주제에 생각할 거리를 던져 준다. 그녀는 알코올 문제 당사자들이 일반적인 치료적 관점을 스스로 받아들이는 경향이 있다는 점을 지적한다. 이는 놀라운 일은 아닌데, 아마도 이런 관점에만 익숙하기 때문일 것이다. 정신건강과 장애에 대한 전통적인 의료화된 이해와 마찬가지로 알코올에 대한 의학적 이해는 엄청난 권위를 지니며 상식으로 받아들여진다. 예를 들어, 12단계 프로그램에서 '단주'를 유지하지 못하는 사람은 스스로에 대한 신뢰는 물론 타인의 신뢰까지 잃을 가능성이 높으며 12단계 접근을 거부하는 사람이라는 취급을 받는다. 이러한 전통적 사고는 항상 존재하는 판단 기준이 되고, 여기에 도전하기란 쉽지 않다.

특히 일반적인 알코올중독의 개념에는 도덕과 의학이 복잡하게 얽혀 있기 때문에 더욱 그렇다. 의학적 개념에 근거하면 알코올에의 부적절한 의존은 알코올성 정신병, 질병 또는 정신 질환 진단 범주 등으로 다양하게 이해된다. 동시에 도덕적 평가와 가치 판단과도 강하게 결부되어 있다. 그러므로 알코올 의존은 비도덕, '성격 결함' 또는 '의지 부족'으로 인식되며 결국 개인의 결함으로 받아들여진다. 따라서 알코올에 의존하는 여성은 비난과 손가락질을 받는다 (Munt, 2007; Morgan, 2008; Staddon, 2012, 2013a, p. 110).

알코올중독과 장애의 사회적 모델

언뜻 보기에 알코올중독은 장애에 대한 일반적 이해와는 거리가 멀어 보일 수 있고, 사회적 모델과의 연관성이나 적용 가능성에 의문을 갖게 한다. 가장 의학적인 관점에서 접근한다고 해도 장애는 부도덕이나 부적절의 영역이 아닌 신체적 결함이나 병리에 기반한 것이 아닌가. 하지만 장애인 당사자의 장애 담론을 자세히 들여다보면 오랫동안, 그리고 아주 최근까지도 장애를 가진 이들에 대한 태도나 이미지는 부정적이고 가치판단적이라는 것을 상기시켜준다. 일부 문화에서는 여전히 손상을 개인(당사자 혹은 부모)의 잘못이나 전생의 과오와 연관시킨다(Campbell and Oliver, 1996; Fazil et al, 2002; Bywaters et al, 2003).

또한 장애의 사회적 모델 논의에 복잡한 쟁점들이 대두된다는 것을 기억해야 한다. 장애의 사회적 모델을 알코올 오용에 적용하는 과정에서 알코올 문제를 가진 여성이 경험한 것은 장애 담론이 겪은 여러 문제들과 아주 유사하다. 예컨대 다음과 같은 것들이다.

- 남성에게는 용인되거나 심지어 권장되는 방식이지만 같은 행동을 하는 여성에 대한 비난
- 여성에 대한 동등한 시민권과 권리를 부정하고 억압을 조성함으로써 해로운 음주 유발
- 여성의 음주를 촉발하는 아동기 성학대, 가정폭력, 강간, 성폭력과 같은 억압
- 지배적 이론과 치료 모델이 만들어 낸 억압과 사회적 불의

(Staddon, 2013a, pp. 106-108)

따라서 이를 알코올에 대입할 때, 여성에게 가해진 억압적 '장

애'는 여성에게 강요된 절제에 맞서는 것(그 결과 더 많은 음주를 하게되는)과 여러 억압으로 인한 과도한 음주 및 알코올 문제를 가진 여성에 대한 억압적인 사회적 반응에서 확장된 것으로 볼 수 있다.

여성 '알코올중독자'의 '손상'에 해당되는 것은 질병에서부터 '부적절한 행동'에 이르기까지 다양하다. 스태던(Staddon, 2013a, p. 109)은 '알코올중독'이란 '사회적으로 구성된 것'으로 봐야 한다고 주장하는데, 건강보다는 '사회통제'와 관련 있다는 것이다. '알코올중독'의 사회적 모델을 장애의 사회적 모델과 동등하게 탐색하려면, 스태던의 주장대로 '손상'을 '본인 또는 본인의 사회적 환경이 자신이나 타인의 삶이 용납할 수 없을 만큼 손상되었다고 판단하는 경우'로 이해할 수 있다(Staddon, 2013a, p. 107).

동시에 스태던은 여성이 더 공개적으로 술을 마시고 술에 취하는 것은 여성에게 강요된 절제에 맞서는 것이고, 역사적으로 남성과 여성의 음주를 다르게 보는 태도에 도전하는 것이라고 설명한다.

사회적 접근의 두 가지 키워드: 광기, 고통

여성과 알코올을 생각하는 사회적 접근에 유용한 통찰력은 정신건강 당사자의 논의에서 찾을 수 있다. 조셉 라운트리Joseph Rowntree 재단이 지원하는 국가 프로젝트 '광기와 고통의 사회적 모델을 향해'는 특별히 이 문제에 초점을 둔다. 이는 사회적 모델의 틀을 적용하는 데 발생하는 어려움과 문제를 강조했고, 동시에 이 모델의 강점에 대한 통찰력을 제시했다(Beresford et al, 2009).

이 프로젝트에 참여한 당사자 대부분은 결함과 병리를 기반으로 한 의료 모델이 여전히 정신건강 문제에 대한 대중과 전문가의 이해를 지배하며, 전반적인 태도와 정책을 형성한다고 생각했다. 이런 의료 모델은 상처를 주며 도움이 되지 않는다. 그들은 정신질환의 의료 모델에 따른 꼬리표 붙이기와 낙인찍기가 정신건강 당사자에게 가장 큰 장벽이 된다면서, 정신건강 문제에 대한 사회적 접근이 훨씬 유용하다고 주장했다. 이들은 현재 정신건강 문제를 개인화시키는 분위기에 대항하기 위해서는 보다 넓은 문제들을 고려해야 한다고 강조했다. 하지만 동시에 당사자들은 장애의 사회적 모델과 이 모델과 관련한 광기와 고통의 사회적 모델이 얼마나 도움이 될지에 대해서 혼란스럽고 복잡한 견해를 나타냈다.

여기에는 몇 가지 이유가 있다. 프로젝트에 참여한 이들 대부분은 장애의 사회적 모델에 대해 잘 알고 있었고, 손상과 장애는 구분되는 개념이며, 사회에서 부여하는 장애물과 이것이 어떻게 손상을 가진 이들을 배제하고 차별하는지 이해하고 있었다. 하지만 이것이 정신건강 관련 쟁점에 도움이 되는지에 대해서는 의견이 나뉘었다. 일부는 장애를 사회적 모델로 접근하는 것이 오히려 이미 존재하는 낙인을 더 증가시킬 수 있다고 우려했다. 대다수 정신건강 당사자는 장애를 자신과 다른 문제로 인식하며, 스스로를 장애인과 동일시하지 않고 이를 낙인을 가중시키는 정체성으로 간주한다. 또한 당사자들 사이에서는 장애와 정신건강이 서로 다른 것이며, 사회적 모델이 주장하는 '손상' 개념은 정신건강 당사자의 경험을 제대로 표현하지 못한다는 인식이 존재한다. 일부는 자신의 경험과 인식을 부정적이라기보다는 긍정적으로 생각한다. 이는 알코올 문제에도 적용할 수 있는데, 음주를 질병이나 결함이 아닌, '음주 여부를 떠나 악화될 수 있는' 문제에 대한 일종의 '자조' 혹은 '자가치료'로 보기도 한다(Staddon, 2013a, p. 111).

예컨대, 조셉 라운트리 재단 프로젝트에 참여한 일부 당사자는 다음과 같은 의견을 제시했다.

"그냥 직감적으로 생각할 때, 내 정신건강 문제가 '손상'이라고 느껴지지 않아요. 여러 이유로 이건 손상이라고 보기 힘들어요. 그래서 내가 장애의 사회적 모델을 이해하는 데 한계가 있는 것 같고요. 그 손상이 내 경험을 제대로 담고 있다고 생각되지 않는 거죠."

"…난 장애인이라고 불리는 건 싫은데요."(Beresford et al, 2009, p. 20)

언어와 관련된 문제도 제기되었다. 광기와 고통의 사회적 모델 논의에서 프로젝트 참여 당사자들 간에 의견불일치가 두드러졌는데, 그들이 전반적으로 의료 모델에 만족하지는 않는다고 해도 '광기'와 같은 비의료 용어도 경계하기 때문이었다. 결과적으로 이는 토론을 어렵게 했고 방해 요인으로 작용했다. 다음과 같은 의견이 빈번히 제기되었다. "단언하건대 난 광기라는 말이 싫어요. 그런 말은 없어져야 한다고 생각해요."(Beresford 외, 2009, p. 22) 여성 음주와 관련해서도 합의된 개념이나 낙인 없는 용어가 없다는 것은 비슷한 점이다.

그럼에도 불구하고 일부 참여자들은 광기와 고통의 사회적 모델이 실제로 꼭 필요하다는 점을 피력했다. 일부에게 '광기와 고통'이라는 용어가 장애물이 되기는 했지만, 사회적 모델을 고려하면서 그 모델의 장점과 기존 사고에 의문을 제기할 필요성을 주장했다. "맞아요. 분명히 도움이 될 겁니다. 우리가 가진 어려움에 기여하는 여러 문제를 고려해야 할 필요가 분명히 있는데, 단순히 의료 모델로만으로는 부족해요."(Beresford et al, 2009, p. 24)

이런 모델의 이점은 서로 다른 당사자 집단 간 연대하고 공유할 수 있는 인식을 만들어 준다는 것이다. 이는 당사자 집단을 강화하고 집단의 효과를 배가시킬 뿐 아니라 서로 협력하고 함께 행동할 수 있는 기회를 제공한다. 이 모델은 정신건강 문제에 대한 이해를 새롭게 하고 서로 다른 이들의 고통이 모두 연결되어 있음을 깨우쳐 준다. 또한 개인의 고통이 더 큰 억압과 차별과 어떻게 연관되는지 알 수 있다. 참여자들은 정신건강 당사자가 직면하는 장벽이 때때로 신체, 감각, 지적 손상을 가진 이들이 직면하는 장벽과 다를 수도 있고 비슷할 수도 있다는 것을 이해할 필요가 있음을 인정했다.

고유 모델을 적용하는 데 따르는 두려움

앞서 언급한 대로 정신건강 당사자들은 그간의 경험과 상황에 대한 지배적이고 개인적이고 의학적인 정의가 부정적이고 낙인찍는 결과를 가져온 것을 지속적으로 토로하면서도 장애의 사회적 모델을 정신건강에 적용시키는 것에는 매우 신중한 입장을 취해 왔다. 그러면서도 자신들의 상황을 이해하는 유사한 도구를 개발하지 못했다. 한편으로는 지배적인 해석을 거부함으로써 자신들이 더 주변화되지 않을까 하는 우려에 따른 것이고, 또 한편으로는 스스로가 만든 또 하나의 정통에 압도되지 않을까 두려워해서이기도 하다. 동시에, 그들은 정신건강 정책 및 실천을 재구성하는 '회복'과 같은 매우 모호한 모델에 취약해졌는데, 이 모델은 해방적 수사liberatory rhetoric를 수용하면서도 신자유주의 정치 어젠다와 밀접하게 연관되어 있다(Morrow, 2013).

맺으며: 여성이 주도하는 대안적 이해가 필요하다

여성의 알코올의존과 같은 쟁점과 관련해서는 당사자가 주도하는 대안적 이해를 개발하는 것이 반드시 필요하다. 스태던(Staddon, 2013a, p. 111)이 주장했듯이, 기존의 치료는 효과가 제한적일 뿐 아니라 부정적 낙인과 연결된다. 알코올 문제에 대한 당사자 주도의 재개념화는 지금보다 사회구조, 문화, 물질, 관계, 평등, 다양성 등의 이슈를 좀 더 민감하게 반영할 수 있다. 또한 장애와 정신건강 문제의 사회적 모델이 그랬던 것처럼 색다르고 유용한 사회적, 치료적 대응의 문을 열 수 있을 것이다. 대안적 이해는 여성이 처한 상황과 어려움을 개인과 집단 차원에서 개념화하고 대응하는 과정에서 여성의 참여가 더 필요하다는 인식을 끌어낼 것이다.

그러나 이는 장애의 사회적 모델을 다른 영역에 쉽게 적용하거나 유사한 장점을 가져온다고 주장할 수 있는 근거가 되지는 못한다. 이는 위에서 논의한 프로젝트 '광기와 고통의 사회적 모델을 향해'의 결과에 잘 나타난다. 이 글을 쓰는 현재, 프로젝트의 두 번째 단계가 진행 중이다. 두 번째 단계의 목표는 첫 번째 결과를 보다 넓은 정신건강 당사자에게 확산하는 것인데, 개별 면담과 집단 면담을 통해 당사자의 지혜를 공유하고, 다음 단계를 위한 당사자의 해석과 제안을 공유한다. 아직 보고서로 작성되지는 않았지만 초기 연구 결과는 우려할 만한 점을 포함하고 있다. 여러 정신건강 당사자들은 정신건강 서비스가 심각하게 감소되고 있고, 소위 '복지 개혁'으로 인해 여러 혜택이 감소됨에 따라 불안 및 기타 문제가 증가하며, 결국 지원받기가 어렵다고 호소했다. 이러한 어려움은 당사자들에게 정책과 서비스의 기반이 되는 개념적 틀을 재고할 여유를 주지 못할 수 있다. 지원이 심각하게 감소하는 위기 상황에서 비롯되는 이런 태도는 충분히 이해할 수 있다. 여전히 장애라는 정체성과 연결되거나 장애의 사회적 모델과 연결되는 것에 대해서는 상당히 조심스러워하는 것이 엿보인다.

동시에 프로젝트에 참여한 당사자와 생존자는 정신건강 전문가가 평소와는 다른, 좀 더 사회적 관점에 기반한 방식을 고민할 것을 강조했으며 당사자 참여와 동료 지원 접근의 중요성을 피력했다. 그들은 자신의 상황을 보다 잘 이해하고, 다양하고 고유한 요구와 상황에 전인적으로 대응할 수 있는 정신과 의사와 일반의, 그리고 기타 건강 및 사회복지 전문가를 원했다. 또한 서로에게 제공할 수 있는 지원을 중요시했다. 스태던은 지역에서 수행한 당사자 주도 연구에서 알코올 문제를 가진 여성이 선호하는 지원을 탐색했는데, 여기에서도 유사한 내용을 볼 수 있다(Taylor, 2010; Staddon, 2013b). 이 연구는 알코올 문제를 가진 여성의 회복에는 어떤 형태로든 동성의 당사자 지원이 상당한 도움이 된다는 것을 보여 주었다.

가장 효과적인 방법은 장애의 사회적 모델을 알코올 문제 전반에 그냥 적용하기보다는 모델의 핵심 내용과 주장을 잘 따라가며 세심하게 적용하는 것이다. 여기에는 억압받는 사람이나 문제 있다고 간주되는 사람에게 가해지는 사회적 억압을 알아차리는 것과 그런 범주화에 도전하는 것도 포함된다. 왜 이들이 부정적으로 평가되고 부정적인 처우를 받는지 따져 물어야 한다. 여성의 알코올 오용이 장애와 어떻게 같은지 혹은 '장애'라고 표현되는 개념과 동격인지 논하는 것은 별 도움이 되지 않는다. 가장 중요한 것은 특정 문제나 사람에 대한 외부의 생각이나 모델을 강요하기보다는 당사자가 주도적으로 생각을 발전시키도록 지원하는 것이다. 장애의 사회적 모델에 대한 지속적인 토론을 통해 우리는 개개인이 가진 나름의 문제와 이들을 향한 억압적이고 잔인한 반응에 귀를 기울이고, 개별적 요구뿐 아니라 공통의 권리에 응답하는 정책과 실천의 중요성을 돌아보게 되었다. 이는 여성과 알코올 오용의 개념화와 여성 음주에 대한 사회적 반응을 다시 생각할 수 있는 적절한 출발점이다.

2장

19세기 중반과 21세기의 영국, 여성 음주를 보는 시선은 얼마나 달라졌을까

레이철 매컬린

여성의 음주는 문제다?

알코올을 문제로 보는 사회적, 정치적 맥락에서 여성의 음주는 오랫동안 중요한 문제로 주목받아 왔다(Nicholls, 2009, p. 2). 실제로 여성의 음주는 남성의 음주보다 더 큰 문제라는 담론이 구성되었다 (Ettorre, 1997, p. 15; Waterson, 2000, p. 12). 여성의 음주를 바라보는 부정적 담론은 단지 역학 연구를 통해 밝혀진 여성의 문제음주 통계에서 기인하는 것은 아닐 것이다. 여성의 음주를 사회문제로 보는 것은 여성성에 대한 사회역사적 구성의 산물이다. 따라서 여성의 음주는 젠더화된 도덕적 규제 관행의 표적이다.

도덕적 규제에 근거한 관행은 현대 알코올 규제 정책의 공통적 특징이다. 도덕적 규제는 '일부 사람들이 타인의 행동, 가치 및 문화를 문제시하고 이들에 대한 규제를 시도하는 흥미롭고 주목할 만한 정치 형태'다(Hunt, 1999, p. 1). 현존하는 알코올 규제 정책에서 도덕적 규제는 음주자의 행동을 자기통제에 기반해 규제하려고 한다. 알코올 접근성availability of alcohol을 규제하는 정책이 느슨한 시대에 음주자가 성공적으로 자신을 규제하는 것은 더 중요해지고 있다(Critcher, 2011, p. 182).

이 장에서는 두 역사적 시기에 이루어진 알코올 규제 기관의 캠페인을 통해 도덕적 규제의 의지를 살펴보고자 하는데, 특히 여성의 음주가 어떻게 구성되었는지에 초점을 둘 것이다.

우리가 활용한 알코올 규제 캠페인 자료는 19세기 중반 영국 금주단체가 사용한 자료와 2004~2014년 사이에 알코올 규제 캠페인 단체가 사용한 자료다. 이 시기를 선택한 이유는 뒤에서 설명할 것이다. 일단 해당 시기에 영국 내 알코올 판매의 자유가 증가함에 따라 도덕적 규제가 특히 중요했다는 점을 기억하고 넘어가자.

여성의 음주는 보통 사회적으로 규정된 여성성을 위반하는 행위로 간주되는데, 그 과정을 살펴보면 젠더화된 알코올 규제의 사회적 맥락을 이해할 필요가 있다는 사실이 두드러진다. 또한 여성성 위반과 알코올 소비라는 주제의 유사점과 차이점이 드러난다. 이는 여성에게만 부과되는 음주 규범을 만들어 내는 과정에서 도덕적 규제 행태가 사회적으로 구성된 젠더 규범을 어떻게 이용했는지를 보여 준다. 음주 규제 캠페인이 자기 규제의 도구로 사용해 온 것은 바로 이런 젠더화된 음주 규범이다.

우리는 음주 규제 캠페인에서 사용된 여성성 위반 개념을 탐색함으로써 여성이 젠더화된 음주 규범을 거부하고 저항하는 것의 의미를 강조할 것이다. 특히 젠더화된 음주 규범은 문제음주를 가진 (젠더 의식을 갖춘) 여성이 도움 청하기를 주저하게 만드는 담론을 지속시킨다(Ettorre, 1997, p. 64).

이 장에서는 두 시기를 선택하게 된 이유를 설명하고 해당 시기에 젠더화된 음주 규제가 왜 필요했는지 알아본다. 둘째, 음주 규제 캠페인 속에 내포된 젠더를 이해하는 이론적 접근 방법을 논의한다. 먼저 19세기 중반 금주 캠페인 자료를 제시한 후에 현대의 알코올 규제 캠페인 자료를 제시하고 두 시기를 비교함으로써 다른 사회적 맥락에서 개발된 음주 규제 캠페인의 유사점과 차이점을 도출할 것이다. 마지막으로 젠더화된 음주 규제 캠페인에서 드러난 성차별을 들여다보고 음주 규제 캠페인 단체들이 캠페인 자료에 여성을 표현하는 방식에 민감성을 가져야 한다는 점을 강조하려 한다.

금주운동의 주 대상이었던 여성

절주를 조직화된 박애주의운동으로 접근하는 개념은 19세기 초 미국에서 시작되었다(Harrison, 1994, p. 97). 하지만 영국에서 '음주 문제'에 대한 체계적이고 조직적인 대응이 시작된 것은 1820년대다 (Harrison, 1994, pp. 87-88).

1820년대 금주운동은 특정 주류가 음주로 인한 사회문제의 근원이라는 문화적 시각을 반영한 것이었다. 당시에는 증류주가 알코올로 인한 사회적 폐해의 원인이라는 견해가 지배적이었다(Shiman, 1988, pp. 9-10; Harrison, 1994, p. 89; Nicholls, 2009, p. 98). 절주를 강조하는 반反증류주 접근의 주 대상은 주취酒醉, intoxication였고, 모든 음주 행위를 겨냥한 것은 아니었다. 따라서 절주에 동참하는 이들에게도 와인과 맥주는 허용되었다(Shiman, 1988, p. 9).

18세기 중반의 진 팬데믹* 경험과 양조장의 독점적 영향을 줄이기 위한 정치적 주장(Nicholls, 2009, p. 91)은 토리 정부가 주도한 포퓰리즘 개혁을 일으켰고, 1830년 「맥주법Beer Act」 제정으로 이어졌다. 이 법은 지역 치안판사의 면허 없이 맥주 판매점을 운영할 수 있게 허용함으로써, 맥주 판매를 통제하던 지역 치안판사의 영향력을 감소시켰다. 「맥주법」의 결과는 지대했다. 법이 통과된 후 첫해에만 2만 4,000개의 맥줏집이 문을 열면서 그 수가 급격히 증가했다(Nicholls, 2009, p. 92).

산업화된 북잉글랜드, 특히 랭커셔주 남쪽에 자리하고 있는 제분소 마을의 사회 개혁가들은 맥주 소비로 인한 사회적 폐해가 증류주로 인한 사회적 폐해와 다르지 않다는 것을 신속하게 지적했다. 그 결과 1832년, 랭커셔 프레스턴에 절대 금주 단체teetotal temper-

---

* 1700년대 영국에서는 싸고 독한 진(gin)이 대량으로 생산 유통되면서 알코올 폐해가 급증했다. 성별을 가리지 않고 진을 마시면서 자식을 방임하거나 아이를 달래기 위해 진을 먹이는 등 심각한 사회문제가 대두되어 영국 정부는 1736년에 「진법(Gin Act)」을 통과시켜 면허세를 부과하고 팬데믹을 통제하려 했다. 하지만 여전히 암시장을 통해 진이 거래되자 새로운 「진법」을 통과시켜 판매를 통제했고, 1830년 누구나 맥주 가게를 차릴 수 있게 하는 맥주법을 통과시키면서 진의 밀수가 종결되었다.

ance organisation가 형성되었다. 절대 금주 단체는 맥주 소비를 부추겨 알코올로 인한 사회문제를 통제하려는 정책은 실패했다고 지적했다. 이들의 원색적인 주장을 윈스킬(Winskill, 1891, p. 89)은 다음과 같이 소개했다.

> 안으로 들어오라고 청하며 리브시Livesey 씨는 그에게 금주를 잘 실천하고 있는지 물었다. 킹King은 "엉망입니다"라고 답했다. "사람들이 맥주에 취해 가고 있습니다. 우리 모두 잘 알다시피 프레스턴 사람들은 증류주를 마시지 않습니다. 맥주뿐 아니라 모든 종류의 술을 없애지 않는다면 아무런 소용이 없습니다."

절대 금주운동은 회원들의 금주에 영향을 미쳤을 뿐 아니라 이로 인해 금주 서약서에 서명하는 사람들이 증가하고, 과거 중독자의 증언들이 증가했으며, 존경받는 노동계급 남성이 역할을 담당하는 단체들이 조직화되면서 완전 금주를 통해 사회적 선을 이룰 수 있다는 개혁적 관점에 대한 인식이 증가했다(Shiman, 1988, p. 21).

절대 금주 지지자들은 '도덕적 설득'을 통해 음주 행동을 변화시키고자 했다. 즉, 알코올과 음주 행위의 부도덕성을 주장하면서 음주에 반대하는 의견을 피력했다. 절주자와 금주자의 가장 큰 차이는 문제음주자를 바라보는 관점이었다. '절주자가 보는 주취자는 자신의 의지를 통제하지 못하는 사람이며 비난받아 마땅한 사람들이다. 금주자가 보는 주취자는 알코올로 인해 의지가 마비된 사람들이다.'(Harrison, 1994, p. 110) 교조적 원칙주의의 영향을 받은 절대 금주자들은 자기수양을 신봉했다. 따라서 문제음주자를 개혁하는 것 (Harrison, 1994, p. 111)뿐 아니라 절주자에게도 모든 종류의 술을 끊고 금주하라고 설득했다.

도덕적 설득은 금주 단체 안팎의 여성들에게 중요한 영향을 미쳤다. '금주하는' 사회에서 여성의 임무는 음주의 도덕적 위험을 자녀에게 교육하는 것이었다. 또한 노동계급 여성의 중요한 임무는 남성이 술집이나 맥줏집을 전전하지 않도록 중산층 가정의 안락함을 모방하고 제공하는 것이었다. 따라서 도덕적 설득 관점에 기반해 남성보다는 여성을 사회화할 필요성이 더 강조되었다. 금주하는 여성은 금주하는 남성 노동자를 만들어 낼 것이고 자녀들을 금주하는 성인으로 키워 낼 터였다. 그러므로 여성은 문제음주 가능성이 낮음에도 불구하고 절대 금주 단체가 수행하는 알코올 규제 캠페인의 핵심 대상이었다.

여성이라면 응당 금주, 절주를 해야 한다?

바람직한 여성의 음주 행위로서의 '금주'와 '절주' 개념은 16세기와 17세기에 영국에 등장한 것으로 알려져 있다(Warner, 1997, p. 98). 중세 문학이 여성의 음주를 묘사한 것을 보면 금주와는 관련이 없고, 오히려 술 취한 여성을 웃음의 소재로 사용한 것을 볼 수 있다 (Warner, 1997, p. 100). 여성에게는 금주와 절주가 바람직한 행동이라는 담론이 출현한 때는 경제적 쇠퇴기였다(Warner, 1997, p. 103). 이 당시 남자들은 주로 집 밖에서 술을 마셨고, '가정은 참을성 많고 술은 거의 마시지 않는 주부가 주관하는 금주의 성소였다. 성소 안에는 여자와 아이들이 있고, 남자들은 성소 밖에서 피난처를 찾았는데 계급에 따라 술집이나 선술집에 모여들었다.'(Warner, 1997, p. 105)

　도덕 개혁주의자의 관심을 벗어날 정도로 알코올 소비가 높지 않던 시기에도, 혹은 전국적으로 음주가 증가하던 시기에도 여성의 미덕은 절주에 있다는 문화적 기대가 지속되었다. 결국 술을 많이 마시는 여성은 도덕적 비난의 대상이 되었다(Warner, 2004, p. 67).

　절제된 음주는 이념적 개념이 되어 젠더 차이를 강화하는 역할을 했는데, 이 이론에 대해서는 보르도(Bordo, 2003a)가 자세히 탐구한 바 있다. 보르도(2003b)는 그의 에세이 「굶주림 이데올로기Hunger as ideology」에서 식품 마케팅이 '절제하는 소비가 여성적'이라는 젠더화된 이데올로기를 강화한다고 주장한다. 이런 담론들은 빅토리아 시대의 행동 강령과 연결되어 있으며, 저자는 다음과 같이 설명한다. '여성이 식욕을 통제하지 못하는 것을 부적절하다고 표현하고, 여성이 먹는 행위를 여성성을 위반하는 혹은 은밀한 행동으로 묘사하는 것은 식욕을 억제하고 거부하는 것이 여성성을 구성하는 핵심 특징이라는 인식을 심어준다 … 나아가 식욕에 대한 이러한 제한은 단순히 음식 섭취에만 국한되지 않는다.'(2003b, p. 130)

　이런 음식 소비에 적용된 젠더 이데올로기를 음주에 적용해 보면, 규범화된 여성적 행동이 음주 행동에 얼마나 영향을 미칠지 예상할 수 있다. 결과적으로 이는 바람직하지 않은 방식으로 술을 마시는 여성들의 감정에까지 영향을 미친다.

여성의 음주는 젠더화된 음주 규범이 강하게 지배하는 사회적 맥락 안에서 이루어진다. 물론 이 규범은 개인의 상황과 개인이 느끼는 음주의 의미에 따라 다르게 경험된다. 과한 음주나 해로운 음주를 했을 때 여성은 규범적 여성성을 위반했다는 생각으로 수치심을 느낀다(Ettorre, 1992, p. 64). 바트키(Bartky, 1990)는 수치심의 성별 차이를 설명하며, 여성은 남성에 비해 '수치심을 더 잘 느끼는 경향이 있다'고 설명한다. 수치심은 행동 기준을 충족시키지 못했다는 자각이다. 이런 기대나 믿음은 개인이 속한 사회적 맥락에 의해 결정된다. 바트키(1990, p. 93)에 따르면 '수치스러워하는 행동과 수치스러운 감정 속에는 사회의 시선이 평가하는 나는 누구인지, 내가 속한 사회에서 내가 어떻게 살고 있는지 알려 주는 메시지가 담겨 있다'. 젠더화된 음주 규범을 의식하는 것과 그 규범을 위반하는 음주 행위를 했을 때의 결과는 사람에 따라 다르다. 그러나 사회적 맥락 속에서 젠더화된 음주 규범을 '인지'하는 것, 그리고 이런 규범을 위반하는 것은 수치스러운 일이라는 인식 자체가 집단 내 개인의 음주 행위에 영향을 미친다. 이런 방식으로 수치심은 자기 규제를 작동시키는 기제로 사용된다.

음주 규제 캠페인이 여성 음주를 어떻게 통제하려고 하는지를 이해하기 위해서는 젠더화된 음주 규범 위반 과정에서 유발되는 수치심의 역할을 이해해야 한다. 바트키의 주장대로 여성이 남성보다 수치심에 취약하다면 젠더화된 음주 규제에 수치심을 활용하는 기술은 매우 효과적일 것이다. 이 글은 음주 규제 캠페인 자료들이 특히 여성에게 어떻게 수치심을 유발하는지에 주목한다.

1부 여성의 음주는 사회적으로 구성된다

19세기 영국의 음주 규제 캠페인

이 연구의 원자료는 역사적으로 두 시기에 진행된 음주 규제 캠페인 자료들이다. 첫 번째 자료는 1832~1872년 사이에 금주 단체가 발행한 잡지와 전단지를 직접 수집한 것이다. 이 시기를 선택한 이유는 음주의 자기 규제를 위해 도덕적 설득을 활용한 것을 보고 싶었기 때문이다. 당시 진행된 금주 캠페인에 도입된 도덕적 설득에 대한 내용은 니컬스의 저서(Nicholls, 2009) 8장에 상세히 나와 있다.

두 번째 자료는 2004~2014년까지 영국에서 활동한 알코올 규제 캠페인 단체들이 발행한 자료들로 단체 홈페이지에 게시된 자료와 공중전화박스, 술집(특히 여자 화장실)이나 클럽과 같은 공공장소에서 수집한 사진 자료들이다. 자료 수집은 주로 케임브리지셔주, 하트퍼드셔주, 랭커셔주에서 이루어졌다.

자료들은 직간접적으로 여성이나 여성 청소년을 대상으로 한 것을 사용했다. 여성과 여성 청소년을 명시적으로 언급하는 제목이나 주요 문구, 또는 여성을 연상시키는 이미지를 기준으로 선발했다.

그녀는 마셨다, 그리고 돌이킬 수 없었다.

이 인용문은 '흥분의 희생자The victim of excitement'(『입스위치 금주 소책자Ipswich Temperance Tracts』, 1850년경, 78번, p. 15)에서 발췌한 것으로 19세기 중반에 만들어진 전형적인 드라마 형식의 음주 규제 캠페인 자료다. 멜로드라마 형식의 이 자료는 클라라 루커스 밸푸어Clara Lucas

Balfour, 1808~1878*가 발표한 금주를 소재로 한 소설의 영향을 여실히 드러낸다. 극적인 긴장과 음주의 결과를 활용해 독자 및 청취자의 주목을 끌고, 음주의 심각한 결과를 각인시키려고 노력했다.

현대의 독자들에게 이런 자료는 매우 흥미로우며, 당시 어떤 규범과 가치를 주입하고자 했는지 엿볼 수 있다. 수집 가능한 이 시기의 자료를 개괄적으로 살펴보면 세 가지 방식으로 나뉜다.

- 여성성 위반의 충격적 결말을 강조해 묘사하는 병치법
- 술 마시는 여성의 여성성 위반 이미지 사용
- 술 마시는 여성의 부적절한 감정 활용

세 가지 모두 19세기 중반에 중요시하던 이상적 여성다움을 강화하기 위해 사용되었다.

자료를 병치하는 것은 흔히 사용된 방법이다. 이상적 여성성과 이를 위반하는 모습을 직접적으로 비교할 수 있게 병치함으로써, 독자로 하여금 한 쪽의 모습이 바람직하고 이상적인 여성의 특성이라고 생각하게 만든다. 대조시켜 제시한 모습도 여전히 여성적이긴 하지만 앞의 이야기와 비교할 때, 전체적으로는 여성성을 위반하는 행위라는 것을 각인시킨다.

앞에서 설명한 '흥분의 희생자'(『입스위치 금주 소책자』, 1850년경, 78번)가 바로 그 예인데, 이는 앤 웨스턴과 먼리 씨의 결혼 이야기다. 이 결

---

* 스스로 금주를 선언한 후 열정적으로 금주운동에 참여한 활동가이자 작가.

혼에 파경이 닥친다는 것을 암시하는 사건은 결혼식 전날 밤 앤과 그녀의 친구인 에밀리 스펜서 사이의 대화에서 시작된다. 앤은 현모양처가 될 수 있을지에 대한 두려움을 털어 놓고 감정을 달래기 위해 '과일주'를 따라 마신다(p. 6). 친구 에밀리는 조심스럽게 앤의 음주를 걱정한다. "내 친구의 밝은 성격에 티가 보이는구나. 티가 커지면 너의 장점을 덮어 버릴 수 있어. 습관이 무섭다는 건, 우리 모두 알잖아. 습관이 너무 커져 버리면 그때는 너무 늦어."(p. 7) 결혼 후 친구 에밀리는 신혼부부 곁에 머물고, 먼리 씨는 아내의 음주를 알게 된다. 친구가 남편에게 버림받는 것을 막기 위해 에밀리는 그에게 앤을 잘 봐 달라고 간청하고 자신이 집안일을 대신하겠노라 약속한다(p. 11). 이 멜로드라마의 클라이맥스는 에밀리와 먼리 씨가 집에 없을 때 앤이 다시 술을 마시고 사고를 내는 바람에 아이가 사망하게 되는 장면이다. 먼리 씨가 돌아오자 다음과 같은 장면이 펼쳐진다.

> 그의 아내는 화려한 옷을 입고 번쩍이는 장신구를 차고 술에 취해 누워 있었다. 에밀리 스펜서는 침대 옆에 앉아 눈물을 흘리며 죽어가는 친구의 아이를 품에 안고 있었는데, 그녀의 드레스는 피로 물들어 있었다. (p. 18)

여기서 두 여자를 직접적으로 비교하는 것은 이야기 전체에 걸쳐 이상적인 여성성과 여성성의 위반을 강조하는 역할을 한다. 앤은 밝고 활기차며, 독립적이고, 복종이나 강요된 단조로움에 익숙하지 않다. 그녀와 대조적으로 에밀리는 빅토리아시대의 이상적 여성성을 보여 준다. 그녀는 순종적이고 금주자인 데다가 남성 가구주에게 복종한다. 아이가 사망한 장면에서 드레스가 피로 얼룩지는 것도 마다하지 않고 눈물을 흘리는 그녀의 모습은 술에 취해 어머니 역할에 실패한 앤의 모습과 대비된다. 술에 취했다는 것은 앤의 실패를 의미하는 결정타이다. 그러나 동시에 허영심, 독립성, 활력 등 여성성을 위반하는 다른 특성과도 연관시키고 있다.

여성성의 위반을 표현하기 위해 사용된 두 번째 방법은 여성스럽지 않은 자세다. 좀 더 정확하게 표현하면 여성으로서 점잖지 못한 자세를 말한다. 〈그림 2.1〉은 그 사례를 보여 준다.

〈그림 2.1〉에 묘사된 여성스럽지 못한 자세는 네 명의 경찰에 의해 들것에 실려 가는 여성의 모습이다. 그녀는 들것에 결박되어 있고 괴로워하는 모습이다. 그녀는 술집에서 실려 나오는 중이고 이를 나이 어린 구경꾼들이 에워싸고 있다. 이 장면의 목격자는 그녀가 런던 브릭가에서 술에 취해 들려 나오는 장면이라고 설명한다. 독자에게 전달하고자 하는 그림의 의미는 그녀의 행동이 바람직한 여성성과 거리가 멀다는 점이다. 경찰에 의해 강제로 실려 나온다는 것은 술에 취하는 것이 역겨운 행위라는 점을 강조하기 위해서다. 구경하는 아이들의 얼굴에 나타난 충격은 여성이 술에 취한 모습은 곧 타락이라는 것을 강조한다.

그녀의 몸은 보는 이에게 충격을 주도록 배치되었는데, 여성의 주취는 규범적 여성의 자세와는 완전히 다르다는 것을 강조하기 위함이다. 이런 기법은 그 후에도 계속 반복된다. 예를 들어 〈영국 괴

1부 여성의 음주는 사회적으로 구성된다

그림 2.1 '안타까운 장면', 1851년 9월
출처: 『The Band of Hope Review』(1851), September, p. 34

물The British juggernaut〉이라는 그림에도 구체적으로 잘 드러난다(『밴
드 오브 호프 리뷰The Band of Hope Review』, 1851년 12월, p. 48). 그림 앞쪽에 있는
두 여성이 두드러진다. 술을 많이 마시는 사람이라는 점을 강조하
듯 코가 검게 칠해진 한 여성은 손에 술잔을 들고 바닥에 다리를 꼬
고 앉아 있다. 표정은 슬프고 눈은 힘없이 처져 있다. 또 한 여성은
여성성 위반의 더 극단적인 모습을 보인다. 그녀는 술 취한 남성들
에게 둘러싸인 채 바닥에 무릎을 꿇고 있다. 머리는 헝클어지고 팔
이 노출된 드레스를 입고 있다. 술병과 술잔을 든 팔은 위로 치켜들
었다. 두 여성 모두 자유분방한 모습으로 품위 있는 여성과는 거리
가 멀다는 메시지를 전한다. 이들은 실패한 인생의 모습을 내포한

다. 독자에게 수치심과 동정심을 불러 일으키지만, 궁극적으로 여성성 위반이라는 도덕적 판단을 유도하기 위한 것이다.

마지막 방법은 부적절한 감정 표현이다. 이 자료들을 보면 술 마시는 남성에게 피해를 당한 여성은 자주 눈물을 흘리지만, 이들의 감정은 매우 절제되어 있고 집안에서 혼자 소리 없이, 힘들어하는 기색 없이 표현된다. 반대로 술 취한 여성의 감정 폭발은 공개적인 장소에서 이루어지며 시끄럽고 눈에 띈다. 이런 사례는 '주정뱅이의 갈망'(『입스위치 금주 소책자』, 1850년경, 108번)이라는 글에 잘 드러난다. 여기서 한 금주 단체는 한 여성을 '시궁창에서 구해 낸다'. 그 여성은 얼마 전까지 금주에 완전히 성공한 사람이었다. 그러나 치료 목적으로 술을 조금 마시는 순간 다음과 같은 일이 일어난다.

> 그때까지 잠들어 있던 욕망이 깨어났다. 불쌍한 미치광이를 구하려는 헌신적인 친구들의 모든 노력에도 불구하고 그녀는 눈 깜짝할 사이에 옷을 모두 벗어 버린 채 거리에서 비참하게 비틀거렸다. (『입스위치 금주 소책자』, 1850년경, 108번, p. 2)

'브리짓 라킨스Bridget Larkins'라는 자료에 나온 대로 여성의 음주는 욕설과 같은 부적절한 감정 표현이나(『입스위치 금주 소책자』, 1850년경, 89번) 앞서 설명한 완전히 망가진 상태와 연결지어진다. 이 부적절한 묘사는 여자가 술을 마시면 여성적 규범과 행동을 위반한다는 것을 독자에게 확인시켜 주기 위함이다. 여성성 위반은 위에서처럼 옷을 벗어던지는, 즉 성적인 위반을 내포하는 수치스러움이라는 것을 확인시키고자 하는 것이다.

이상은 19세기 중반 영국의 금주운동 자료가 여성의 이상적 규범을 강화하기 위해 수치심을 활용했던 몇 가지 방법을 간략하게 설명한 것이다. 위 사례들은 술 마시는 여성의 최후는 참담하다는 것을 명백하게 보여 주고 있다. 여성에게 술은 실패를 불러오며 성매매, 자녀의 죽음, 나아가 자신의 죽음까지 초래한다는 것을 강조한다. 이에 비해 현대의 캠페인 자료는 덜 극단적이다. 이 캠페인의 사회적 맥락을 이해하는 것이 왜 중요한지는 이 장 뒷부분에서 설명할 것이다. 우선 다음 자료들을 통해 현대의 젠더화된 규제 캠페인이 수치심을 유발시키기 위해 어떻게 비슷한 장치를 활용하는지 살펴보자.

21세기 영국의 음주 규제 캠페인

'또 하나의 숙취'는 2009~2011년 사이 미국 미네소타 대학에서 학생들이 주도한 캠페인이다(www.theotherhangover.com, 2014년 3월 31일). 이 캠페인은 폭음을 문화적 규범이라고 받아들이는 대학생들의 인식에 도전하기 위해 수치심을 활용한다. 수치심, 후회, 부끄러움을 직접적으로 언급함으로써 이를 주취의 부정적 결과로 인식하도록 의도한다. 이는 특정 성별을 겨냥하는 캠페인에 사용되었는데, 성적 수치심은 여성을 대상으로 하는 캠페인에서 특히 두드러진다.

규범적인 여성 음주 행동을 강화하기 위해 수치심을 활용하는 것은 영국의 몇몇 음주 캠페인에서 두드러지는 현상이다. 이 중 '드링크어웨어Drinkaware'와 '알코올경보Alcohol Concern'라는 단체가 대표적이다. 특정 성별을 겨냥하는 캠페인 자료에서 술에 취한 여성은 수치스러운 모습으로 묘사되는데, 적당하게 음주하는 것이 여성스럽다는 것을 강조하기 위해서다. 여기서는 캠페인 자료들이 여성성을 위반하는 음주를 어떻게 묘사하는지 살펴볼 것이다. 특히 19세기 중반 자료에 나타난 세 가지 범주의 여성성 위반의 음주와 연결시키고자 한다. 이상적 여성성과 여성성 위반을 병치하는 방법, 부적절하고 여성적이지 않은 모습의 사용, 그리고 부적절한 감정 표현 기법을 살펴봄으로써 규범적 여성 음주 담론이 역사적으로 지속되어 왔다는 사실을 확인할 것이다. 자료 자체에 대한 상세한 설명은 생략했는데, 19세기 중반 자료와 달리 최근 자료들은 독자들이 인터넷을 통해 쉽게 접근할 수 있기 때문이다.

술에 취하는 것은 여성성 위반이라는 담론을 구성하기 위해 명백한 병치법을 활용하는 사례는 2009~2012년까지 드링크어웨어가 진행한 '왜 좋은 시간을 망치나?Why let good times go bad?' 캠페인에 잘 드러난다. 당시 발간된 캠페인 자료 중 '댄스 플로어 대 화장실 바닥Dance floor-toilet floor'(2011)은 좋은 예다. 포스터 왼쪽에는 젊은 백인 여성이 춤을 추는 모습이, 오른쪽에는 같은 여성이 어깨끈이 다 흘러내린 채 바닥에 앉아 변기에 팔을 걸치고 있는 모습과 대비된다. 이상적 여성은 옷도 화장도 단정한 모습으로 똑바로 서서 미소를 짓고 있다. 여성성을 위반한 여성은 옷도 머리도 엉망인 채 바닥에 주저앉아 있다. 두 여성 모두 술잔을 들고 있지 않지만 두 이미지를 보는 이들은 이상적인 여성성과 위반적 여성성을 나타내는 음주 상황을 쉽게 상상할 수 있다. '흥분의 희생자'에 등장한 앤과 에밀리처럼 관객은 여성이 규범적 음주에 실패하면 이상적 여성성을 위반하는 결과로 이어진다는 것을 확인한다.

현대의 알코올 캠페인은 여성성 위반의 모습을 여러 형태로 보여준다. 위에 설명한 화장실 바닥에 엎어져 있는 자세도 그중 하나다. '따라잡기 대 뒤처지기catching up-left behind'(2011) 포스터나 '당신과 함께 즐거워한다 대 당신을 보며 즐거워한다laughing with you-laughing at you'(2011) 포스터는 술 마신 여성이 여기저기 부딪히거나 넘어져 있는 모습을 담고 있는데, 결국 규범적 여성 음주 행동에 실패했다는 메시지를 전달한다.

이는 '밤을 제대로 즐겨라Play your night right'(2009) 캠페인 자료에서도 나타난다. 한 포스터는 젊은 여성에게 '울보'라는 이름을 붙였다. 톱트럼프* 게임을 모방한 포스터에는 '성질부리기', '길어지는 화장실 이용 시간', '술 취해 전화하기' 등 여러 행동별로 점수가 표시되어 있다. 그 위에는 눈물과 마스카라로 얼룩진 여성의 얼굴이 있다. 여성의 주취는 부적절한 감정 표현으로 이어진다는, 즉 여성성 위반을 의미하는 이미지를 독자에게 제시하는 것이다. 즉, 부정적 감정을 드러낸다는 것은 과음이 여성성을 위반하는 행위임을 의미한다. 이를 보는 이들로 하여금 여성이 술에 취하면 부적절한 감정을 표현함으로써 결국 수치심을 경험한다고 확인시켜 주는 것이다.

---

* 카드를 뒤집어서 더 높은 점수를 가진 사람이 이기는 게임.

현대 자료들이 묘사하는 여성 음주의 결과는 19세기 자료들보다는 덜 극단적이다. 여기서 이상적인 음주 행위란 금주가 아닌 절주다. 하지만 이상적 여성성을 위반하는 주취를 구성하기 위해 사용하는 장치는 과거 자료와 놀라울 만큼 유사하다. 현대의 자료들은 규범적 여성 음주 실패라는 담론을 구성하기 위해 여전히 수치심이라는 장치가 활용된다는 것을 명백하게 보여 준다. 술 취한 여성의 모습은 독자에게 수치심의 감정을 불러일으킨다. 여기서 암묵적으로 가정하는 것은, 술에 취해 비틀거리고 쓰러지는 여성이 술이 깨고 나면 수치심을 느낄 거라고 독자들이 예상한다는 점이다. 여성성 위반을 직접적으로 나타내는 또 다른 행동은 울거나 구토하는 모습인데, 이 역시 여성을 덜 매력적으로 묘사하기 위함이다. 규범적 여성 음주 기준에 부합하지 않는 여성은 매력의 기준에도 부합하지 못한다. 이는 밤에 이루어지는 유흥이나 성적인 행동을 연상시키며 바람직하지 않은 것으로 묘사된다(Chatterton and Hollands, 2003). 결국 이런 행동을 하는 여성 음주자는 수치심을 느껴야 한다는 인식을 담고 있다.

맺으며: 빅토리아시대의 젠더 가치는 여전히 살아 있다

이 장에서는 일종의 도덕 규제인 젠더화된 음주 규제가 규범적 여성 음주를 강조하기 위해 이상적 여성성과 위반적 여성성이라는 담론을 활용하는 방식을 설명했다.

여기서 검토한 19세기 중반과 2004년 이후에 활용된 음주 규제 캠페인 자료들은 모두 수치심을 활용해 규범적 여성 음주 행위를 전달하려고 의도했다.

여기서 우리는 이 캠페인에 여성 음주가 묘사된 방식에 영향을 준 사회적 맥락을 이해할 필요가 있다. 19세기 중반에 진행된 캠페인의 목적은 도덕적 설득을 활용해 완전 금주를 달성하는 것이었다. 2004년 이후 캠페인의 목적은 국가가 권장하는 기준으로 음주하라는 자기 규제의 권고였다. 이 중요한 차이가 캠페인이 표현하는 장면에 영향을 미친다.

현대사회 캠페인에 표현된 여성성 위반은 19세기에 비해 덜 극단적이다. 19세기 몇몇 자료들을 살펴보면 음주로 인해 여자가 이상적인 여성성 기준에 부합하지 못하는 경우 그 결과는 성매매, 광기, 또는 죽음이라는 점을 암시한다. 현대 자료들에 나타난 이상적 여성성 위반의 결과는 여성적 차분함의 상실, 나쁜 평판, 그중에서도 특히 성과 관련한 평판으로 이어진다. 가시적으로 술에 취하거나 동료들 사이에서 여성성을 위반했다는 평판의 결과는 수치스럽다는 협박이다.

이런 차이에도 불구하고 젠더화된 규제 캠페인에 활용된 장치는 음주 행동에 영향을 주기 위한 도덕적 규제다. 여성 음주 행동을 둘러싼 이상적 여성성과 위반적 여성성에 대한 현대의 젠더 담론은 여전히 빅토리아시대의 규범과 가치에 기반하고 있다. 여성이 음주할 자유, 특히 밤에 이루어지는 술자리에 참여하는 자유는 성취했을지 모르지만(Chatterton and Hollands, 2003, p. 151), 여성의 음주가 여성적 규범을 위반하는 것이라는 담론 구성은 '젠더 지각변동'(Chatterton and Hollands, 2003, p. 148)을 제대로 반영하지 못하고 있다. 빅토리아시대의 젠더 가치는 현대 여성 음주의 도덕 규제 안에 여전히 맴돌고 있다.

3장

영국 청년에게 술이란 무엇일까?: 음주문화 민족지학 연구

셰인 블랙먼, 로라 도허티, 로버트 맥퍼슨

여성과 남성의 음주 방식은 어떻게 다를까?

이 장은 청년층 음주에 대한 페미니스트적 탐색으로 젠더의 사회적 관계로 형성된 새로운 음주 패턴에 초점을 맞춘다. 우리는 젊은 여성들의 음주에 대한 행위주체성sense of agency을 회복시키고자 하며, 여성적 음주 행동이 젊은 남성들의 음주에 어떠한 영향을 미치기 시작했는지 살펴볼 것이다. 젠더 간 음주 패턴patterns의 유사성을 인지하는 동시에 '수렴문화convergence culture'* 개념을 거부하며, 젊은 남성과 여성 간 음주 방식styles의 주요한 차이점을 확인할 것이다. 먼저 정부, 언론 및 소셜 미디어가 자유롭게 음주하는 영국의 젊

---

* 전통적으로 남성의 알코올 소비량은 여성보다 많았고 여성과 차별화된 음주 행태를 보였지만, 점차적으로 남성과 여성의 음주 행태가 유사해지는 현상.

은 여성에 대한 성애화된 이미지를 통해 신자유주의적 쾌락을 홍보하는 동시에 이들에 대한 부정적 이미지를 만들어 내는 현상을 비판적으로 검토한다. 이 장에서 활용하는 자료는 영국의 캔터베리와 사우스 런던에서 진행한 두 개의 민족지학 연구인데, 참여 관찰 방법을 통해 새로운 음주문화 속에서 젊은 여성과 남성이 가지고 있는 행위주체성의 유형과 정도를 살펴볼 것이다.

부르디외의 '장' 개념으로 음주를 바라보기

영국 젊은이들에게 술을 마신다는 것은 즐거운 시간을 의미한다. 음주를 통해 자신감을 높이고 연대감과 추억과 우정을 쌓는다. 수익으로 견인되는 독립적 글로벌 기업의 문화사업은 책임 있는 음주를 내세우며 젊은이들에게 '술에 취할' 동기를 부여한다(Plant and Plant, 2006). 개인과 기관의 사회적 행동의 복잡성을 이해하기 위해 우리는 부르디외(Bourdieu, 1984)의 장場, field 개념을 적용한다. 이는 알코올의 생산과 소비를 사회적, 문화적 영역, 말하자면 개인과 기관이 권력과 쾌락 추구를 위해 가동시키고 투쟁하는 영역에서 분석하기에 유용한 도구다. 버틀러(Butler, 1999, p. 113)는 '부르디외의 글은 시장을 사회권력의 맥락으로 재도입하는 사회적 관행에 대한 이해를 제공한다'면서, 그의 비판은 '거짓된 이율배반을 폭로하는 것'에 맞춰져 있다고 덧붙인다(1999, p. 126). 특히 이 글에서 장은 알코올을 둘러싼 시장경제와 자본이 지배하는 변화와 통제가 일어나는 공간으로 작동한다. 우리는 알코올이라는 장 안에서 일어나는 정부, 미디어, 비영리단체, 주류 산업 간의 경쟁을 설명할 것이다. 젊은층의 쾌락적 라이프스타일은 부르디외의 용어를 빌리자면 새로운 '즐거움의 윤리ethics of fun'로 정의할 수 있는데(Gronow, 1997, p. 23), 이는 이 장 안에 있는 경쟁자 간의 젠더 차이를 만들고 노출시킨다.

현대 영국 사회의 젊은이들이 주취라는 새로운 소비문화에 참여하는 것은 신자유주의 핵심 원리인 접근성, 선택 및 기회에 기반해 이루어진다. 이 연구에서 우리는 밤문화 소비(Hollands, 1995)에 속하는 부르디외(1984, pp. 365-372)의 쾌락주의 정신의 주체로 젊은이들을 지목하지만 동시에 반대, 갈등, 경쟁으로 특징되는 알코올 규제의 사회적 공간 안에서 분투하는 젊은이들을 목도한다. 그리고 젊은이들이 '새로운 주취문화'에 참여하는 방식에 젠더 차이와 신체적 차이가 존재한다고 본다(Measham and Brain, 2005). 우리는 부르디외가 강조한 성찰성reflexivity을 이용해, 일련의 '민족지학 순간들'을 제시할 것이다. 특히 젊은층이 음주라는 쾌락을 통해 행위주체성을 회복하는 것을 구체적으로 분석하기 위해 부르디외가 우선순위를 두었던 '즐거움의 윤리fun ethics'를 활용할 것이다.

과음 해명을 여성에게만 요구하는 사회

여기서는 폭음에 대해 칭송과 비난을 동시에 받는 남성의 주취 행동을, 여성의 음주가 뒤따르고 있다는 수렴이론의 근거를 비판적으로 검토할 것이다. 영국의 국가알코올전략(Home Office, 2012, p. 2)에서 캐머런 수상은 '폭음은 방관할 수 없는 문제다. 이 나라에서 소비되는 알코올의 절반은 폭음을 통해 이루어진다. 폭음으로 인한 범죄와 폭력은 의료 자원을 축내고 있으며, 상해를 유발하며 지역 내 불안감을 조성한다'고 선언했다. '청년층(16~24세)의 27%는 일주일에 한 번 이상 과음(남자 12잔 이상, 여자 9잔 이상)을 한다'고 보고한 영국 통계청은 이런 주장을 뒷받침해준다(2012, p. 1). '알코올경보'(Alcohol Concern, 2013)에 따르면 '알코올 오용으로 인한 문제는 지속적으로 증가하고 있고 국가건강보험 부담을 가중시킨다.' 『가디언The Guardian』지의 앤드루 랭퍼드(Andrew Langford, 2012)는 '영국의 알코올 남용은 위기점에 도달했다'고 경고했다. 타블로이드 매체들도 유사한 내용을 보고한다.

- 『데일리 익스프레스The Daily Express』(2013년 2월 20일 자): 「여자 청소년들, 술 구하기 위해 성매매」(『스코티시 익스프레스Scottish Express』 온라인판, 2013)
- 『데일리 메일The Daily Mail』(2013년 9월 30일 자): 「청소년 293명, 병원에 입원-35% 증가」
- 『데일리 메일』(2013년 11월 19일 자): 「청소년기 과도한 음주로 알코올 기인성 사망 '천문학적으로 증가'」(『메일Mail』 온라인판, 2013a)

통계적으로 남성은 여성에 비해 술을 많이 마신다. 남성이 여성보다 더 많이, 더 자주 음주한다는 퍼랄타와 자우크(Peralta and Jauk,

2011)의 지적에 하커(Harker, 2013, p. 3)는 '2010년에 젊은 남성의 과음률은 24%로 크게 달라지지 않았다'고 답했다. 남성의 폭음에 대해서는 허용적이며 이로부터 파생되는 일상화된 위험은 대수롭지 않게 여긴다(Parker et al., 1998). 한 예로 남성의 음주는 촉각을 다투는 문제로 다루어지지 않는데(어쩌면 잘 드러나지 않는 문제일 수도 있다), 국가알코올전략(Home Office, 2012)을 보면 남성은 네 번 언급된 반면, 여성은 열한 번 언급되었다. 타블로이드 매체들을 자세히 들여다보면 주요 관심은 여성, 섹슈얼리티, 그리고 알코올이라는 것을 알 수 있다.『메일』온라인판이 게시한 음주게임의 일종인 넥노미네이션Ne-kNomination[1] 영상 속에서 한 여성은 속옷을 입은 채 맥주를 마시고 있다. 반면 술 마시기 게임으로 사망한 젊은 남성에 대한 기사는 거의 다루지 않는다(BBC 온라인 뉴스, 2014). 거꾸로 소셜 미디어에 등장하는 술 취한 젊은 남성은 대부분 우스꽝스럽거나 실없이 장난치는 모습인 것에 반해, 술 취한 젊은 여성의 이미지는 대부분 성애화된다. 젊은 여성의 음주 행위에 대한 미디어의 관심은 알코올뿐 아니라 젠더화된 행동에 맞춰져 있다. 즉, 사회가 기대하는 바람직한 여성적 행동이나 스스로 통제하지 못하는 '여성적이지 않은' 행동에 대한 명백한 혐오를 드러낸다(Staddon, 2011).

'라데트' 여성성에 대한 도전적인 이미지는 1991년 오해이건O'Hagan이 잡지『아레나』에 '사나이lad' 문화의 전형을 소개하면서 등장했다. 2001년 BBC 뉴스는 라데트가『옥스퍼드 영어 사전』에

---

1 소셜 미디어상에서 이루어지는 음주게임으로, 한 명이 술 마시는 영상을 올리고 다른 사람을 지목해 똑같이 따라할 것을 요구한다.

'독단적이고 제멋대로 저속하게 행동하며 술을 많이 마시는 젊은 여성'으로 등재되었다고 보도했다(BBC 온라인 뉴스, 2001). 미디어가 묘사하는 '라데트'에 대한 내러티브는 수렴문화를 강화시킨다.

- 더치맨-스미스(Dutchman-Smith, 2004): '음주량을 보면 이들은 남성과 일대일로 대작한다.'
- 『가디언』(2003년 10월 17일 자): 「라데트 문화는 폭음을 증가시킨다」
- 『데일리 메일』의 슬랙(Slack, 2008): 「폭력 소녀들의 위협: 폭음문화가 급증하는 여성들의 공격행동을 부추기다」

여성적 이미지에 대한 현대사회 주류 미디어의 공격은 진행형이다. 이는 도발적이고 성적인 옷차림으로 알려진 '스트리퍼룩strip-per-chic'에 대한 비판에서 잘 드러난다. 『데일리 메일』의 캐리(Carey, 2011)는 '젊은 여성들은 옷을 왜 이렇게 입을까'라는 질문을 던지며 특정 옷차림과 음주를 등치시키고, 노출이 많은 옷을 입고 술을 마시는 여성에게 '스트리퍼룩'이라는 이미지를 덧씌운다. 최근 소셜 미디어는 '스트리퍼룩' 이미지를 넘어 헵디지(Hebdige, 2014)의 표현대로라면 '포르노트레이션porn-etration, 즉 대중 영역에 침투한 인터넷 기반 포르노그래피'로 이동하고 있다. 주류회사는 상품 홍보를 위해 아래와 같은 여성의 과도한 성적 이미지를 활용한다.

- 금지된 기네스 광고 '화끈한 여자들의 재미있는 맥주 광고'
- '쿨 맥주Cool Beer'

- '맥주에 목이 마르다 Thirsty for Beer'
- '밀러 MGD'
- '화끈하고 섹시한 여자들의 비어퐁'*

여기에 등장하는 여성은 노출이 심한 옷을 입고 성적인 이미지를 강하게 드러낸다. 여성을 성적 대상화하는 것을 숨기기 위해 유머와 반어법을 사용해 상품을 판매하려는 것을 볼 수 있다. '여성들의 넥노미네이션'이라는 페이스북에는 성적인 포즈를 취한 여성 사진이 많이 올라와 있는데 이는 여성, 에로티즘, 그리고 술을 이성애적으로 결합시켜 남성의 성적 욕구에 부응한다. 『데일리 메일』 온라인판(2014a)은 '넥노미네이션 지명을 받은 19세 여성이 슈퍼마켓에 들어가 옷을 벗어 버리고 속옷 차림으로 맥주 한 캔을 비운다'라는 내용의 리베카 대글리 Rebecca Dagley의 영상을 게시했다. 이어서 다른 젊은 여성이 등장하는 영상들도 있는데, 시몬 리드 Simone Reed는 티스사이드 구직 센터에서 브라, 팬티, 가터벨트만 입고 맥주를 마시고(『데일리 메일』 온라인판, 2014b), 스텝 루 존스 Steph-Lou Jones는 맥도날드에서 비키니 수영복을 입고 맥주를 마신다(『데일리 메일』 온라인, 2014c).

영국 타블로이드지들도 술과 성을 연결시켜 판촉하는 유명 대중음악과 뮤직비디오에 대한 우려를 나타냈다.

- 『데일리 익스프레스』: 「차트에 오른 유명 곡들이 음주를 부추

---

* 술잔에 탁구공을 던져서 들어가면 상대방이 마시는 게임.

기다」(『익스프레스Express』온라인판, 2013)

- 『데일리 메일』:「특정 주류 브랜드를 거론하는 팝송은 젊은이들에게 폭음과 섹스를 부추긴다」(2013년 8월 30일), 「최신 영국 톱 10에 오른 다섯 곡 중 하나는 술을 언급한다」(2013년 10월 1일).

인기 있는 뮤직비디오를 자세히 들여다보면 다양한 메시지를 통해 음주를 즐기는 새로운 유행을 보여 준다. 예를 들면,

- 핑크Pink의 〈잔을 들자Raise your glass〉(2010)
- 케이티 패리Katy Perry의 〈지난 금요일 밤Last Friday night〉(2011)
- 루시 스프래건Lucy Spraggan의 〈어젯밤Last night〉(2012)

이 노래들은 술은 취하기 위해 마시는 것이라며 신나게 부추긴다. 제시 제이Jessi J의 〈남자처럼 마셔Do it like a dude〉(2011)는 이런 노래 중 하나로 젊은 여성도 남성들과 똑같이 술 마시기를 원하며, 취해서 얻는 즐거움, 주로 남성에게 해당되는 성적인 즐거움도 똑같이 원한다는 내용을 담고 있다. LMFAO의 〈술잔을 비워Shots〉(2009)는 여기서 더 나아가 착취를 주제로 다루는데, 유머 뒤에 숨어 여성을 성적 대상화하고, 여성들로부터 성적 쾌락을 얻는 수단으로 술을 이용한다는 내용이다.

이런 사례들은 현대 대중문화가 스트리퍼룩을 하고 술에 취해 있는 젊은 여성을 시각화하는 데 집중한다는 것을 보여 준다. 여성의 음주를 성적 문란함과 결합시키는 서사와 이미지가 계속 반복되

면, 젊은 여성은 '남성의 시선'으로 바라보는 존재이자 '눈을 호강시켜 주는' 존재라는 이미지가 구성된다(Mulvey, 1975). 몸에 꼭 끼는 '짧은 하의'와 '노출이 심한 상의'에 대한 소셜 미디어의 집착은 매우 관음적이며, 알코올은 억압하는 것들로부터 여성을 해방시킬 뿐만 아니라 여성의 성욕을 부추긴다는 점을 암시한다. 그리펜과 동료들(Griffen et al., 2012, p. 15)은 젊은 여성의 음주 행위는 '섹시한 기술'의 일부를 형성하는데, '자유와 성적 자율권'은 환상일 뿐만 아니라 여성의 불안감을 증가시킨다고 주장한다. 젊은 여성의 음주를 둘러싼 국가적 관심이 증가하고, 소셜 미디어가 여성의 음주를 성적 매력에 치우친 여성성과 연결시키는 것은 남성과 여성의 음주 행태가 비슷해지고 있다는(수렴하고 있다는) 점을 주장하는 듯하다(BBC 온라인 뉴스, 2006). 여성들은 남성들과 비슷하게 술을 마시며 한때는 남성의 전유물이라고 여겼던 성적 쾌락을 추구하는 것으로 묘사된다. 이에 맥로비(McRobbie, 2004)는 '과한 음주는 페미니스트적 가치를 부식시킨다'고 주장한다.

여성의 음주가 성적 쾌락에 의해 동기화된다는 주장은 차별적이며 제한적이다. 우리는 '수렴문화'라는 주장에 도전하며 젊은 여성이 남성처럼 음주한다는 주장을 비판한 미셤과 외스테르고르(Measham and Østergaard, 2009)의 입장을 지지한다. 그들은 대중적 논쟁이 '성, 연령, 직업 계급, 상식적인 개념에 대한 고정관념에 기대고 있다'고 지적한다(Measham and Østergaard, 2009, p. 416). 하커(Harker, 2013, p. 3)는 수렴문화를 비판한 이들의 주장을 뒷받침하는 정부 통계를 제시한다. '1998년 이후 젊은 남성과 여성의 폭음률은 감소했다. 2010년 젊은 남성의 폭음률은 지속적으로 24%에 머물러 있던 것에 반해, 젊은 여성의 폭음률은 17%로 떨어져 최저를 기록했다.' 영국 통계청(ONS, 2012, p. 1) 자료 역시 이를 뒷받침한다. '2005~2012년 사이 통계를 보면 남성이 지난 주 음주한 비율은 72%에서 64%로 감소했고, 여성은 57%에서 52%로 감소했다.' 이를 바탕으로 우리는 젊은 여성이 남성과 똑같이 폭음한다고 보고하는 최근 언론과 연구 동향에 반박하며, 이것이 결국 여성의 여가 생활을 감시하는 새로운 방법으로 작동한다는 것을 밝히고자 한다(예를 들어 Wechsler and McFadden, 1976; Bloomfield et al., 2001).

스토리(Storey, 1999, p. 7)는 모방이라는 순진한 개념은 문화와 소통의 하향식 관점을 강화한다고 지적하는데, 이는 지배적 목소리 밖에 있는 다른 목소리를 허용하지 않는다. 모방소비이론social emulation theory을 통해 여성 음주를 설명하려는 시도는 여성 음주를 둘러싼 복잡한 사회적, 문화적 맥락을 무시한다. 오히려 우리는 여성 음주가 밤문화 속에서 과잉 성애화된 여성성과 밀접하게 연결됨으로써, 신자유주의 이데올로기를 뒷받침하는 시장 장치로 이용될 소지가 있다는 것을 목도하고 있다. 변화된 여성 음주문화를 새롭게 수용하려는 노력은 없다. 단지 술을 여성의 성적 자유로움과 연결하려는 상품화 전략이 고도화되고 있을 뿐이다(Szmigin et al., 2011). 통제력을 상실한 여성에 대한 전통적 응징은 여전하고 시장은 주류 판매를 위해 여성의 섹슈얼리티를 이용한다. 여기서 중요한 모순은 젊은 여성들이 음주를 통해 해방감을 느끼고 이로 인해 사회적 자유를 만끽하며, 경제적 독립을 확인한다는 것이다. 이는 해방의 표시로 받아들여진다. 여성 음주가 남성 음주에 수렴한다는 주장은 여성을 잘못된 길로 이끄는 여성적이지 못한 행동은 페미니즘 때문이라는 비판과 뒤섞인다. 핍스(Phipps, 2004)의 주장대로 '우리는 여성에게 남성에게는 묻지 않는 음주에 대한 해명을 요구한다'.

젊은 영국 남녀 음주문화 엿보기

여기서 우리는 밤문화 속에서 젊은 남성들과 여성들이 관계를 맺는 방식을 연구한 두 개의 민족지학 연구를 소개할 것이다. 현장 기록지는 캔터베리와 사우스 런던 출신 젊은이들의 '민족지적 순간들'을 중요시한다. 이 민족지적 순간들은 남성들의 음주를 밤에 이루어지는 공격적 행동으로 일상화하는 것에서 벗어나 젊은층 음주의 사회적, 문화적 경쟁과 모순을 설명하는 데 초점을 둔다. 여기에 소개하는 참여자들과 민족지적 장소는 모두 익명으로 처리했다.

펍 골프-남녀가 취하는 게임

캔터베리 도심 술집에서 수집한 민족지학 자료를 이용해 우리는 젊은 남성과 여성을 부르디외(1984)가 주장한 알코올의 장 안의 경쟁자로 상정하고, '즐거움의 윤리'를 적용해 남성과 여성의 차이를 보여 줄 것이다. 현장 연구 전반에 걸쳐 소개되는 펍 골프Pub Golf[2]

---

2 '펍 골프'는 일반적으로 남성과 여성이 함께 참여한다. 골프 용어를 차용해 각 술집은 '홀'이 되고, 각 '홀'마다 '파' 점수에 해당하는 술을 마셔야 한다. 맥주 500cc 정도의 술은 '파' 점수가 4다.

는 여러 명이 함께하는 게임으로, 젊은 남성과 여성이 함께 술을 마시며 이런저런 모습으로 취하는 게임이다. 현장 기록을 보면 남자 8명, 여자 6명(총 14명)이 화려한 옷을 입고 술집에 도착한다.

토요일 저녁 7시 30분. 젊은 남녀 한 무리가 술집에 들어온다. (리더 격인) 알렉스는 바로 카운터로 가서 자기들이 만든 점수표를 내민다. "자, 여기는 펍 골프 8번 홀. 우리 진토닉 한 잔씩 줘요." 이들은 각자 술값을 계산하고 자기의 점수표에 표시를 한다. 같이 들어왔지만 남자와 여자로 나뉜다. 남자들은 서로에게 빨리 마시라고 재촉한다. 알렉스가 개리에게 말한다. "이런 겁쟁이 같은 놈, 아까도 제대로 못 먹더니. 남자답게 쭈욱 마셔." 이어서 케빈을 보며 말한다. "너도 확 들이켜. 여자처럼 굴지 말고." 이들은 이미 많이 취한 모습이다. 여자들은 좀 더 차분해 보인다. 남자들과 같이 주문하긴 했지만 남자들이 서로를 놀리고 강요하는 모습을 지켜본다.

모든 참여자는 '계산된 쾌락'(Griffin et al., 2009)을 가지고 참여한다. 모든 참여자가 사전에 합의한 동일한 양과 주어진 시간 내에 알코올을 소비하는 패턴을 보인다는 의미에서 펍 골프는 '수렴' 개념을 지지한다고 할 수 있다. 하지만 처음부터 남성들과 여성들의 음주 방식은 다르다. 실제로 술을 마시기 시작하면 남성 여성으로 나뉘

즉, 네 모금에 비우는 것이 기본이다. 알코팝스(알코올이 포함된 칵테일 종류의 음료. 알코올도수가 낮아 상대적으로 술을 덜 마시는 여성이나 청소년을 주소비자층으로 한다는 비판을 받기도 한다―옮긴이) 한 병은 '파'3(세 모금), 위스키 종류는 2(두 모금), 칵테일 종류는 1이다. 참여자는 각자 점수표를 가지고 다니며 각 '홀'마다 자기의 점수를 기록한다.

고, 여성들에 비해 남성들은 빨리 마셔야 한다는 압박을 느낀다. 이 게임의 경쟁적 측면은 남성들에게 집중되어 있고 남성의 음주는 원래 '약간 무식하게'라는 전형적인 틀을 강화시킨다. 이는 밤문화라는 맥락 안에 여지없이 일상화되어 있다. 또한 남성들은 전통적인 남성성의 맥락 안에서 성적 농담을 던지는데, 이는 여성들과 다르다. 알코올을 실제로 소비하는 지점에서 여성들은 남자들의 경쟁에 부수적으로 등장한다. 즉, '즐거움의 윤리' 안에 나타나는 성별 차이는 남녀의 음주가 수렴한다는 주장을 반박하며, 명확하게 젠더화된 '계산'의 형태를 보여 준다.

남자들은 같이 온 여자들이 술을 얼마나 마시는지 크게 관심이 없는 것에 반해 여자들은 남자들의 음주를 주시하며 이에 대해 얘기를 나눈다. 제이드가 켈리에게 말한다. "미쳤어. (남자들을 보며) 진짜 계속 마시네. 우리도 규칙대로 하긴 하지만, 못 하면 못 하는 거지 뭐." 켈리가 맞장구친다. "맞아, 누군가는 뒤치다꺼리를 해야 할 거 아냐. 좀 살살 마셔도 쟤들은 몰라." 여자들도 술을 급하게 마시지만 '골프' 점수에 크게 연연하지는 않는다. 알렉스는 함께 온 여자들이 규칙을 지키지 않는 모습을 보며 말한다. "야, 너희들도 제대로 해. 우리(남자들)는 다 마셨어. 너희들 반칙이야. 제대로 마셔." 그러자 질리언이 답한다. "시끄러워. 우리도 다 마셨어. 우리는 너희들보다 몸이 작아서 그렇게 못 마셔." 제이드가 맞장구친다. "맞아. 게다가 끝나고 집에 가는 거 누가 챙길 거야? 응? 택시 불러 주고, 집에 가는 거 봐 주고. 우리잖아. 우리 신경 쓰지 말고 너희들 할 거나 해." 이 말에 알렉스는 더 이상 강요하지 못하고 물러선다. 그는 알고 있다. 이 밤이 끝날 즈음 벌어질 일 뒤처리에 여자들이 더 능하다는 것을. "알았어, 그 말도 맞네. 아무튼 모두 다음 코스로 가자." 그는 무리를 데리고 출구로 향한다. 다음 '홀'로 안내하려는 것이다. 나가면서 그는 안쪽을 향해 돌아보며 "아. 죽겠네. 속도 안 좋고" 하고는 뒤따라간다.

이 경쟁자들 사이에서 나타나는 성별 구별은 수렴이론을 반박한 미셤과 외스테르고르(Measham and Østergaard, 2009)의 주장을 뒷받침하고, '계산된 쾌락'의 개념을 확인시켜 주며, 참여자 모두가 부르디외의 '즐거움의 윤리'에 참여하고 있음을 보여 준다. 이들은 두 성의 음주 패턴이 수렴되는 양상을 보여 주긴 하지만, 주취결과에 대한 남성과 여성의 다른 태도는 젊은이들의 음주가 여전히 명확히 젠더화되어 있다는 점을 보여 준다.

음주보다 더 중요한 건 매력적으로 보이는 것

민족지학에 따르면 여성은 한계를 정해 놓고 취하는 것, 즉 취하지만 너무 취하지 않는 '절제된 통제력 상실'을 선호한다. 취하는 것과 더불어 여성은 밤문화 속에서 가치 있는 여성적 정체성을 유지하기 원하며, 이를 취하는 것보다 더 즐거운 것으로 간주한다. 예를 들어, 클럽의 여자 화장실은 여성들에게 여성적이며 성적 매력이 돋보이는 스타일을 유지하게 해 주는 공간이다.

여자들은 한 명씩 세면대와 거울을 차지하고 화장을 고치고 있다. 백을 뒤져 여러 화장품을 꺼내어 블러셔를 바르고 컨실러를 바르고 색색의 립글로스를 바른다. 한 명은 빗을 꺼내 머리를 만져 볼륨을 준다. 다 끝내고 옆자리 친구에게 "나 어때?"라고 묻자 친구는 "예쁘다!"고 답한다. 이어서 "나 너무 취한 것 같지 않지? 좀 많이 마신 거 같아. 취한 것처럼 보이는 거 싫은데" 하며 걱정한다. 친구가 "솔직히 하나도 안 취해 보여"라고 답하자 웃으며 친구의 어깨에 손을 올리고 "고마워"라고 말한 뒤 화장실을 나선다.

이 현장 연구는 젊은 여성들이 알코올을 어떻게 생각하는지를 보여 준다. 술이 여성적 지위 유지를 방해하는 것으로 여긴다. 그만큼 여성적 지위는 음주보다 중요하다. 이는 여성들이 '존중받을 여성성'을 유지하는 것과 술에 취하는 것의 모순과 압력 사이에서 갈등한다는 그리핀과 동료들(Griffin et al., 2012)의 주장을 뒷받침한다. 이들에 따르면 여성은 여성성을 나타내고자 칵테일, 와인, 과일주와 같은 여성적이고 매력적인 술을 마시지만 여성적 정체성을 유지하기 위해 음주량을 제한한다. 따라서 여성은 즐거울 정도의 음주를 하지만 화장실이라는 공간을 활용해 취한 정도와 여성성을 점검하고, 이는 결국 음주 패턴에 영향을 준다. 이런 형태의 '계산된 쾌락'(Griffin et al., 2009), 즉 알코올 소비량을 제한하고 여성적 또는 성적 행동을 하는 것은 춤추기, 친구와 어울리기, 새로운 사람 만나기, 섹스와 같은 즐거움을 추구하는 도구다.

여성화된 남성의 음주문화: 친구네 집과 화장실

민족지학 연구를 통해 우리는 남성들의 다른 음주 행태를 알게 되었는데, 일반적으로 알려진 쾌락적 음주와 다른 또 하나는 '사전음주 preloading'다. 이는 본격적으로 술을 마시러 나가기 전에 한 집에 모여 미리 술을 마시며 결속을 다지는 행동이다. 어느 날 제이미는 연구자 중 한 명에게 저녁 약속 전에 한 친구의 집에 들른다고 알려 왔다.

우리가 도착하자 리엄이 문을 열어 주었고 제이미를 반갑게 안으며 인사한다. "친구, 어서 와." 먼저 와 있던 폴도 같은 방식으로 제이미를 반긴다. 리엄은 (여성 연구자인) 나와 서맨사(연구 참여자)를 보고 조금은 의심스러운 눈초리를 보낸다. "아…여성분들. 일찍 오셨군요" 하며 포옹으로 인사를 하고 거실로 안내한다. 리엄과 다른 친구들이 제이미, 폴과 이야기를 나누는 동안 리오는 우리가 가져온 술을 받아 들고 와인잔이 있는 부엌으로 안내한다. 술을 정리하며 리오가 말한다. "두 분이 이렇게 일찍 올지 몰랐어요. 나중에 오는 걸로 알았는데?"

남성들이 모인 집에 예상보다 빨리 등장한 여성들은 누가 봐도 환영받는 분위기는 아니다. 젊은 남성들은 종종 이렇게 누구 한 명의 집에 미리 모이는데, 남성들끼리만 만나거나 나중에 여성들을 초대한다. 이렇게 미리 모여 옷을 바꿔 입기도 하고 입을 옷을 상의하기도 한다. 음악도 듣고, 일상적인 얘기와 여자들에 대한 얘기를 나누며 나갈 준비를 한다.

우리는 복도에 서서 남자들끼리 옷에 대해 얘기하는 걸 들었다. 제이미가 폴에게 "나 셔츠 위에 이 옷 입은 거 괜찮아?"하며 우리 의견도 궁금한 듯 우리 쪽을 바라보았다. 폴이 웃으며 답한다. "제이미 진짜 멋지다." 제이미는 무안한 듯 "이 자주색 목걸이는? 너무 게이스럽지 않냐?" 묻고 다들 웃으며 괜찮다고 하자 제이미는 안심하는 것 같다. 데이비드는 "난 주로 마이크의 옷을 빌려 입는데. 마이크, 준비 다 됐어?"하며 마이크의 침실 문을 세게 두드린다. "옷은 입고 있지? 네 물건을 보고 싶지는 않다구." 마이크는 아무 말 없이 문을 열어 준다. 데이비드는 우리를 향해 살짝 윙크하고 마이크 방으로 들어간다. 서맨사가 웃으며 "뭐 우리한테 숨겨야 할 게 있는 거야?"하자 폴과 제이미가 웃기 시작한다. 하지만 데이비드가 그냥 던진 농담이라는 걸 알 수 있다. 데이비드와 마이크가 얘기하는 소리가 들리고 몇 분이 지나자 데이비드가 마이크의 체크무늬 셔츠를 입고 나온다. "오늘 쌀쌀해서 무지 티셔츠만 입으면 조금 지루해 보일 거 같았는데, 이제 제이미랑 비슷해졌어"하며 제이미의 어깨를 감싸 안고 웃는다. 데이비드는 우리를 보며 "더 낫죠?"한다. 우리가 그렇다고 답하자 "나는 맨날 마이크 옷을 빌려 입어요"하며 친구들이 있는 거실로 향한다.

젊은 남성들이 친구들끼리 집에 미리 모여 술도 마시고 얘기도 나누며 밤에 나갈 준비를 하는 모습은 링컨(Lincoln, 2012)이 언급한 여성의 '침실문화bedroom culture'와 유사하다. 이는 여자들의 갑작스러운 등장이 환영받지 못한 이유를 잘 설명한다. 다음 민족지 자료는 클럽에 간 남성들이 보여 주는 또 다른 여성화된 남성의 음주문화와 동시에 남자 화장실의 중요성도 잘 드러낸다.

제이미는 내게 속이 좀 안 좋다고 말하고 데이비드에게 다가가 말한다. "전략적 구토가 필요한 시점이야." 데이비드는 웃으며 제이미에게 묻는다. "또 당 과다sugar rush가 온 거야?" 내가 '전략적 구토'가 뭔지 묻자 제이미는 종종 술이나 설탕이 과도하게 들어오면 몸이 떨리고 속이 울렁거리는 현상이 나타난다며, 그럴 땐 화장실에 가서 억지로 토한 후 술을 마시면 나아진다고 설명한다. 화장실에서 돌아온 제이미는 구토에 성공했고 "훨씬 나아졌다"고 한다. 그에게서는 강하지만 향긋한 에프터셰이브 향기가 난다. 그리고 막대사탕(롤리팝)을 물고 있다. 아이처럼 웃으며 사탕을 높이 들어 우리에게 자랑한다. 조금 전 당 과다라더니 웬 사탕이냐고 묻자 그는 웃으면서 "난 항상 '사탕아저씨'(화장실 지킴이)한테 사탕을 받아와요"라고 한다. 제이미와 데이비드는 여러 클럽의 화장실 지킴이들이 말해 주었다는 관용구를 신이 난 듯 알려 준다. '노 향수, 노 섹스', '안 튀면 청소하기 쉽지', '노 캘빈클라인 노 섹시', '노 향수, 집에 가' 등이다. 제이미는 화장실 지킴이가 불러 준 관용구를 취한 목소리로 내게 들려준다. "롤리, 롤리, 쪽, 쪽, 롤리."

이는 젊은 남성에게 클럽의 화장실이라는 공간은 여성에게만큼이나 즐거움을 채워 주는 중요한 공간이라는 것을 보여 준다. 물론 억지로 토하는 것은 문제지만, 우리는 제이미가 이 공간을 어떻

1부 여성의 음주는 사회적으로 구성된다

게 쾌락 추구에 활용하는지 알 수 있었다. 우리는 제이미와 같은 젊은 남성들이 이 공간에서 아이같은 막대사탕, 껌, 달달한 간식 등을 통해 즐거움을 느끼는 동시에 화장실 지킴이들의 관용구에 담겨 있거나 화장실에 전시된 콘돔 등을 통해 성적 쾌락도 추구하는 모습을 볼 수 있었다. 이 공간은 남성들이 자신의 몸을 가꾸는 여성적 행동을 할 수 있는 곳인데, 애프터셰이브 로션, 데오도런트, 헤어젤 같은 용품으로 외모를 유지하고 계속해서 술을 마실 수 있는 에너지를 보충한다. 이 공간이 지닌 '즐거움의 윤리'가 과거에는 주로 여성, 소수인종, 성소수자 등 배제된 집단에게 어필했지만(Chatterton and Hollands, 2003), 이제는 젊은 남성들에게도 취함과 쾌락을 추구하는 곳이 되었다는 것을 알 수 있다.

젊은 여성의 음주는 비난의 대상이 된다

민족지학 연구를 하며 우리는 젊은 여성들이 저녁 술자리를 구조화하는 것을 볼 수 있었다. 이들은 집과 사적 공간을 이용해 술을 조절했다. 동시에 우리는 여성이 취하는 정도에 따라 비난받는 것도 보았다. '거리의 사역자'[3] 역할에 대한 얘기를 나누며 남성들은 다음과 같이 설명했다.

---

3   거리의 사역자는 지역 교회에서 훈련받는 자원봉사자로 주말에 거리를 다니며 사람(교인)들을 만난다. 거리의 사역자는 영국을 넘어 국제적 네트워크를 형성했다.

사이먼: 거리의 사역자는 여자들을 도와주려고 해요. 예컨대 신발을 벗고 돌아다녀서 발을 다치거나 하는 여자들이 맨발로 걷다가 다치지 않도록 도와주는 거죠.

샘: 주로 여자들을 도와주는 사람들이에요. 솔직히 취해서 길가에 쭈그리고 앉아 있는 남자들이 몇이나 되겠어요? 주로 여자들이 길가에 앉아서 머리카락 잡고 토하죠. 술 먹고 뻗는 건 여자들이야! 그러니 남자보다 여자가 도움이 더 필요해요. 남자들이야 뭐 술 마시고 골목 돌아다니며 노래나 하고 그러죠.

남성들은 여성들이 취하는 것을 비난한다. 마치 여성에게는 그런 자유가 허락되지 않는다는 듯, 여성들이 술에 취하면 신발을 벗어 던지고 구토를 한다는 식으로 낙인찍는다. 남성들은 술을 많이 마시는 여성들을 평가한다. 그리고 남성과 여성이 술을 비슷하게 마신다는 수렴 개념을 반박한다. 여성이 남성만큼 마시면 '스스로를 돌볼 수 없고' '정신줄을 놓아 버리기' 때문에 남성만큼 술을 '마실 수도 없고' '마셔서도 안 된다'고 주장한다. 젊은 남성들은 섹시하게 입은 여성들을 '헤프다', '꼬리 친다', 혹은 '당해도 싸다'라는 식으로 분류하고, 이런 여성들이 술에 취하면 더 거세게 비난한다. 젊은 여성과 남성들 사이에 이루어지는 다음의 상호작용은 이런 낙인을 잘 보여 준다.

서브웨이샌드위치 매장 옆을 지나는데 네 명의 청년들(여자 둘, 남자 둘)이 가게를 나서고 있다. 술에 취해 큰 소리로 떠들고 웃으며 농담을 주고받는다. 우리가 다가가자 그중 한 남자가 같이 있던 여자의 드레스를 목까지 잡아 올렸고 속옷이 드러났다. 그러자 그 여자는 "무슨 개 같은 짓이야?" 하고 소리치며 옷을 다시 내리려고 애쓴다. 그 남자는 그녀에게 손가락질하며 소리쳤다. "저 더러운 년 좀 봐" "헤픈 년" 같은 말을 계속 지껄여댄다. 그러자 옆에 있던 다른 여자는 또 다른 남자를 때리고 밀면서 "뭐 하고 있어! 가서 좀 말려"라고 소리 지른다. 남자들은 깔깔거리고, 한 명은 뛰어가 나무를 끌어안고 "진짜 너무 웃겨"라며 배를 잡고 웃어 댄다. 드레스를 가까스로 내린 여자가 다른 여자에게 다가가고 둘은 어깨동무를 하고 비틀거리며 간다.

두 개의 민족지학 연구 사례는 알코올과 섹슈얼리티가 남성과 여성 간 경쟁을 가중시킨다는 것을 보여 준다. 음주라는 행위를 통해 여성은 관심을 받아야 하는 불쌍한 대상으로 전락하기도 하고, 남성들이 공개적으로 비하하는 대상이 되기도 한다. 술을 마셔서 여성의 성적 자제력이 느슨해진 것이 아니다. 술을 마신 이들은 남성의 표적이자 비난의 대상이 되는 것이다. 여성의 섹슈얼리티를 난잡한 것으로 만드는 것은 남성들이다. 술이 여성에게 섹스를 더 갈구하게 만드는 것이 아니다. 하지만 술은 남성의 공격성을 유발한다. 젊은 여성의 드레스가 어깨 위까지 끌어올려지면 낙인이 시작된다. 남성은 여성 신체의 노출과 더불어 여성에 대한 혐오적 언어를 통해 여성의 성적 욕구를 일탈로 만든다. 고프먼(Goffman, 1963, p. 152)의 설명대로 여기서 그 여성은 '완전히 그리고 공개적으로 낙인찍힌다 … 끔찍한 치욕을 경험하고… (인간다움을 잃어버리고)… 사회적으로 완전하게 수용될 자격을 잃는다'.

맺으며: 여성의 행위주체성을 억압하는 음주문화

이 장에서 우리는 미디어, 정부, 그리고 대중문화가 묘사하는 것을 비판적으로 분석함으로써 수렴이론이 여성 음주자의 행위주체성과 쾌락을 부정하고 있음을 보여 주고자 했다. 우리는 여성의 행위주체성을 회복해야 한다고 주장했고, 음주와 연관시키는 젊은이들의 즐거운 이야기에 중점을 두었다. 동시에 우리는 해클리와 동료들(Hackley et al., 2013)의 견해를 지지한다. 즉, 젊은층의 음주 패턴이 초래하는 개인적, 사회적 결과를 과소평가하고자 하는 것은 아니다. 우리는 두 개의 민족지학 연구를 통해 이런 현상을 설명했다. 이 연구들은 오늘날 음주문화가 여성에게 부여하는 낙인과 도덕적 비난을 강조하며, 특히 남성이 주도하는 밤문화가 이를 강화한다는 것을 보여 준다. 우리는 젠더화된 음주가 페미니스트적 쟁점이라는 점을 주장한다. 여성이 밤문화 속에서 음주로 인한 개인적, 사회적 결과를 경험하면서도 자신들만의 공간과 독립성을 구성하고 있다는 것을 목격했기 때문이다. 그에 비해 남성의 과도한 음주는 묵과되고, 폭력 등의 문제와 관련되기 전까지는 문제로 간주되지도 않으며 단지 일상화된 유치한 행동으로만 받아들여진다.

민족지학 현장 연구를 통해 우리는 남성에게 음주를 권하는 방식은 신자유주의적 '쾌락' 개념으로 인해 더욱 강화된다는 것, 그리고 이것이 '여성의 음주는 곧 남성의 성적 쾌락'이라는 공식을 강화한다는 것을 알게 되었다. 과잉 성애화된 여성성의 상품화도 부분적으로 여기에 기여하는데, 젊은 여성들은 계속되는 사회적 억압에 맞서며 함께 연대하고 있음을 보았다. 여성들은 자기가 취한 정도를 계속 점검하며 밤문화가 여성들에게 기대하는 바에 맞섰고, 동시에 가치 있다고 생각하는 쾌락을 관리하고 즐겼다. 자료를 보면 음주와 '난잡함' 등의 섹슈얼리티 표현은 여성에게 단순히 낙인과 취약성으로만 연결되기보다는 재미와 즐거움과 힘의 원천을 제공하기도 한다(Wolf, 1997). 남성들은 술 마시는 여성을 '자기들'만큼은 못 마시는 존재, '애잔한 존재'로 여기며, 때로는 '매춘부'로 비하하기도 한다. 이 예들이 보여 주듯, 남성들은 술을 통해 여성의 섹슈얼리티를 통제하려고 시도하지만 항상 뜻대로 되지는 않는다. 동시에 우리는 여성들이 여러 억압 속에서도 남성의 욕망에 부응하는 이성애적 모습에 따르기 위해 자신의 음주 행동과 몸을 점검하는 모습도 볼 수 있었다.

4장

젊은 여성과 음주문화: 음주는 누군가가 되기 위한 것

앨리슨 매키비치

음주문화와 여성성의 딜레마

이 장은 젊은 영국 여성의 알코올 문제에 사회적 요인들이 어떤 방식으로 영향을 미치는지 살펴본다. 신자유주의, 포스트페미니즘 및 소비주의를 둘러싼 논쟁과 더불어 영국 음주문화 속에 존재하는 여성성에 대한 젊은 여성들의 목소리를 탐색한 저자의 연구(Mack-iewicz, 2012)를 살펴 볼 것이다. 이를 통해 여성성이란 복잡하고 모순된 담론들로 구성되며, 특히 음주라는 맥락 안에서 여성성은 젊은 여성에게 딜레마로 작용한다는 것을 보여 주고자 한다.

지난 몇 세기 동안 여성 음주는 관심과 우려의 대상이었고, 과잉 반응의 대상이었다. 역사학자들에 따르면 여성 음주와 관련한 몇 차례의 '동요'가 있었다. 남성이 술에 취하는 것은 용인되지만 여성은 다르다. 여성이 취하는 것은 법과 사회 전통에 도전하는 일일 뿐 아니라, '"정숙한 여자", 즉 적합한 여성성이라는 규범을 심각하게 위반하는 일'이다(Broom and Stevens, 1991, p. 26). 최근 10년 동안 이런 관심은 몇 차례의 '도덕적 패닉'(Rolfe et al., 2009)을 일으켰는데, 주로 대중매체가 조장해 온 '여성 음주를 향한 고질적인 반감으로 점철된 세상의 무지와 편견'(Plant, 1997, p. viii)으로 인한 것이었다.

오늘날 광범위한 사회적, 정치적, 경제적 변화 속에서 영국의 젊은 여성은 매우 적극적으로 특권화된 주체로 자리 잡았다(McRobbie, 2009). 이 변화 과정에 여성이 참여하고 합류함으로써 음주를 포함한 영국의 다양한 문화 양상이 '여성화'되었다는 견해가 있다(Adkins, 2001). 알코올은 영국 문화에서 핵심적 역할을 담당하는데 지난 20~30년간 여성의 알코올 소비는 유의미하게 증가했고, 특히 국가가 권장하는 음주 정도를 넘어서는 알코올 소비가 증가했다(Smith and Foxcroft, 2009).

영국의 젊은 여성은 술을 얼마나 마실까?

2005년 시장분석 회사인 데이터모니터는 향후 5년간 영국 젊은 여성의 음주량이 유의미하게 증가할 것이며, 2010년에는 전체 소비량의 38%를 차지할 것으로 전망했다(Rebelo, 2005). 그러나 미섬과 외스테르고르(Measham and Østergaard, 2009)에 따르면 젊은 여성의 음주는 2000년 즈음 정점을 찍었다. 예컨대 16~24세 여성의 주간 음주량은 1992년 17%(7.3 표준잔*)에서 2002년 33%(14.1 표준잔)로 증가했다. 게다가 이 연령대 여성들 중 지난 일주일 동안 적어도 하루 이상, 한자리에서 6 표준잔 이상을 음주한 비율은 1998년 24%에서 2002년 28%로 증가했다(Richards et al., 2004). 영국 정부 산하 보건사회복지정보센터HSCIC가 의뢰해 실시한 최근 국가건강조사Health Survey for England에 따르면, 폭음(6 표준잔 기준)하는 젊은 여성의 비율은 2011년에 24%로 감소했다(Ng Fat and Fuller, 2012). 하지만 여기서 주의해야 할 점은 2007년에 도입된 데이터 집계 방식의 변화(순수 알코올량에서 6 표준잔으로 변화)로 인해 '일부 알코올음료는 실제보다 적게 집계되었으며'(Goddard, 2007, p. 1), 더 나아가 기관에 따라 발표하는 통계가 다르다는 점이다. 예를 들어 지난 30년 동안 영국의 일반가구조사General Household Survey, GHS와 일반생활조사General Lifestyle Survey, GLF는 음주 행동을 조사해 왔다. 2011년 가구조사는 16~24세 젊은 여성의 폭음, 즉 지난 한 주 동안 적어도 하루 이상 한 번에 여섯 표준잔 이상 음주(ONS, 2013)한 비율이 18%로 감소했다고 발표했지만, 이 수치는 영국 보건사회복지정보센터가 발표한 24%와는 차이가 있다.

이처럼 과음이 감소하고 있다고 해도 16~24세의 여성은 영국 여성 중 가장 '과음이나 폭음'을 많이 하는 집단이며, 주로 금요일

---

* 유니트(unit) 혹은 표준잔(standard drink)은 알코올음료에 포함된 순수 알코올의 양을 기준으로 헤아리는 단위로 국가별로 약간의 차이가 있는데 미국은 순수 알코올 12g, 영국은 14g이다. 일반적으로 맥주 355㎖ 한 캔, 와인 한 잔 정도가 1 유니트(표준잔)이다.

1부 여성의 음주는 사회적으로 구성된다

이나 토요일 밤에 미섐(Measham, 2004, p. 344)의 표현대로라면 '작정하고 마시는' 양상을 보여 준다. 더욱이 여성은 남성에 비해 알코올에 취약하다(Alcohol Concern, 2008). 간질환이나 기타 알코올 기인성 질환을 앓는 여성의 수가 증가하자(Institute of Alcohol Studies, 2008) 연구자들은 정기적으로 과음하는 젊은 여성은 향후 신체적 건강 문제를 경험할 위험이 있다고 경고했다(Plant, 2008; RCP, 2011).

알코올 소비와 관련한 최근 연구들이 현대 사회의 음주문화를 새로운 현상으로 주목하는 것에 반해, 영국 언론은 이런 21세기 '폭음자'는 20세기 '젊은 주정꾼lager louts'(Measham and Brain, 2005) 혹은 2004년 당시 영국 내무장관 데이비드 블렁킷이 여성 폭음자를 지칭한 '젊은 여자 주정꾼lager loutettes'을 재포장한 것뿐이라고 주장한다(『메일』온라인판, 2004). 일반적으로 '폭음'은 '젊은 (특히 영국) 여성 여러 명이 술을 왕창 마시고 와자지껄하게 취해도 괜찮다고 "믿는" 행위'로 인식된다(Plant and Plant, 2006, p. 44). 이런 인식은 여성의 주취酒醉, intoxication는 사회적으로 바람직하지 않다고 보는 국가(예컨대 남부 유럽)에서 더욱 두드러진다. 영국은 과도한 음주를 '수출'한다는 비난도 받는다. 마치 영국 여성이 프랑스와 같은 국가에 질병을 '전파'하기라도 한다는 식인데, 해당 국가 여성들이 '영국 여성의 과음을 멋지고 재미있고 따라하고 싶은 행동'으로 받아들인다는 것이다(Allen, 2011, p. 25).

하지만 지난 10년간 여성 음주 증가에 대한 (영국 언론과 정부 정책의) 정밀한 조사가 이루어졌음에도 불구하고, 최근까지도 여성 음주를 주제로 한 페미니스트 연구는 거의 없었다(Day et al., 2004). 페미니스트 연구자들은 대부분 그간 미디어가 구성해 온 젠더 관련 내용에 관심을 가져 왔고(예컨대 McRobbie, 1991, 2004; Gill, 2007, 2009; Ringrose and Walkerdine, 2008), 최근에 와서야 주취라는 신자유주의 문화 속에서 여성성을 고민하는 젊은 여성의 음주에 관심을 갖기 시작했다(Niland et al., 2013).

영국의 음주문화: 과해도 좋다, 흥분을 즐겨라

남성과 여성이 참여하는 모든 사회적 행동이 그렇듯, 건강에 대한 신념이나 행동은 여성성과 남성성을 표현하는 수단이다(Courtenay, 2000). 여성성과 남성성은 변화하는 사회 환경 내에서 협의되고 구성되며, 젊은이들은 특정 상황에 어울리기 위해서 장소와 맥락에 맞춰 젠더화된 주체성을 구성한다. 일반적으로 남성의 음주 및 음주 문제는 몇 가지 주요 영역에서 여성과 대비된다. 남성의 음주는 주로 정상적인 남성 활동으로 간주되었고(Mullen et al., 2007), 남성의 음주 문제는 남성성 과잉이라는 '사회적 사실social fact'로 취급되어 왔다(Filmore, 1984; Lemle and Mishkind, 1989). 반면에 여성성은 금주 또는 가벼운 한잔 정도의 이미지와 연결되어 왔다(Plant et al., 2002; Carlson, 2008). 이런 맥락에서 젠더와 음주에 대한 연구는 주로 남성의 경험에 초점을 맞춰 왔는데, 술 마시는 행위는 주로 남성성 또는 전통적인 남성적 정체성과 연결된다는 것을 보여준다(Tomsen, 1997; Gough and Edwards, 1998; de Visser and Smith, 2007; Mullen et al., 2007). 반면에 여성과 알코올의 관계는 복잡하고 난해해서, 여성성과 알코올은 '섞이지 않아야 하는 관계'로 간주되어 왔다(Rúdólfsdóttir and Morgan, 2009, p. 493).

혹자는 유럽과 영국의 덜 엄격한 음주정책과 학문적 관심의 부족, 더 나아가 '폭음'을 영국 질병으로 분류하는 것이 '근거 없는 고정관념'을 초래했다고 주장한다(Jayne et al., 2008, p. 88). 무엇보다 영국 젊은이들, 특히 젊은 노동계급 여성은 '통제 불가능'한 주정꾼이라는 인식이 정치 및 대중 담론을 지배하고, 주취 행위는 특정 '계급'과 특정 젠더의 행동 양식이라는 인식이 사회적으로 구성되어 왔기에 더욱 그렇다(Skeggs, 1997). 이는 세계적이고 문명화된 중산층 유럽인의 음주 행위와 대비될 뿐 아니라(Jayne et al., 2008, p. 83), 영국의 노동계급 여성 음주자를 부도덕하고 점잖지 못한 사람들로 묘사하던 이전 세기의 행태를 상기시킨다.

그럼에도 불구하고 2003년 「주류판매허가법」과 24시간 판매허가로 촉발된 야간경제(밤 시간에 이루어지는 경제활동을 칭하는 표현)는 현재 영국 도심의 매력을 어필하는 필수 요소가 되었다. 야간경제는 도시의 유흥과 소매업에서 중요한 역할을 수행해 왔고, 특히 18~35세 사이의 소비자 집단을 주요한 표적으로 삼는다(Measham and Brain, 2005). 도심의 급격한 재개발과 더불어 산업화 이후 만들어진 도시의 야간 유흥 구역 및 술집, 클럽과 식당의 급격한 증가는 대중을 향해 '과해도 좋다. 흥분을 즐겨라'라는 메시지를 전파해 왔다(Hayward and Hobbs, 2007, p. 438). 폭음을 둘러싼 최근의 우려는 이런 저돌적인 상업적 발전과 젊은층의 음주를 공식적으로 제재하기 위한 면허 정책의 변화를 고려하면서 이해해야 한다.

영국인의 폭음은 수 세기동안 계속되어 왔지만, 미셤과 브레인 (Measham and Brain, 2005)에 따르면 알코올 소비 태도와 행동에 중요한 변화가 시작된 것은 1990년대 초부터이다. 이때부터 폭음은 새로운 현상으로 부각되었고, '맥락 속'에서 행하는 새로운 '주취문화'의 산물이었다. 그런데 이런 새로운 주취문화의 등장을 이해하기 위해서는 단순히 알코올 산업의 발전뿐 아니라, 지금 우리가 살아가는 소비사회에 주목해야 한다(Measham and Brain, 2005). 젊은 여성(그리고 남성)은 소비를 통해 정체성을 형성할 뿐 아니라 소비심리는 만족, 통합, 정체성 형성의 핵심에 자리하고 있다. 폭음이 증가하는 것은 결국 이런 쾌락적 놀이문화를 반영하는 것이며, 야간경제가 의지하는 면허 산업의 규제 완화는 이를 증폭시킨다. 여러 페미니스트 역시 만족과 쾌락을 중심으로 하는 '가장 소중한 건 나'(Lazar, 2009, p. 375)라는 쾌락적 개인주의와 신자유주의적 경제원칙의 연결 고리를 강조하며 유사한 주장을 펼쳤다(Gill and Arthurs, 2006; Tasker and Negra, 2007).

여러 사회 이론가들이 주장한 바와 같이 현대사회는 소비사회이며(Rose, 1991; Bauman, 1999), 소비는 정체성의 지표였던 생산을 대체했다(Nava et al., 1997). 홍보 마케팅은 라이프스타일이라는 정체성을 만들어 내기 위해 상품과 서비스를 판매한다(Ringrose and Walkerdine, 2008). 삶에서 핵심적 위치를 차지하는 라이프스타일은 신자유주의적 거버넌스를 특징으로 하며, 여기서 개인은 '삶의 모든 영역에서 개인 사업자 역할을 하는 행위자'로 재구성된다(Brown, 2005, p. 57). 예컨대 면허제 여가 산업의 목적 중 하나는 소비 가능성과 소비를 통해 만들어진 정체성을 획득하는 것이라고 주장할 수 있다.

주체적인 쾌락 추구인가, 젠더 규율에의 종속인가

맥로비(McRobbie, 2009)에 따르면 자유는 해방보다는 의무이며, 젊은 여성이 무엇을 하지 말아야 하는가보다는 무엇을 할 수 있는가에 관한 것이다. 페미니스트 투쟁은 끝났으며 모든 여성의 완전한 평등이 이루어졌다는 메시지에 둘러싸인 젊은 여성들은 이제 '성공, 성취, 즐기기, 권리, 사회적 이동 및 참여'를 장려하는 '끊임없는 선동과 유혹의 흐름'을 열정적으로 수용해야만 한다(2009, p. 57). 이런 포스트페미니즘적 선동은 맥로비(2009, p. 158)가 '친자본주의적 여성성 중심의 레퍼토리'라고 주장한 특정한 형태의 '여성다움girlieness'을 포함한다. 이는 바움가드너와 리처즈(Baumgardner and Richards, 2000)와 같은 제3의 물결 페미니스트들이 주장하는 일종의 여성파워 혹은 걸파워와 같은 맥락이다. 맥로비(2009, p. 158)는 이런 형태를 '젊은 여성들의 소득 증가에 의존해 시장에 진출하고자 안달하는 기업적 소비자문화에 맥없이 넘어가는 현상'이라고 지적한다.

교육과 직업 영역에서 자유롭게 경쟁하는 현대사회에서 여성 청소년 및 청년은 각 분야에서 두각을 나타낸다. 노동자이자 소비자로서 여성의 참여는 전례 없는 기술과 문화 상품의 새로운 수요를 창출하며, 이에 따른 새로운 사회적 공간과 대중적 가시성을 만들어 낸다. 신자유주의 언어인 '임파워먼트'와 '선택'을 차용한 포스트페미니즘은 이중의 덫이다. 여성은 이제 동등한 기회의 혜택을 받을 수 있다는 인식과 '포스트페미니즘적 젠더 합의인 새로운 성 계약'을 확보할 수 있다는 인식은 기존 페미니즘이 제기하던 파괴적인 위협을 대체한다(McRobbie, 2009, p. 57). 음주라는 문화적 맥락에서 포스트페미니스트 여성성을 분석함으로써 이 맥락은 현대의 여성성(및 남성성)이 구성되고, 재생산되고, 협상되고, 변화되는 핵심영역으로 부상했고, 여러 페미니스트 연구들은 소비, 젠더 및 정체성 간의 복잡한 관계를 탐색했다(Harris, 2004; McRobbie, 2004). 유동적이면서도 끊임없이 독창적인 주류 마케팅 분야는 페미니스트와 여성적 테마를 현대 소비자문화에 접목시키는 동시에 여성을 집요하게 소비자로 모색한다. 젊은 여성의 소비문화 참여를 주체성과 쾌락추구 행위로 보며 흡족해하는 페미니스트가 있는 반면에, 일부는 이런 '자유'가 여성의 과잉 성애화를 부추기고 젊은 여성을 젠더 종속이라는 규율 속으로 다시 밀어 넣는다고 지적한다(McRobbie, 2009).

오늘날 젠더, 계급 및 성애화를 둘러싼 쟁점은 우선 '라데트'*의 주체위치를 통해 음주와 연결시켜 볼 수 있다. 1990년 중반 영국 미디어에 처음 등장한 '라데트'를 분석한 잭슨과 팅클러(Jackson and Tinkler, 2007)는 '폭음'을 라데트의 핵심적 특성으로 언급했다. '라데트'는 골칫거리다. 왜냐하면 전통적으로 여성의 영역으로 간주되던 집 (안)을 벗어나 집 밖의 공간을 차지하기 때문이기도 하지만, 더 중요하게는 한때 남성만의 공간이었던 술집(대중적 음주 공간)이라는 공간을 두고 경쟁해야 하는 사람들로 인식되었기 때문이다. 라데트는 이를테면 '브리짓 존스' 신드롬의 일부인 중산층으로 묘사되기도 하고, 노동계급 특성을 못 버리는 여성으로 묘사되기도 했다. 잭슨

---

* 1장 46쪽 옮긴이주 참조.

과 팅클러(Jackson and Tinkler, 2007, p. 255)의 설명대로 과도하고(음주, 흡연, 섹스), 파괴적이며(사회질서), 상스럽고(욕설), 공격적이며(언어적, 신체적), '개방적'(성적으로)인 라데트의 행동은 '품위 없고' 바람직하지 않은 노동계급 라이프스타일의 요소들과 연결된다(Skeggs, 1997, 2004).

라데트와 유사한 청년 여성의 과도한 음주는 신자유주의적 목표를 위협한다. 왜냐하면 이들은 신자유주의가 원하는 '책임감 있고 절제하는 합리적 주체의 지위(Griffin et al., 2009, p. 470)를 명백히 거부'하기 때문이다. 그리핀(Griffin, 2005)은 의무가 있는 자유를 강조하며 젊은 여성이 사람들과 어울리고 싶으면 술을 마셔야 한다고 설명한다. '당신에게 사회생활이 없다면 … 당신은 그 누구도 아니다'(Mackiewicz, 2012, p. 146)라는 주장에서 엿볼 수 있듯이, 술은 사회적 정체성과 연결되어 있기 때문이다. 그러나 동시에 술 마시는 행동은 매우 여성적이어야 함을 암시한다. 젊은 여성의 음주에 대한 전통적 담론과 현재의 담론은 중첩되고 공존하는데, 과도한 음주를 건강 문제로 병리화하는 동시에 라데트 이미지를 이용해 범법적이고 무모하며 여성적이지 않다며 여성성을 병리화한다(Jackson and Tinkler, 2007). 젊은 여성의 젠더화되고 성애화된 소비는 신자유주의 포스트페미니스트 사회의 산물이다. 옷을 차려 입고 밖에 '즐기러 나가는 것'에 어느 정도의 자유와 주체성을 갖는다고 해도, 일부는 여전히 배제와 따가운 눈총을 견뎌야 한다.

주류 광고의 여성 묘사와 여성성

알코올 영역에서 여성의 정체성에 영향을 주는 사회적 요인 중 두드러지게 증가한 것으로 주류 광고의 성적 묘사를 들 수 있다. 옷을 살짝만 걸치거나 심지어 누드인 여성을 이용하는 광고는 여성을 성적 대상화하지만 길(Gill, 2009, p. 100)의 주장대로 이제 여성은 '대상화하는 식의 묘사가 해방된 모습에 부합하기 때문에 스스로를 그렇게 표현하는' 능동적이고 욕망하는 성적 주체로 묘사된다. 에이미친(Amy-Chinn, 2006)의 지적대로 이처럼 여성 스스로 즐긴다는 포스트페미니즘적 강조는 양날의 검으로 볼 수 있는데, 광고는 과잉 성애화문화의 핵심이기 때문이다. 우리는 여성이 오히려 앞장서서 성적 대상화를 추구하며 '포르노의 정상화를 용인'하는 듯 묘사되는 '소비적 섹슈얼리티의 과잉 문화'를 목도하고 있다(2006, p. 173).

반대로 시장 연구자들은 알코올이 여성화되었다고 주장한다. 이런 '여성화'는 특히 여성이 좋아하고 관심을 가질 만한 주류와 술집이 생겨나기 시작하면서(Rebelo, 2005) 업소용 주류판매에 엄청난 영향을 미쳤다. 여러 연구자들이 '여성화' 과정을 알코올과 연결해 조망했다. 먼저 윌킨슨(Wilkinson, 1994)은 젊은 여성이 조용히 '젠더 지각변동'이라는 혁명을 이끌었으며, 밤문화의 여성화를 초래했다고 주장했다(Lindsay, 2005; Measham and Moore, 2009). 데이와 동료들(Day et al., 2004)은 여성의 즐거운 여가 활동으로 음주를 묘사하는 대중매체를 '음주의 여성화'라는 용어로 설명했다. 이와 함께 주류 산업이 추동한 여러 인센티브는 지금까지 남성이 지배하는 공간으로 간주되어 온 공공 영역에서 여성의 가시성과 소비력을 증가시키는 데 성공했다(Measham and Brain, 2005; Plant and Plant, 2006). 이런 변화, 즉 소위 여성화된 '주취문화'의 부상은 여성성이나 여성에게 적합하다고 여겨지는 행동 표현의 복잡성과 다양성을 심화시켰다(Rúdólfsdóttir and Morgan, 2009).

페미니스트 이론가들은 오랫동안 품위와 (성적인) 평판이 현대 사회 여성성의 핵심을 형성한다고 주장해 왔다(Skeggs, 1997). 그러나 품위 있고 '바람직한' 여성성은 젊은 여성이 차지할 수 있는 공간을 제한하는 방식으로 계급화되고 인종화된다. 백인과 중산층으로 대표되는 품위 있는 여성성을 드러내는 모습을 확보하려면 여성적 외모 이상으로 더 많은 것들이 요구된다. 이는 행동하는 방식이자 행실이다. 그리고 여성이라면 '어떻게' 행동해야 하는가와 관련되어 있다.

> 여성성은 계급화된 특성, 특정한 행동과 행실 및 다양한 형태의 문화자본을 요구하는데, 이는 [노동계급 여성]의 문화양상과 구분된다. 그들은 조용하고, 정적이며, 눈에 띄지 않고 침착한 여성적 특징으로 대표되는 '우아한 자태'를 보여줄 가능성이 낮다. (Skeggs, 1997, p. 100)

이에 더해 현대 여성성의 모순은 성과 젠더에 따른 이중 잣대를 통해 견고해진다. 예컨대 남성이 뻔뻔스럽고 생각 없이 던지는 성적 표현은 일반적으로 남성성의 주요 특성으로 받아들이면서 여성이 유사한 행동을 하면 부적절하고 난잡하다고 조롱받기 십상이다 (Cowie and Lees, 1981). 하지만 플랜트와 플랜트(Plant and Plant, 2006)에 따르면 다양한 문화변화로 인해 이런 이중 잣대는 무뎌졌으며, 영국에서 이런 변화는 포스트페미니스트 담론, 특히 젊은 여성의 음주와 '라데트 문화'를 통해 드러난다(Jackson and Tinker, 2007). 젊은 여성은 마치 '이제 나쁜 행동(술에 취하고, 난동 부리고, 노출이 심한 복장 등)'을 할 권리(McRobbie, 2004, p. 9)와 품위 있는 여성성이라는 전통적 형식을 거부할 권리를 획득한 듯하다. 하지만 연구에 따르면, 젊은 여성이 또래 남성과 똑같이 술을 마시고 라데트처럼 행동하면 모순되게도 여성성을 상실한 실패한 여성 취급을 받는다. 게다가 젊은 여성들 스스로가 젊은 여성 음주 행동의 감시자가 되기도 하는데, 연구에 따르면 영국의 많은 젊은 여성에게 '새로운' 주취문화는 여성성에 대한 전통적 담론과 분리될 수 없는 것으로 나타났다(Mackiewicz, 2012).

술 마시는 젊은 여성이 맞닥뜨리는 딜레마

음주의 사회적 맥락과 젊은 여성(그리고 남성) 간의 상호작용을 이해하는 것은 중요하다. 남성성과 여성성에 대한 인식은 음주 행동에 녹아 있으며, 정체성이란 보여지는 것, 누군가가 되는 것, 눈에 띄는 것, 그리고 소속되는 것을 의미하기 때문이다. 여러 연구자가 밝힌 대로 영국 주취문화에 참여하는 젊은 여성들은 더 복잡한 딜레마에 봉착한다(Griffin et al., 2012; Mackiewicz, 2012). 젊은 여성에게는 올바른 '라벨'의 옷, 신발, 액세서리를 갖추는 것, 어떻게 술을 마시고 어디에서 마시고 무엇을 마시고 자주 다니는 술집이 어디인가와 같은 모든 행위는 소속과 인정의 표식이 되어 버렸다(Ringrose and Walkerdine, 2008; Rolfe et al., 2009; Rúdólfsdóttir and Morgan, 2009). 더 나아가 신자유의적 담론과 걸파워 같은 포스트페미니스트 담론 사이의 모순 속에서 나self의 특정한 부분, 예컨대 '선택하지 못한 것, 선택받을 만하거나 선택받은 것, 소속감 표시'와 같은 겉으로 드러나지 않는 부분은 간과되거나 감춰진다(Walkerdine, 2004, p. 6). 타일러(Tyler, 2008)가 '차브chav'*에 대한 설명에서 제시한대로 '올바른' 라벨을 착용한다고 해서 존중받거나, 존중받을 만하며, 인정받을 만한 여성성을 가진 사람으로 받아들여진다는 보장은 없다.

여러 페미니스트에 따르면, 신자유주의 사회에서 규범적 여성성이란 중산층의 이상과 경험을 전제로 한 매우 배타적인 것이며(예컨대 Gill, 2007 [1982]; Kehily, 2008; Ringrose and Renold, 2012), 그 경계는 감당할 수 없는 위험(과잉성애화, 임신, 학업 중단, 비행, 폭력 등; Ringrose and Walkerdine, 2008, p. 12)에 빠질 수 있는 일탈적이고 실패한 여성성을 함축하는 '타자'로 구성된다. 결과적으로 사회경제적 제약이 많은 노동계급 여성에 대한 담론은 부정적으로 구성될 수밖에 없다. 이러한 예는 타일러(2006, 2008)의 '차브'에 대한 분석에서 찾을 수 있는데, 그녀는 이를 현대의 영국 미디어가 사회 계급을 명시적으로 명명하는 행위를 다시 시작한 것이라고 주장한다. 차브는 '계급에 기반한 강한 혐

---

* 젊은 영국 하류층, 저급문화를 즐기는 세대를 비하하는 표현.

오'(Hayward and Yar, 2006, p. 16)를 표현하는 단어가 되었다. 예컨대 '차브맘chav-mum'은 통상적으로 성적으로 문란한 싱글맘을 가리키며, 이는 '부도덕하고 더럽고 무식하고 비만이고 천박하고 역겨운 백인 노동계급 매춘부'라는 의미를 담고 있다(Tyler, 2008, pp. 26-28). 스키그스(Skeggs, 2005)는 한발 더 나아가 '암탉파티hen-party'*가 영국의 도덕적 대중문화 형성에 큰 역할을 담당했다고 주장한다. 그녀가 말한 대로 노동계급과 관련한 모든 도덕적 집착은 암탉파티에 참여하는 여성, 그리고 이들의 통제 불가능한 몸에 집중된다. 스키그스(2005, p. 966)는 '암탉'이 '전염, 오염, 위험, 혐오와 과잉'과 같은 이미지와 연결된다고 주장한다. 과도한 여성성을 요란하고 천박하게 드러내는 행위에 폭음까지 덧씌워져 신문이나 텔레비전 매체의 표적이 되며, 매체는 이들이 부도덕하고 통제 불가능하여 자신뿐 아니라 국가에 심각한 위협이 된다는 듯이 묘사한다.

이처럼 소비 관행을 통해 드러나는 계급의 명확한 구분은 새로운 현상이 아니다. 영국에서 백인 노동계급을 묘사하는 방식은 항상 외모, 특히 (신체적) 물질성의 과잉에 초점을 맞춰 왔기 때문이다(Tyler, 2008). 그러나 현재 우리가 목격하는 젊은 백인 노동계급 여성에 대한 비방은 깔끔한 백인 중산층의 여성적 품위를 의미하는 새로운 규범의 출현과 연결시켜 이해할 수 있다. 또한 과도한 소비에 대한 강조는 각기 다른 신체를 통해 섹슈얼리티가 읽히는 방식을 만들어 낸다. 젊은 여성(과 그녀의 신체)은 매우 크게 주목받고 있

* 여성들만 모이는 떠들썩한 모임이나 파티. 원래 뜻은 결혼하기 전 신부를 위해 열어 주는 친구들의 파티.

지만 많은 젊은 여성에게 신자유주의적 '성공'은 비현실적이며, 이들의 '실패'는 (여성에 의해) '타자화'되는데, 이는 '위험에 처한' 여성으로 분류되는 것을 의미한다. 이 여성들은 종종 큰 '위험에 처하거나' 위험한 행동을 할 가능성이 매우 높은 여성으로 간주된다. 이는 포스트페미니스트 신자유주의적 자율성 및 임파워먼트의 개념과 연결될 뿐 아니라, 여성성에 대한 전통적 담론(품위와 책임 등의)이 새로운 '성애화된' 형태의 여성적 모습과 대립하는 영국의 음주문화에서 더욱 명확하게 드러난다. 여러 학자가 주장한 대로 밤문화 속에는 과잉 성애화가 존재하며, 음주는 포스트페미니스트 여성의 정체성 구성에 중요한 역할을 한다(Measham and Østergaard, 2009; Mackiewicz, 2012). 여성스러운 음주 정체성을 구성하는 과정에서 젊은 여성이 경험하는 모순과 복잡성은 그들의 이야기에 잘 드러난다.

그러니까 내 친구들 중 아주 여성스럽다고 생각되는 애들 중에서도 … 밤에 놀러 나가고 엄청 **취하는** 애들이 있어요. 그런데 결국 아주 취했을 때 어떻게 행동하느냐에 달린 것 같은데 … 사실 너무 취하면 자기도 통제가 잘 안 되기는 하겠지만 … 그래도 … 여자들이 남자들처럼 취하면 안 될 거 같은데 … [인터뷰 뒷부분에]

나도 여성스럽게 보이려고 노력하죠 … 그래도 다른 애들처럼 하고 나가지는 않아요 … 무슨 말인지 **아시죠?** … 긴 가죽부츠나 속옷 같은 옷. 여자가 여자답게 보이고 싶으면 옷을 제대로 입어야지 몸 파는 애들처럼 입지는 않아요. 품위를 지켜야죠. (Mackiewicz, 2012, p. 151)

젊은 여성 음주자는 쾌락적이고 바람직하지 않은 여성성을 보일 수 있지만, 이런 포스트페미니스트 담론은 여성에 대한 사회통제를 나타내는(Fox, 1977) '좋은 여자' 대 '나쁜 여자' 또는 성녀 대 창녀(Jackson, 2006)와 같은, 끊임없이 지속되는 젠더화된 이분법과 겹쳐 있다. 젊은 여성의 행동은 언제든지 여성 섹슈얼리티에 대한 부정적 담론 속에서 재구성될 위험이 있다(Gill and Arthurs, 2006). 그 이유 중 하나는 '좋은' 혹은 '참한'이라는 개념은 기본적으로 품위를 중심으로 구성되는 여성성의 핵심 형태이기 때문이다(Skeggs, 1997). 또한 여성의 음주 행동은 '참한 여자' 아니면 '창녀'와 같은 이분법이 여전히 통용되는 작금의 신자유주의 사회에서 이러한 가치 개념을 주도하고, 제한하고, 대비시킨다. 예컨대, '즐길 줄 알고 독립적이며 자기주장이 뚜렷한 새로운 젊은 여성'이라는 당당한 여성 담론은 그리핀(Griffin, 2005, p. 11)이 말한 대로 '새롭고' 신선한 모델이며, 이는 페미니스트 이전 시대의 '참하고' 품위 있는 아가씨라는 이미지보다 진보적이다. 그러나 이런 명백한 포스트페미니스트적 자율성과 자유는 '긴 가죽부츠와 속옷 같은 옷'(Mackiewicz, 2012, p. 151)과 만취의 조합으로 인해 훼손되며, 이런 외형적인 '모습'은 소비의 '대상'인 젊은 여성이 증가한다는 것을 반영하는 동시에 비난의 표적이 된다.

오늘날 타블로이드 신문이 여성 음주자를 [남성] 독자층(소비)을 위한 '성적 자극제'(대상)로 표현함과 동시에, 이들을 술에 취한 일탈자로 깎아내리는 모습에서도 이런 현상은 명백히 드러난다(Measham and Østergaard, 2009). 이는 젊은 여성의 독립과 자유를 효과적으로 훼손하며 여성을 전통적으로 젠더화된 (그리고 계급화된) 위계 속에 재배치한다.

코위와 리스(Cowie and Lees, 1981, p. 20, 고딕체는 원문 강조)는 '(계급적 위치에 따라 약간의 보호를 받을 수 있는 중산층 여성을 제외한) 모든 젊은 여자는 항상 다양한 방식으로 매춘부 취급을 받을 위험에 처해 있고', 여기서 외모는 가장 중요한 부분인데 화장을 너무 진하게 하거나 '성적으로 자극적인' 복장을 하지 않아야 한다. 게다가 애트우드(Attwood, 2007)에 따르면 '난잡한 년'이나 이와 유사한 용어(예컨대 '창녀')는 종종 여성이 여성을 대상으로 사용한다. 예를 들어 한 젊은 여성은 외모의 중요성을 다음과 같이 설명한다.

> 모든 여자애들은, 주류라고 생각하는 애들도 … 서로를 경쟁자로 생각하는 것 같아요. 꼭 남자한테 관심받는 것뿐만 아니라 같은 여자에게 인정받는 것에서도 … 그러니까 어떤 여자가 술에 취해 비틀거리고 있는데 옷은 다 내려와서 꼴이 말이 아니면 여자들끼리도 잡년이라고 욕하고 싶어하죠. (Mackiewicz, 2012, p. 184)

친구끼리 하는 농담이냐 아니면 낙인이냐의 기로에 있는 애매한 쓰임에도 불구하고 '잡년'이라는 용어는, '대놓고 성애화하지는 않으면서'(Cowie and Lees, 1981, p. 20) 동시에 성적으로 매력적이어야 한다는 불가능한 목표를 위해 젊은 여성이 수행해야 하는 아슬아슬한 줄타기를 잘 나타낸다. 이는 저자의 연구에서 소개한 여러 젊은 (노동계급) 여성의 이야기에서도 잘 드러난다(Mackiewicz, 2012).

우리는 여자니까, 화장하고 예쁘게 입고 잘 보이고 싶어요 … 그렇다고 우리가 막 나가는 여자는 아니에요. 놀기 좋아하고 술 좀 마신다고 대체 왜 그런 취급을 받아야 하나요. (Mackiewicz, 2012, p. 208)

나는 화장을 진하게 하고 나가는 편이거든요? … 아니 … 그러니까 … 그렇게 진하게는 아니고 … 이렇게 말하는 건 좀 이상한데 … 아무튼 … 옷도 몸매가 잘 드러나게 입는 편인데 … 그렇게 입어야 맵시가 나죠 … 그런데 남자놈들은 그걸 항상 '오~ 한번 하자'로 받아들이는데, 난 그런 거에는 전혀 관심 없고 … 그냥 나를 위한 거예요 … 그런데 옆에서 '아 저 여자 뭐 원하는 게 있구나, 남자를 찾는구나'라고 생각하는 사람이 많아요… 절대 그런 거 아니거든요 ….
(Mackiewicz, 2012, p. 189)

가만히 보면 사람들은 여자들을 자기들 멋대로 '될 대로 돼라'하는 부류랑 '자기를 지키려는' 부류로 나누고 그 중간은 없다고 생각하는 것 같아요 … 이쪽 아니면 저쪽이어야 한다고 생각하는 거죠 … 술 많이 마시고 하고 싶은 대로 하면서도 … 여전히 나를 지키고, 여성성을 지키고, 그럴 수는 없다고 생각하는 거예요. (Mackiewicz, 2012, p. 170)

맺으며: 여성들은 오늘도 분투한다

이 장에서 소개한 젊은 여성 한 명 한 명의 이야기는 많은 여성들이, 특히 노동계급인 경우에는 더욱, 밤문화를 즐기러 나갈 때 걸치는 모든 소품, 모든 미적 표현, 외모의 모든 부분 부분에서 얼마나 자신을 증명해야 하는지를 잘 보여 준다. 그리고 '그들은 자신이 타인에게 어떤 모습으로 비치는지에 신경을 쓴다'(Skeggs, 1997, p. 90). 왜냐하면 체현되고 경험되는 '장소'로써의 그들의 몸은 의심의 장이며, 자신이 제대로 인정받는지 확신할 수 없는 장이기 때문이다. 옷을 차려입고 '주취문화'에 참여함으로써 얻는 젊은 노동계급 여성들의 즐거움은 '감시하는 위치에서 그들을 평가하는 외부 타자에 의해 항상 방해받는다'(Skeggs, 1997, p. 89). 젊은 여성들은 (자신들이 생각하는) 타자의 기준으로 자신을 평가하고, 그래서 지속적으로 자기를 의심한다. 스키그스는 이런 불확실성을 계급의 정서 정치라고 칭했는데, 밤에 이루어지는 과음의 상황에서 이들 노동계급 여성들은 절대로 다른 이들(중산층 여성, 그리고 모든 남성)과 동일한 사회 공간을 확보할 수 없기 때문이다. 오늘날 신자유주의와 포스트페미니스트 문화 속에 사는 젊은 여성에게는 존재를 드러내기 위한 소비가 '보여지고, 누군가가 되고, 눈에 띄고, 소속되는 것'(Ringrose and Walkerdine, 2008, p. 230)의 근본이 된다. 하지만 어떤 것이 정확하게 그 '옳은 길'인지에 대한 명확한 정의나 지식이 없는 상황에서 타자화하는 과정은 품위를 획득하는 방법이 된다.

품위를 획득하려고 노력하는 과정에서 자기의심과 불확실성으로 가득 찬 젊은 여성들이지만, 동시에 이들은 전 세대보다는 훨씬 사회적 권리를 더 잘 챙기는 것으로 간주되는 정치적, 경제적 변화 속에서 살아가고 있다. 개인의 책임, 임파워먼트, 특히 '선택'과 같이 중립적으로 보이는 신자유주의 언어 속에서 젊은 여성은 소위 특권화된 주체(McRobbie, 2009)로 여겨지고 새로운 우수 고객으로 자리 잡았다(Harris, 2004). 이는 젊은 여성에게 여성성이라는 것이 어떠한 딜레마를 만들어 내는지 보여 준다. 영국의 주취문화에서 여성성이라는 표현은 복잡과 모순이 뒤섞인 담론을 구성하며, 이는 종종 젠더 위계를 복원시키고(McRobbie, 2009) 여성 연대를 약화시킨다. 몸을 가릴 듯 말 듯 한 옷을 입고 과음에 비틀거리는 밤문화는 젊은 여성에게는 특별히 해방감을 느끼는 영역이 아니고, 심지어 원해서 하는 것도 아니며 오히려 의무에 가깝다. 그리핀(Griffin, 2005)이 지적한 대로 어울리고 싶다면 술을 마실 수밖에 없는데 '당신에게 사회생활이 없다면 당신은 그 누구도 아니기' 때문이다(Mackiewicz, 2012, p. 146). 1982년에 그리핀은 '착한' 여자와 '나쁜' 여자의 이분법이란 협상 가능한 간단한 이데올로기적 구분이 아니라고 주장했는데, 그 이후에도 큰 진전은 없는 듯하다. 여전히 '여성은 뭘 해도 질 수밖에 없는 심한 모순에 처해 있다'(Griffin, 1982, p. 556).

이 장에서는 맥로비(McRobbie, 2009)가 주장한 젠더 차이와 젠더 불평등을 강화시키는 포스트페미니스트 영역의 이론을 확장해 '주취문화'를 '관심의 공간'으로 설명하는 주장들을 소개했다. '주취문화'가 상당 부분을 차지하는 밤문화(야간경제)는 이런 관심의 공간의 하나로서, 이 안에서 젊은 여성은 모순되고 복잡한 여성성 담론을 실현하기 위해 분투하며, 소비를 기반으로 서로 경쟁하고 비판한다. 음주는 어울리기 위해 필수적으로 해야 하는 것이라고 주장하는 이들이 있는가 하면, 어떤 이들에게 만취는 '쾌락'(Measham, 2004)보다는 포스트페미니스트 담론에 따른 행위주체적 정체성을 나타내기 위한 행위이기도 하다. 오히려 나는 과도한 음주가 때로는 규범적인 것이라고 제안한다. 과음은 누군가가 되기 위한 필수적인 부분이면서, 동시에 관리해야 할 상당한 위험과 협상해야 할 정체성의 딜레마가 공존하는 행위다.

5장

살아남기 위해 술을 마신다면

세라 갈바니, 크리스틴 토프트

폭력과 학대는 과거의 일이 아니다

지난 수백 년간 우리 사회는 아버지나 남편이라는 이름으로 여성에게 자행된 폭력을 정당화해 왔다. 여성에게 가해진 남성들의 폭력의 역사를 정리한 도배시와 도배시(Dobash and Dobash, 1979, p. 50)는 16세기부터 19세기에 이르기까지 아버지나 남편이 아내, 자녀, 또는 하인을 대상으로 '신체적 징벌을 합법적으로 자행'한 증거를 제시했다.

19세기 말부터 이런 폭력을 법적으로 금지하려는 여러 노력에도 불구하고 일부 문화나 가족에게는 여전히 신체적 '체벌'이 남성의 권리라는 믿음이 남아 있다. 아직도 많은 여성에게 독립과 평등은 당연한 권리가 아니며 아버지 및 남편의 소유권과 권력에 감히 도전하는 것은 가정폭력, 성학대, 심지어 살인으로 이어진다.

당장 전국 뉴스나 지역 뉴스를 잠깐만 들여다봐도 원래는 사랑하는 사람이어야 할 남성이 여성을 학대하고, 공격하고, 살해하는 사건을 쉽게 찾을 수 있다. 우리는 여전히 매주 두 명의 여성이 남편, 전 남편, 혹은 남성 지인에게 살해당하는 사회에 살고 있다(Coleman et al., 2011). 그리고 여전히 은폐된 가정폭력이 우울할 정도로 높은 사회(ONS, 2014), 그리고 여기에 대응하는 법적 체계가 부실한 사회(Topping, 2014)에 살고 있다. 가정폭력은 우리 역사와 문화에 굳게 자리 잡고 있다. 이는 이데올로기적 주장이 아니라 사실이다.

또한 우리는 음주와 만취가 남성성의 중요한 부분으로 자리 잡은 사회, 그리고 전보다 나아졌다고 해 봤자 여성의 음주는 여전히 눈총 받는 사회에 살고 있다.

이 장에서는 폭력과 학대를 경험하는 여성의 삶에서 알코올의 역할을 개괄한다. 폭력과 학대의 맥락에서 이루어지는 여성 음주와 관련한 연구 증거에 기반해 폭력에서 알코올이 어떠한 역할을 하는지에 대한 이론을 소개하고, 현장에서 경험한 실제 사례에 근거해 음주 문제와 가정폭력을 당한 여성을 대상으로 하는 모범 실천방안을 제시할 것이다. 우선 가정폭력과 학대(이하 줄여서 '가정폭력'으로 기술)의 정의를 간략하게 정리하고 가정폭력이 여성과 아이들에게 미치는 영향을 살펴보자.

가정폭력이란

가정폭력의 정의는 젠더화된 특성에 대한 이해와 함께 발전해왔고, 가장 최근에는 젊은 연인 관계에서 발생하는 폭력에 대한 인식이 확대되면서 이 역시 가정폭력의 정의에 영향을 미쳤다.

영국 내무성Home Office이 정의한 가정폭력은 다음과 같다.

성별이나 젠더를 불문하고 16세 이상의 현재 또는 과거 파트너 및 가족 구성원 사이에서 발생하는 통제적, 강압적, 위협적 행동이나 행동 패턴 및 폭력과 학대를 말한다. 학대는 주로 다음을 포함하지만 여기에 국한된 것은 아니다.

- 심리적 학대
- 신체적 학대
- 성적 학대
- 경제적 학대
- 정서적 학대

(Home Office, 2013)

이 정의에는 영국 역사상 처음으로 16세와 17세가 포함되었는데, 16~19세 사이의 젊은층이 다른 연령 집단에 비해 데이트 폭력을 더 많이 경험한다는 근거에 기반한 것이다(Home Office and AVA, 2013). 파트너, 동료 및 부모를 대상으로 한 청소년의 폭력과 학대도 큰 관심 영역이긴 하지만 부모를 향한 자녀의 폭력은 인식 및 서비

1부 여성의 음주는 사회적으로 구성된다

스 대응 측면에서 상대적으로 초기 단계에 있다(Holt, 2012).

누가 누구에게 무슨 행동을 하는가

가정폭력은 젠더화되어 있다. 남성이나 남자 청소년에 비해 월등히 많은 여성 및 여자 청소년이 가정폭력과 성폭력을 당한다. 이는 사실이며, 가정폭력으로 고통받는 남성들의 경험을 평가절하하려는 것이 아니다. '누가 누구에게 무슨 행동을 하는가'라는 연구에서 헤스터(Hester, 2009)는 영국의 한 경찰서를 중심으로 젠더 및 가정폭력 가해자를 조사했다. 이 연구는 남성 가해자의 학대 및 폭력 발생률, 정도 및 심각성이 여성 가해자에 비해 높으며 여성이 학대 재발 범죄의 피해자가 될 가능성이 훨씬 높다고 보고했다. 국가 통계도 이를 뒷받침한다. 잉글랜드와 웨일스 범죄 실태조사에 따르면 16~59세 사이의 여성 중 살면서 가정폭력을 경험한 비율은 30% 이상(490만 명)이었고, 지난해 가정폭력을 경험한 비율은 7.1%(120만 명)였다(ONS, 2014). 반면에 같은 연령대 남성의 평생 가정폭력 경험 비율은 16.3%(290만 명)이었고, 지난해 가정폭력 경험 비율은 4.4%(70만 명)였다. 이런 자료는 가정폭력 발생률을 가장 잘 보여주는 지표이지만, 연령대가 한정되어 있고(16~59세), 공공 설문조사에서 밝히기에는 민감한 내용이라는 점에서 한계가 있다. 가정폭력 가해자 및 피해자가 느끼는 수치심과 감추고 싶은 속내를 고려할 때 신뢰할 만한 통계를 내는 것은 어려우며 실제 수치는 훨씬 높을 것이다.

폭력을 당해도 도움을 청할 곳이 없다

가정폭력의 영향은 강렬하며, 그 영향이 단기간에 그칠 수도 있고, 장기적으로 사람을 황폐화시킬 수도 있다. 폭력에 대한 여성의 반응은 다양하게 나타나지만, 신체적 학대의 흔적과 상처는 시간이 지나면 아물고 없어지는 반면에 정서적, 심리적 상처는 계속 남는다는 점에 모두가 동의한다. 부정적 영향의 몇 가지 예는 다음과 같다.

- 두려워한다.
- 자존감과 자부심이 떨어진다.
- 자신의 매력과 판단을 의심한다.
- 자신이 동료, 동반자, 엄마, 또는 딸로서 제대로 기능할 수 있을지 의심한다.
- 우울증, 트라우마 및 다른 정신적 어려움을 경험한다.

학대를 당한 여성이 학대로 인해 사회적으로 고립되고, 실직을 하거나 가해자에게 경제적으로 의존하는 상황이 되면 가족이나 친구에게 도움이나 위로를 구하는 것이 불가능한 경우가 많다.

자녀들은 종종 피해자이자 동시에 가해자로 폭력과 학대를 목격하고 경험하는데(Hester, 2009), 전부는 아니지만 이들 중 다수는 학대의 부정적 여파로 친구 관계나 성인이 된 후 관계 맺는 방식에 어려움을 겪는다(Barter, 2009). 특히 여자 아이들은 남자 아이들에 비해 더 많은 신체적 피해와 상해를 입으며, 더 많은 두려움과 정서 문제로 고통받는다(Barter, 2009). 연령에 따라 자녀에게 미치는 영향은 다르지만, 가정폭력의 낙인과 두려움으로 인해 이들은 어릴 때부터 비밀 지키기를 학습한다. 성인과 마찬가지로 아이들 역시 사회적으로 고립되거나 여럿이 어울리는 사회생활을 기피하기도 하는데, 타인과 소통하고 감정을 주고받는 것이 쉽지 않고 회피하고 싶기 때문이다. 아이들은 정서적 방임과 학대, 심리적 또는 정신과적 문제, 행동 변화 및 발달 지연을 경험할 수 있다. 부모나 보호자의 돌봄은 일관성이 없고 질이 낮으며 방임적이고 지나치게 징벌적일 수 있다. 아이들의 일상은 흐트러지고 제대로 놀 수도 없으며, 부모에게 매우 갈등적인 감정을 느낀다. 무엇보다 중요한 것은, 아이들은 자신이 가정폭력의 원인이라고 생각하거나 폭력을 막지 못했다는 죄책감과 책임감을 가질 수 있다는 것이다(관련 자료는 Humphreys and Mullender, 1999 참고).

요약하면, 친밀한 관계인 가족 구성원이나 남편으로부터 가정폭력을 당하는 여성과 여자 아이들의 비율은 상대적으로 높다. 이런 현실은 젠더 중립적이지 않으며, 이 사회에서 여성의 위치에 대한 역사적(그리고 현재의) 논쟁과 따로 떼어 설명할 수 없다. 역사적으로 국가 정책은 오랫동안 여성학대에 눈감아 왔고, 여성을 향한 남성 폭력을 금지하는 법의 적용은 여전히 부실하다. 그렇기 때문에 공식적으로 보고되는 학대 피해자의 다수가 여전히 여성이라는 점, 그리고 가정폭력 전문 서비스가 아닌 다른 서비스들이 가정폭력을 제대로 다루는 능력을 갖추지 못한 현실은 놀랍지 않다. 가정폭력의 영향은 쉽게 잊혀지거나 사라지지 않는다. 연령을 막론하고 가정폭력으로 고통받는 모든 여성은 긴장을 완화시키거나 수면을 위해 또는 신체적, 심리적 고통으로부터 벗어나기 위해 여러 방법을 모색하는데, 여기에는 음주나 약물 사용도 포함된다. 여기서는 음주에 대한 문제를 다루고자 한다.

가해자의 음주와 피해자의 음주

음주와 가정폭력 사이에는 두 가지의 주요 관계가 존재한다. 하나는 음주와 가정폭력 가해의 관계, 그리고 또 하나는 음주와 가정폭력 경험의 관계다. 지난 몇 십 년 동안 이 관계들을 설명하는 여러 이론이 제시되었다. 이 중 다수는 가정폭력 가해와 관련한 것으로 지나치게 단순하고 개인주의적이라는 비판을 받는다. 이러한 이론은 주로 과도한 음주가 인지나 기분에 영향을 미쳐 가정 폭력을 유발한다는 생각에 의존한다. 이를 반박하는 증거들이 있음에도 불구하고 대중과 미디어는 '너무 취해서 무슨 행동을 하는지 몰랐다'는 변명을 여전히 그대로 받아들이고 있다(관련 내용은 Galvani, 2004 참고).

그렇다고 알코올이나 약물이 우리 신체에 영향을 주지 않는다는 것은 아니다. 분명히 영향을 미친다. 모든 물질은 우리의 중추신경계에 직접적인 영향을 준다. 하지만 그 결과로 나타나는 행동은 사람에 따라 매우 다르다. 술에 취해 폭력과 학대를 자행한 이력을 가진 이들도 취할 때마다 같은 행동을 하지는 않는다. 이는 여기에 뭔가 다른 것이 작동한다는 의미다. 여기서 질문은 왜 어떤 이들은 술을 마시면 폭력적이 되고 어떤 이들은 그러지 않으며, 여기에 영향을 미치는 요인은 무엇인가다.

연구에 따르면 술에 취해 하는 행동에 영향을 미치는 요인은 다양한데, 그 사람을 둘러싼 환경, 개인의 특성, 피해자와의 관계, 그 행동의 잠재적 비용과 편익 등이 여기에 포함된다. 여성을 향한 남성의 폭력을 설명하는 모델은 이런 다각적 접근을 반영한다. 세계보건기구는 폭력과 건강에 관한 보고서에서(Krug et al., 2002) 생태학적 이론을 바탕으로 폭력 행위에 기여하는 일련의 내재된 요소를 설명한다(그림 5.1). 이 모델은 개인의 폭력 행위에 영향을 미치는 공동체와 사회에 주목한다는 점에서 중요한데, 특히 여성과 여성의 역할을 둘러싼 사회와 공동체의 태도에 초점을 맞춘다.

공동체 및 사회적 수준의 영향은 사람들이 술에 취해 하는 행동에 영향을 미치는 중요한 요인이다. 1969년에 집필된 고전서에서 맥앤드루와 에저턴은 다음과 같이 주장했다. '사람들은 그 사회가 부여하는 방식에 맞춰 음주를 이해하고 이에 따라 행동하며, 그 사

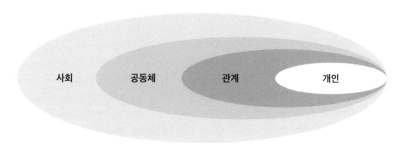

그림 5.1 폭력을 이해하기 위한 생태학적 모델
출처: Krug et al.(2002)

회의 가르침을 몸소 행한다.'(MacAndrew and Edgerton, 1969, p. 172)

맥앤드루와 에저턴은 우리에게 사회학습이론과 사회화 과정으로 알려진 내용을 설명했다. 이는 음주에 대한 공동체와 사회의 영향을 다룰 때 핵심적인 부분인데, 우리가 술을 마신다면 어떻게 마시는지 그리고 술을 마시고 타인에게 어떻게 행동하는지와 관련된 것들이다. 또한 우리가 젠더를 이해하는 과정과, 여성성과 남성성이 어떻게 행동으로 표현되는지를 이해하는 과정에서도 공동체와 사회의 영향은 매우 중요하다. 역사적 맥락이 보여 주듯이 젠더 쟁점이나 여성을 향한 남성 폭력의 사회문화적 맥락을 다루지 않는 이론은 결국 폭력의 핵심 요소를 제대로 찾아내고 다루는 데 실패할 수밖에 없다.

피해자의 음주에 관련해서는 주로 세 가지 관계가 제시되었다.

- 피해자의 음주는 파트너의 폭력 때문에 발생한다.
- 피해자는 자신이 당하는 학대에 대처하기 위해 음주한다.
- 알코올은 학대의 유형으로 사용된다. 예컨대 피해자는 신체적 또는 심리적으로 음주를 강요당하는데, 이를 통해 가해자의 요구에 더 잘 따르게 된다.

피해자의 음주가 독자적으로 가해자의 폭력을 유발하는 동기가 된다는 주장은 그 근거가 희박하다. 여성이 술을 마시거나 술 마시고 하는 행동이 남성의 폭력과 학대를 유발한다는 주장이 있다. 하지만 연구들에 따르면, 가해자의 음주가 폭력의 주요 요인이라는 증거는 있지만 피해자의 음주는 그렇지 않으며(Kantor and Asdigan, 1997), 관계가 있다고 해도 그 역할이 명확하지 않은 것으로 나타났다(Klostermann and Fals-Stewart, 2006).

그러나 여성이 어린 시절 혹은 성인기에 당한 학대에 대처하는 방법으로 술을 마신다는 증거는 이미 제시된 바 있다(Hedtke et al., 2008; Messman-Moore et al., 2009; Devries et al., 2013). 약물중독 전문 서비스를 이용하는 여성들이 아동기나 성인기에 학대를 당한 비율은 매우 높다(Bear et al., 2000; Breckenridge et al., 2010). 의사나 상담가를 찾아가거나 이혼소송을 진행하는 것과 같은 대처 방법에 비해 음주는 비교적 접근이 쉬운 방법이다. 비록 장기적인 해결책은 아니지만 음주는 순간적이고 빠르게 작용하는 '액체 버팀목'을 제공한다.

또한 학대나 강압의 형태로 약물을 사용하거나 희생자를 무력화시키기 위해 약물을 사용한다는 증거도 점점 증가하고 있다. 특히 불법 약물은 매춘을 이용한 성착취와 관련 있다(Galvani and Humphreys, 2005; Goldenberg et al., 2012; Drugscope and AVA, 2013). 여성에게 강제로 약물을 주사하기도 하고, 중독되게 만든 후 요구에 응하지 않으면 약물을 주지 않겠다고 협박하며 고통스러운 금단증상을 겪게 한다. 또한 시키는 대로 술을 마시거나 약물을 사용하지 않으면 폭력과 학대가 더 심해지기 때문에 어쩔 수 없이 사용하는 경우도 있다. 유럽의 많은 연구는 술이나 약에 취한 여성을 대상으로 이루어지는 학대와 성폭력을 보고한다. 유럽에서 진행된 '약물을 이용한 성폭행 drug-facilitated sexual assault, DFSA' 연구에 따르면, 영국에서 발생한 약물을 이용한 성폭행의 거의 절반은 주로 알코올을 사용한 것으로 보고되었다(Olszewski, 2008).

폭력 피해를 견디기 위해 술을 마신다면

가정폭력 피해자이면서 음주 문제를 가진 여성은 이중 낙인에 직면한다. 여성의 음주를 바라보는 사회의 이중적 태도에 대해서는 앞장에서 설명한 바 있다. 많은 문화에서 남성의 음주는 자연스러운 남성성의 표현으로 인정되거나 때로는 장려되기도 하지만, 여성에게는 그렇지 않다(Hey, 1986; Peralta et al., 2010; Wells et al., 2014).

전통적으로 여자가 술에 취하는 것은 여성답지 않은 행동으로 간주되며 눈총 받는다. 여러 문화권에서 여성의 음주가 점차적으로 증가하는 추세임에도 불구하고 우리 사회는 여전히 여성의 음주에 엄격하고 낙인도 심하다(Allamani et al., 2000; Waterson, 2000; Rolfe et al., 2009). 결국 여성 음주와 관련한 이런 이중 잣대는 성폭력이나 가정폭력 피해를 여성의 탓으로 돌리는 데 주요 역할을 한다. 술에 취했기 때문에 강간당했고 술에 취했기 때문에 그 상황을 피하지 못했다고 여성을 비난하는 경우가 여전히 너무 흔하다(Sims et al., 2007).

요약하면, 다른 요인을 고려하지 않고 가정폭력 가해와 음주의 관계를 단순한 인과관계로 설명할 수 있는 증거는 존재하지 않는다. 하지만 폭력 피해 여성들이 폭력으로 인한 부정적 결과에 대처하기 위해 술을 마신다는 증거는 존재한다. 그런데 그렇게 함으로써 그들은 여성 혹은 엄마답게 처신하지 못했다는 비난과 스스로 피해를 자초했다는 비난에 더욱 시달린다.

학대 피해 여성의 음주 현황은 미궁 속에 있다

가정폭력을 당한 여성의 음주 문제가 어느 정도인지에 대해서는 밝혀진 바가 없다. 알코올 치료 서비스가 이런 정보를 제공할 수 있지만 알코올이나 약물 문제를 가진 사람의 대부분이 공식적으로 서비스를 받지 않는다는 것을 고려한다면 이 데이터는 부분적인 그림만 제시할 뿐이다. 알코올 치료 서비스에서 일상적으로 가정폭력의 경험을 물어 보지는 않기 때문에, 치료 서비스를 이용하는 이들을 대상으로 진행된 단기적 연구를 통해 그 정도를 제한적으로 추론할 수밖에 없다. 그럼에도 불구하고 이 연구들은 알코올이나 약물 문제 서비스를 이용하는 여성의 상당수가 가정폭력 피해 경험을 가지고 있음을 보고한다. 북미 데이터는 알코올 및 약물 문제 치료 서비스 참여자 중 지난 6~12개월 사이에 신체적 폭력을 당한 여성의 비율을 일관되게 60~70%라고 보고한다(Downs et al., 1998; Chase et al., 2003). 매우 제한적이긴 하지만 영국 자료 역시 비슷하게 높은 비율의 가정폭력과 학대 경험을 보고한다(Humphreys et al., 2005; McKeganey et al., 2005). 이런 데이터는 주로 신체적 학대나 성학대에 초점을 두고 있기 때문에 금전적 학대나 정서적 학대와 같은 다른 유형의 학대 정보는 알 수 없다는 약점을 가지고 있다. 따라서 전반적 가정폭력의 경험은 결국 과소 추정될 수밖에 없다.

정보를 제공하는 다른 자료의 출처는 매년 진행되는 영국과 웨일스의 범죄 실태조사다. 이 조사는 부부 및 가족폭력, 성폭행 및 스토킹과 같은 다양한 가정폭력 관련 질문을 포함하고 있다. 16~59

세만을 대상으로 하지만 이 조사는 공식적으로 가해자와 피해자의 가정폭력과 알코올 및 약물 사용 자료를 제공한다(ONS, 2014). 가정폭력 사례의 4분의 1(24%) 정도에서 사건 당시 가해자가 술을 마셨다는 피해자의 보고가 있었고, 이들 중 10%는 본인도 술을 마시고 있었다고 보고했다. 또한 이 조사는 술에 취하는 빈도가 높을수록 가정폭력 피해의 위험이 높아진다는 것을 보여 준다(ONS, 2014). 하지만 이는 가정폭력과 음주 간의 인과관계를 보여 주는 것은 아닌데, 조사 원자료에 해당 내용이 포함되어 있지 않기 때문이다. 즉, 사람들이 가정폭력으로 인해 술을 더 자주 마시는지, 아니면 빈번한 알코올 소비가 갈등을 유발하거나 가해자에게 폭력의 빌미를 제공하는지는 알 수 없다.

마지막으로 정보를 얻을 수 있는 자료는 가정폭력 피난처나 쉼터 이용자들을 통해서다. 북미의 쉼터 이용자 연구들을 검토한 슈마허와 홀트(Schumacher and Holt, 2012)에 따르면, 쉼터 이용자 중 22~72%가 현재 또는 과거에 경험한 알코올 및 약물 문제를 호소한다. 가장 낮은 비율의 경우에도 쉼터 여성 5분의 1을 상회하는 수치이며, 가장 높은 경우 거의 4분의 3을 차지한다. 피난처나 쉼터가 알코올이나 약물 문제를 가진 여성의 입소를 꺼려한다는 점을 고려하면 이 역시 과소 추정된 것으로 볼 수 있다.

여성의 목소리를 반영하는 치료 서비스 방안

알코올 문제를 가지고 있으면서 가정폭력 피해자(현재진행형이든 과거 경험이든)인 여성은 서비스 접근에 커다란 장벽을 경험한다. 알코올 문제를 가진 여성의 경우 가정폭력 서비스 접근이 제한적일 수밖에 없다. 쉼터는 행동 관리의 어려움과 다른 이용자들에 대한 위험 때문에 알코올이나 약물 문제를 가진 여성을 꺼려하며, 쉼터 위치 노출에 대한 우려도 여기에 기여한다. 알코올 서비스 기관은 서비스 제공에 제한을 두지는 않지만, 가정폭력과 관련한 문제를 적극적으로 다루지 않는 경향이 있기 때문에 여성의 학대 경험과 음주 행동 간의 중요한 관계를 간과하기 쉽다. 또한 보호와 관련한 문제를 평가하고 안전 계획을 세울 수 있는 기회를 놓치는 경우도 많다. 모범 실천사례들이 많기는 하지만 전반적으로는 턱없이 부족하다.

알코올 문제의 '치료'나 개입은 '젠더 중립적'이라고 표방하지만, 전통적으로 백인 남성의 영역이었다(Salter and Breckenridge, 2014). 일반적으로 알코올 문제 서비스는 돌봄 책임이 있거나 폭력 또는 학대 경험 가능성이 높은 여성 음주자의 차별화된 요구에 부응하지 못한다(Salter and Breckenridge, 2014). 알코올 문제와 가정폭력을 동시에 경험하는 여성에게 효과적으로 대응하는 것은 지속적인 연대 과정을 필요로 한다. 영국 비영리단체인 '알코올경보'는 2008년에 알코올 기관들과 협력해 가정폭력에 대응하는 임브레이스Embrace 프로젝트를 시작했다. 임브레이스 프로젝트는 아홉 개의 기관을 대상으로 가정폭력에 대한 인식을 증진시키고 이를 정책과 실천 대응에 적용하는 자문 및 훈련 프로그램을 제공했다. 프로젝트 평가 결과, 정책과 실무에서 모든 실무자가 참여하는 서비스 전반의 변화를 위해서는 효과적인 리더십이 가장 중요했다. 하지만 이런 변화가 일어나기까지는 시간이 필요하다는 점도 인식하게 되었다(Templeton and Galvani, 2011). 3년에 걸친 프로젝트 기간 동안 가정폭력 서비스 제공자와 비공식적인 협력 관계를 맺었고, 모든 기관은 가정폭력 관련 내용을 기관정책에 반영했다. 하지만 직원 이동과 질병으로 인한 병가, 그리고 위탁 변경이나 기관의 구조 등은 해당 서비스 개발을 방해하는 요인이 되기도 했다.

임브레이스 프로젝트[1]와 현재 진행 중인 스텔라Stella 프로젝트[2] (www.avaproject.org.uk/our-projects/stella-project/stella-project-resources.aspxhas)에서는 여러 기관과 협력하고 여성 서비스 이용자의 목소리에 기반해 다수의 좋은 실천방안 보고서를 발행했다(Stella Project, 2007; Delargy, 2009; Osman and Delargy, 2009; Bailey and Delargy, 2011). 이들 보고서와 저자들의 전문적 경험을 바탕으로 요약한 몇 가지 정보와 제안 내용은 다음과 같다.

---

1 임브레이스 프로젝트는 국가 알코올 비영리 단체인 '알코올경보'가 3년 동안 진행한 프로젝트다. 이 프로젝트는 알코올 기관과 협력해 성인과 아이들을 대상으로 한 가정폭력에 안전하게 대응하는 것이 핵심이며, 이는 각 기관의 정책과 실천에 반영되었다.
2 스텔라 프로젝트는 여성과 여자 아이들을 대상으로 폭력 종식을 위해 노력하는 국가 비영리 기관인 AVA의 일부로 진행되었다. 스텔라 프로젝트는 약물 사용, 가정폭력과 성폭력 공존과 관련한 서비스 전달과 정책에 초점을 두고 있다.

1. 실무자들이 알코올과 가정폭력 간의 고리를 이해할 수 있도록 충분히 훈련시켜야 한다. 음주의 잠재적 폐해나 가정폭력의 잠재적 위험을 따로 다루는 것보다 이 둘 간의 상호 관계를 이해하는 것이 중요하다.

2. 기관의 다른 어떤 목표보다 안전과 보호에 우선순위를 둔다. 가정폭력이 한 사람의 취약성과 음주 행동에 어떠한 영향을 미치는지 이해해야 한다. 기관의 주된 목표는 음주에 관한 것이라고 해도, 안전하고 지지받는다는 느낌은 여성 음주행동을 긍정적으로 변화시키는 데 큰 역할을 한다. 기관의 정책과 실천에 이를 어떻게 반영할지 고민해야 한다.

3. 알코올 치료 현장은 일상적으로 가정폭력에 대해 질문하고, 감수성을 가지고 대화해야 하며, 필요할 경우 중독 전문가와 협력한다. 가해자로부터 물리적으로 떨어져 있다고 해서 가정폭력의 부정적 영향이 사라지는 것은 아니다. 특히 부부가 모두 자녀를 만나고 있는 경우라면 더욱 그렇다.

4. 음주 문제를 가진 여성에게 발생할 수 있는 자녀의 부모폭력 혹은 학대 가능성을 염두에 두어야 한다. 성인 가해자와 분리되어 있다고 해서 여성이 안전할 것이라고 가정해서는 안된다. 폭력을 행하는 가까운 지인과 계속 함께 있게 되는 경우 음주행동을 통제하는 것은 훨씬 어렵다.

5. 가정폭력과 아동학대의 밀접한 관계를 고려할 때, 다른 학대를 경험했을 가능성과 그 경험이 음주 문제에 기여했을 가능성에 유의해야 한다. 조심스럽게 질문하고 공감하며 반응할

수 있게 준비해야 한다.

6. 안전 계획을 숙지하고 있어야 한다. 이는 가정폭력 피해 감소 전략과 유사하다. 피해자가 가해자와 계속 살고 싶어 하는 경우에도 필요에 따라 안전 계획을 세우는 것을 지원할 수 있다. 다음과 같은 질문을 활용할 수 있다. "꼭 필요한 옷가지 몇 개와 중요한 개인 서류를 친구 집에 잠시 맡겨 두는 것이 가능할까요?"

7. 알코올 자조 모임이 때로는 음주 행동 변화에 도움이 되지 않거나 심지어 위험할 수도 있는 메시지를 전달하는 경우가 있음에 유의해야 한다. 익명의 알코올중독자AA와 같은 12단계 모임 혹은 미네소타 모델에 기반한 치료 접근은 음주 행동 변화를 위해 술에 대한 '무력감'을 시인할 것을 강조한다. 게다가 본인의 음주 행동으로 인해 피해를 입은 이들에게 잘못을 빌고 보상할 것을 제안한다. 폭력과 학대를 겪으며 이미 무력함을 느끼고 폭력의 원인을 제공했다고 비난받아 온 이들에게 이런 개념과 제안은 도움이 되지 않을 수 있다. AA후원자(협심자), 전문가 및 AA회원을 대상으로 이런 주제를 설명하고 안내하는 자료를 참고하라(Grace and Galvani, 2009, 2010).

8. 만일 가정폭력이 있거나 의심되는 경우, 알코올 서비스 중 부부상담이나 가족상담은 하지 않아야 한다. 개입 후 여성과 자녀들이 보복과 학대의 위험에 처할 수 있기 때문이다(Galvani, 2007).

1부   여성의 음주는 사회적으로 구성된다

맺으며: 누군가에게 음주는 고통을 견디는 대처법

가정폭력을 겪는 여성들은 매일 어떤 일이 생길지, 누가 알아차릴지, 사람들이 뭐라고 생각할지, 미래는 어떻게 될지 두려워하며 살아간다. 가해자가 사라지고 시간이 흘러도 많은 여성들은 자신과 자녀들의 안전을 염려한다. 이런 심리적, 정서적 트라우마로부터 도망치기 위해 음주를 선택하는 것은 궁극적인 해결책도 건강과 웰빙을 위한 좋은 선택도 아니지만, 즉각적이고 단기적인 대처 기술이 되기도 한다. 이런 대처 기술이 문제 행동이 되고 서비스를 받아야 하는 상황이 되면 이들은 가중된 비난을 받게 되고, 전문적 통제를 마주하게 되며, 자녀들이 있는 경우라면 더욱 심한 강요와 설득을 경험한다. 이처럼 중복되고 복잡한 문제에 간단한 해결책이 있는 것은 아니다. 하지만 가정폭력으로 인한 고통을 음주로 견디어 보려는 경우가 있음을 이해하는 것은 그 출발점이다. 피해자를 비난하지 않고, 더 상처받게 하지 않는 접근 방법을 모색하며, 안전을 최우선으로 고려하면서 이들의 힘을 키워 주고 공감해 주며 적절한 정보에 근거한 도움을 제공하는 것이 전문가의 역할이다.

2

다양한 여성들의 목소리

6장

나이 든 여성도 술을 마셔요

메리언 반스, 리지 워드

노인의 관점에서 본 음주

노년기 음주는 연구, 정책, 실천 영역에서 큰 관심을 받지 못했다. 알코올에 대한 정부와 미디어의 관심은 대부분 청년의 음주, 특히 폭음과 공공장소에서 발생하는 반사회적 행위에 집중되어 있다. 노령층의 음주가 증가하고 있다는 지표들이 보고되고 어떤 이들에게는 문제의 근원이 됨에도 불구하고(NHS Information Centre, 2008; Smith and Foxcroft, 2009; Triggle, 2009), 문제적 음주를 생각할 때 우리는 노령층을 크게 염두에 두지 않는 경향이 있다. 노인 음주에 대한 연구가 제한적이라는 사실은 곧 노년기 음주의 원인, 필요한 서비스의 유형, 그리고 알코올 관련 건강 및 사회문제에 필요한 대응에 대한 이해가 부족하다는 것을 의미한다.

이 장은 노년층에게 음주가 특별히 문제라는 가정 없이 이들의 삶에 알코올이 어떤 역할을 하는지를 이해하려는 한 연구에서 출발한다. 연구의 목적은 과거 연구들이 지나쳐 버린 관점을 제공하는 것이었는데, 즉 나이가 들면서 걷는 삶의 여정, 살면서 마주하는 주제들, 고민거리와 문제들, 그리고 여기에 알코올이 어떻게 관여하는지 알아보려는 것이다. 이 연구는 50대에서 80대의 남성과 여성을 대상으로 이루어진 소규모 질적 연구인데, 이 장에서는 여성의 관점에 초점을 두었다. 우리는 노년기 여성의 삶에서 알코올이 어떤 위치를 차지하는지 탐색하고 알코올이 가진 긍정적 측면과 문제적 측면을 모두 알아보고자 한다.

노년학에서 알코올이라는 주제는 거의 전적으로 노화된 신체에 미치는 알코올의 임상적, 생의학적 영향, 그리고 퇴행성 과정과 인지기능에 미치는 알코올의 영향에 초점을 맞춰 왔다(Johnson, 2000; Peters et al., 2008; Plant and Plant, 2008). 건강과 사회적 돌봄 분야의 연구도 제한적이긴 하지만 증가하고 있는데, 이들은 주로 음주 문제가 있는 노인에 대한 접근을 주제로 한다(Simpson et al., 1994; Herring and Thom, 1997a, 1997b; Klein and Jess, 2002). 하지만 노인이 술을 마시는 문화적, 사회적, 경제적 맥락을 이해하고 이것이 노년기로의 이행과 변화에 어떻게 연결되는지를 다루는 연구는 거의 없으며, 노인의 관점에서 이런 문제를 이해하는 연구는 더더욱 없다. 따라서 우리는 노년층 음주 행동이 노화 경험과 어떤 관계인지 그리고 젠더, 계급, 민족, 섹슈얼리티 및 장소에 따라 어떻게 다른지 이해하고자 했다(자세한 내용은 Ward et al., 2008 참조).

솔직하게 음주 경험을 나눌 수 있는 연구를 구상하다

연구 목적에 맞게 우리는 노인 집단의 구성원이자 공동 연구자로 노년층 당사자를 초대해 연구를 함께 계획하고 수행하는 참여적 접근을 개발했다. 이 프로젝트는 건강, 사회적 돌봄 및 주거 분야에 종사하는 지역 기관의 운영위원회와 지역의 에이지 컨선Age Concern*단체가 파트너로 참여했다. 우리는 에이지 컨선 단체의 자원봉사자 중 네 명을 공동 연구원으로 초대했는데, 이들은 주로 개별 면담을 진행하는 역할을 담당했지만 연구를 계획하고 분석하는 과정에도 함께했다. 음주는 낙인 및 수치심과 연결된 민감한 주제로 연구하기가 수월하지 않기 때문에 연구 계획 과정에 각별한 주의가 필요했다. 자문 역할을 하는 노년층 집단을 조직해 연구 과정을 지속적으로 점검받고, 주제에 대해 다른 노인들의 의견을 구했다. 공동 연구자 및 자문 집단과 함께 의논하는 과정을 통해 우리는 다양한 지식과 경험과 전문성을 갖추고 노인 참여자들이 자신의 음주 경험을 솔직하게 말할 수 있는 환경을 만들었다. 이는 노인이 직접 자기 이야기의 구술사가 되는 것의 중요성, 그리고 이들 스스로 내가 내 삶의 전문가라는 점을 중요하게 인식하는 접근이다. 우리는 주별 음

---

* 노년기의 다양한 문제와 웰빙을 위한 비영리단체.

주량과 같은 정해진 틀에 맞춘 답을 듣기보다는 참여자들이 자신의 음주 경험을 자신이 이해한 방식대로 이야기하고, 자신의 삶에서 술이 차지하는 위치를 스스로 구성하기를 원했다.

먼저 공동 연구자들은 21명의 개별 면접과 세 개의 초점집단 면접에 활용할 수 있는 주제 가이드를 만들었다. 주제 가이드는 공동 연구자들이 '언제', '어디서', '누구와 함께' 음주했는지 질문하면서 면접을 구조화할 수 있게 도와주었다. 참여자 모집은 각종 노인 네트워크, 모임, 기관 및 그룹 홈 등에 배포한 전단지에 응답한 사람 중 다양한 배경과 환경을 가진 노인을 선발하는 방식으로 이루어졌다. 선발 기준은 정기적으로 음주하는 50세 이상이었고, 따로 알코올 남용이나 문제를 명시하지는 않았다. 알코올을 문제로 제시하는 경우 참여자를 찾기 어려울 수 있다고 생각했고, 무엇보다 알코올이 사회적 관계 유지에 중요한 역할을 할 수 있으며 그 자체로 즐거운 행위일 수 있다는 점을 고려했다. 개별 면접에 참여한 21명 중 여성은 여덟 명이었는데, 그중 세 명은 50대, 또 세 명이 60대, 두 명은 80대였다. 다섯 명은 배우자가 있고, 두 명은 사별, 그리고 한 명은 이혼해 혼자 살고 있었다. 그 외에 15명의 여성이 세 개의 초점집단에 참여했다. 두 개는 남녀가 섞인 집단이었고, 하나는 여성들로만 구성된 집단이었다. 참여자의 익명성을 보장하기 위해 모든 이름은 가명으로 처리했다.

여성 노인의 목소리를 듣다

상대적으로 작은 표본임에도 불구하고 '왜', '어디서', '언제', '누구와' 음주했는지에 대한 응답을 살펴보면 개인적 상황, 개인사, 그리고 사회적, 경제적 상황에 따라 음주 행위가 다르다는 것을 명확하게 알 수 있었다.

여성 노인의 음주 유형
참여자들의 응답에 따라 우리는 음주 유형을 네 가지로 구분했다.

■ 사회적-정기적 음주 유형 '사회적-정기적' 음주 유형에 속하는 노인들은 일반적으로 술을 즐겁고 기분 좋은 것으로 받아들인다. 음주는 긍정적인 사회관계와 연결되며, 친구나 배우자와 함께하는 것으로 묘사된다. 음주는 주로 집에서 저녁 식사와 함께하는 일상적인 활동으로 참여자 중 3명이 이 유형으로 분류되었다. 제인은 남편과 저녁에 와인을 한 잔씩 마신다고 했다.

"술은 좋은 것 같아요… 일 마치고 난 후 긴장도 풀어 주고 즐거운 일이지요. 나는 주로 레드와인을 마셔요 … 와인을 마시는 건 … 내게는 전반적으로 좋은 것 같아요 … 확실히 집에서 편안히 휴식을 취하는 과정의 일부이고 … 삶의 질과 관련된 …."

세 명 모두 남편과 살고 있었는데, 만약 혼자 살거나 남편이 집에

2부 다양한 여성들의 목소리

없으면 계속 이렇게 마시지는 않을 거라고 했다. 앤절라에게 음주는 누군가와 함께하는 활동이었다.

"나 혼자 마시려고 와인을 따지는 않아요. 술은 함께 마시는 거니까요. 와인 한 잔을 손에 들고 남편하고 이야기를 하거나 ⋯ 요리를 하거나 해요."

■ 사회적-간헐적 음주 유형 '사회적-간헐적' 음주 유형은 음식과 함께 마시거나 외식 같은 사회 활동과 관계있다는 점에서 앞의 유형과 유사하지만, 음주 빈도가 덜하다. 참여자 중 4명이 여기에 속했는데 이 중 일부에게 알코올은 삶에서 그리 특별하지 않았고, 일부는 사별이나 이별로 혼자 살게 되면서 술을 덜 마시게 되었다.

■ 혼술-과음형 세 번째 유형인 '혼술-과음형'은 이름이 제시하는 대로 주로 집에서 혼자 많은 양을 정기적으로 마시는 유형이다. 여성 참여자 중에서는 한 명이 이 유형으로 분류되었는데 혼술-과음형에 해당하는 남성 노인 여섯 명이 독신이거나 이혼 또는 사별한 사람인 반면, 여성 참여자 케이티는 남편과 함께 살고 있었다.

■ 함께-과음형 혼자 음주하는 유형과 대조적으로 다른 음주자와 마시는 '함께-과음형'은 음주하는 다른 친구들과 상호작용한다는 점에서 차이가 있다. 여기서 다른 음주자는 술을 함께 마시는 타인이나 친구들을 말한다. 여성 참여자 중 이 유형에 속하는 사람

은 없었다.

일상 속 술의 의미

여기서 우리는 연구에 참여한 노년기 여성들이 자신의 삶과 다른 사람(가까운 지인 또는 살면서 만난 사람들)의 삶에서 알코올이 어떤 위치를 점하는지를 이해하는 방식에 대해 살펴보고자 한다. 우리는 그들의 이야기를, 그들이 생각하는 적절한 여성 행동과 연결시켰고, 그런 생각이 일생을 살면서 어떻게 변화해왔는지에 관심을 두었다.

■가족과 술 노년층을 대상으로 하는 모든 연구는 과거와 현재에 대한 이해를 포괄해야 한다. 우리는 참여자에게 현재의 삶 속에서 알코올의 위치뿐 아니라 그것이 어떻게 변해 왔는지를 이야기해 달라고 요청했다. 이를 통해 우리는 알코올의 다양한 측면을 알게되었는데, 이를테면 알코올은 사회생활과 가족생활의 일부였고, 일과 재정 문제는 물론 인간관계의 즐거움이나 문제와도 연결되어 있었다.

참여자 두 명에게 알코올은 가족 사업에서 구체적인 역할을 했다. 크리스틴은 포도밭을 소유한 와인 양조 집안 출신이라고 말했다. 하지만 어린 시절의 기억을 더듬어 보면 와인은 지금처럼 일상적으로 마실 수 없는 사치였다. 릴리(80대, 사별)의 할아버지는 술집을 운영했는데, 릴리의 어머니는 어릴 때부터 풍족하게 자란 덕에 무엇이든 할 수 있었다. 하지만 어머니는 자신의 술집에서 돈을 탕

진한 사람들의 자녀들이 신발도 양말도 없이 사는 모습을 보며 자랐다. 그런 어머니는 릴리에게 남자들이 음료에 술을 몰래 섞는 경우가 있다고 경고하면서, 술에 취하면 "불미스러운 일이 생길 수 있으니" 조심해야 한다는 생각을 심어주었다.

참여한 여성들 대부분이 기억하는 음주는 가족과 사회생활의 맥락에서 이루어졌다. 조애나는 청소년 시절 크리스마스나 특별한 경우에 가끔 취했고, 청년기에는 술을 거의 안 마셨으며 결혼식 때만 취했다고 회상했다. 80대인 수는 술을 전혀 마시지 않는 집안에서 성장했다. "제 조부모님은 금주서약을 했어요." 학생일 때와 졸업 후 사회복지사로 일할 때도 술을 마신다는 것은 경제적으로도 부담이 됐기 때문에 더 마시지 않았다고 했다. 반면 제인은 청소년기에 주말마다 술을 마셨고 알코올은 계속 삶의 일부였다. 하지만 나이가 들면서 술집보다는 주로 집에서 술을 마시게 되었다고 했다.

여성의 일생에서 음주 패턴은 삶의 변화를 반영한다. 결혼 후 릴리와 남편은 토요일마다 친구들과 호텔 바에서 술을 마셨다. 릴리는 보통 첫 잔은 듀보네*와 레모네이드 칵테일을 마시고 그다음부터는 주로 레모네이드를 마셨다. 릴리는 자신의 음주나 다른 이들의 음주를 자신들이 살던 장소나 환경과 관련 있다고 설명했다. 일본에 잠시 거주할 때 주말마다 전문직을 가진 서양인들이 모여서 술을 마시는 문화가 있었지만, 그녀와 남편은 이를 별로 즐기지 않았다. 이들은 미국에서도 2년간 살았는데, "난 거기서는 술을 거의

---

* 칵테일용 레드와인.

한 번도 마시지 않았던 것 같아요. 별로 사회생활을 하지 않았고 …
무엇보다 경제적으로 넉넉하지 않았어요 … ." 하지만 남편이 파킨
슨병 진단을 받고 영국으로 돌아온 후로 와인을 마시는 것은 일상
이 되었다. "남편에게는 다른 즐거움이 거의 없었고 그러다 보니 점
심 식사 때 한 잔, 저녁에 한 잔씩 마셨어요. 난 저녁에 한 잔씩 마셨
지요."

다른 연구 참여자에 비해 비교적 젊은 케이티는 50대였고 과음
을 했다. 그녀는 노르웨이에서 태어났는데 아버지는 알코올중독자
였고 어머니도 술을 좋아하는 편이었다. 부모님을 만나러 갔을 때
의 경험을 그녀는 이렇게 설명했다.

"엄마가 많이 힘들어하시던 때여서 우리가 갈 때마다 같이 술을 마
시곤 했지요. 내가 저녁 준비를 해야 했으니까 우리는 작은 부엌에
서서 이야기를 했어요. 그곳에서는 혼자 있을 시간이 없었어요. 그
래서 같이 진을 조금 마시다가 … 저녁이 되면 또 와인을 한 잔 마시
곤 했죠."

어머니가 뇌졸중을 겪은 후였기 때문에 케이티는 노르웨이에 가
서 어머니가 거주할 새 아파트를 구하고 인테리어를 도와드렸다.
이 기간 동안 "술은 내게 정말 위안이 됐어요".

이혼을 한 60대 린다에게는 음주 문제를 가진 삼촌이 있었다. 한
번도 삼촌을 만난 적은 없지만 이 연구에 참여하게 된 주된 동기는
딸의 음주가 걱정되었기 때문이었다. 우리가 만났던 모든 여성이

2부 다양한 여성들의 목소리

다른 사람, 특히 가족들과 관련하여 음주에 대한 자신의 감정을 이야기했다는 점은 주목할 만하다.

■내가 술을 마시는 이유 여성의 음주를 맥락 속에서 이해하는 것은 여성 음주에 대한 인과적 설명을 제공하기보다는 그 행동의 다양한 의미와 중요성을 강조하고, 음주가 삶의 다른 양상과 어떻게 어우러지는가를 이해하는 것이다. 여성이 자신의 현재 상황에 대해 이야기하는 것을 듣다 보면 이런 점은 더욱 명확해진다.

제인은 그동안 계속 즐겁고 편안하게 해 주는 활동으로 술을 마셔 왔는데, 나이가 들어가면서 술집보다는 집에서 저녁 식사와 함께 와인을 한 잔씩 하게 되었다. 또한 남편과 함께 다양한 종류의 와인을 탐색하는 공통의 취미를 만들어 왔다. 앤절라 역시 음주는 즐겁고 함께 즐기는 활동이라고 설명했고, 과거에 비해 더 접하기 쉽다는 점도 언급했다. 접근성이란 개인의 상황 변화와 저렴해진 가격, 그리고 예전보다 구하기 쉬워진 알코올을 의미한다.

음주란 함께하는 삶의 일부이며 즐거움을 주는 행위라는 현재의 인식은 남편과 사별하고 혼자 사는 여성의 이야기에서도 잘 드러난다. 음주를 사교 행위로 설명한 릴리는 "외로워서 술을 마시는 사람이 많아요"라고 했는데, 그녀는 혼자 식사할 때 가끔 술을 마신다. 또한 "뭔가 나를 자극하는 일이 생기고" 먼저 떠난 남편이 생각나면 아들이 엄마의 '핑크 레모네이드'(람부르스코 로제와인)라고 부르는 술을 마신다. 수는 친구와 식사하며 술을 마시거나 혼자 마시는 것에 대한 느낌을 더 솔직하게 표현했다.

"… 마치 행복했던 시절로 돌아가는 것 같은 느낌 … 어떤 건지 아시죠? 남편이 살아 있을 때 함께 즐겁게 앉아서 식사하며 와인을 한 잔 마시던 때로 … 그렇게 한 잔 마시면 그때 그 시간으로 돌아가요. 아마 그런 느낌은 많은 사람들에게 소중할 거예요."

삶에서 일상적으로 약간의 음주를 즐기던 여성들은 음주를 특별한 건강 문제나 재정 문제와 연결시키기보다는 오히려 삶을 풍요롭게 해 주었다고 이야기했다.

하지만 케이티의 삶에서 알코올의 역할은 조금 달랐다. 그녀는 매일 술을 마셨고 다른 사람에 비해 많은 양을 마셨다. 퇴근 후 집에 돌아오면 "전화도 싫고, 아무하고도 이야기하고 싶지 않고, 그냥 나의 술을 마시고 싶어요. 꼭 필요해요." 면접자의 질문에 그녀는 가끔 낮에 마신 날도 있다고 했다. "한번 발동이 걸리면 계속 마시고 싶었어요." 그녀는 자신의 음주를 일상에서 받는 스트레스와 연결시켰다. 어머니는 뇌졸중으로 쓰러진 후 8년 동안 계속 상태가 나빠졌다. 케이티의 아들도 건강이 나빠지면서 우울증을 겪었으며 자해 시도를 했다. 결혼생활은 힘들었고, 그녀도 우울증에 시달렸다. 그녀는 세상에 대해 전반적으로 부정적인 시각을 가지고 있었다.

"다 거지 같아. 왜 사는지 이해가 안 돼요. 사는 게 너무 슬퍼. 노인들 얼굴을 보면, 죽어 가는 눈빛이에요."

이런 맥락에서 그녀는 음주를 "도피처 … 큰 위안, 내 방식대로 편히 쉬는 느낌"이라고 설명했다. 그녀 스스로도 자신이 너무 많이 마시는 것 같다고 인정했고(하루에 최소 와인 한 병), 음주가 건강을 악화시키고 체중에도 좋지 않다는 것도 알고 있었다. 하지만 나름 대로 조절하려고 노력했고 자신의 음주에 대해 솔직했다.

"술을 끊고 싶지는 않아요. 조절은 하고 싶어요. 주중에는 안 마시고 주말에만 마신다거나, 뭐 그런 식으로. 4일 중 3일만 마신다거나 그 러면 좋을 것 같아요. 매번 한 병을 다 비우지 않았으면 좋겠어요."

현재 생활을 설명하며 린다는 지역 내 활동에 참여한다는 것을 강조했고, 그런 모임에서 가끔 술을 마시지만 "별로 중요하지 않 아요. 안 마셔도 그만이고요"라고 했다. 그녀가 참여하는 활동에서 가끔 술을 마셔야 할 일이 생기는데, 이런 경우 그녀의 전략은 너무 비싸지 않은 술을 한 잔 주문하고 그 한 잔으로 저녁 내내 버티는 거였다. 그녀에게 술값은 중요한 요인이며, 한번은 위스키 더블이 '2파운드 좀 넘는' 저렴한 가격이어서 마셨는데 심장박동이 빨라 지는 경험을 했다고 했다. 거기에 '데어서' 그 후로는 위스키를 마 시지 않는다. 음주를 적당하게 조절하는 것은 경제적으로도 그리 고 신체적으로도 중요했다. 한번은 동호회에서 알게 된 여성이 린 다에게 술을 사지 않는다고 화를 내는 바람에 관계가 단절된 적도 있었다.

"2.5파운드면 충분히 내가 조절하고 기분 좋을 수 있는데 왜 5파운드를 써요. 게다가 다른 사람이 사 주는 술은 위험해요. 술에다 뭐를 섞을 수도 있고, 그걸 모르고 마셨다가 제대로 통제가 안 되거나 한다면 … ”

이처럼 노년기 여성의 삶에서 알코올이 차지하는 역할이 다양하다는 것은 술을 인간관계 속에서 이해해야 한다는 것을 잘 보여 준다. 술은 현재의 인간관계뿐 아니라 과거에 맺은 관계의 추억에도 존재하며, 다른 관계가 어려울 때 스스로를 위로해 주기도 하고, 관계를 유지하고 싶어 하는 사람들을 구분할 수 있는 역할을 하기도 한다. 음주에 영향을 주는 외부 요인은 자신의 재정 상황과 관련한 비용과 접근성이다. 그리고 연구에 참여한 모든 여성은 각자 다른 방식으로 언제 어떻게 술을 마실 것인지를 스스로 결정하고 싶어 했다.

여성 초점집단 참여자들은 나이가 들어가면서 변화하는 생활과 그것이 음주 행태에 어떻게 영향을 미치는지를 이야기했다. 일부는 나이가 들어가며 가족과 자녀에 대한 책임이 줄어들고 따라서 즐길 수 있는 시간이나 기회가 많아졌다고 느꼈다.

“가족들 뒤치다꺼리에서 해방되고 나니 … 이제 정말, 온전히 나만 생각하고 와인 몇 잔을 마시면서 즐길 수 있게 됐어요.” (소니아)

이런 상황은 나이가 들어가는 여성의 음주를 증가시키는 요인이 될 수도 있지만, 건강관리를 강조하는 ‘노화방지’ 산업은 상당 부분 여성을 대상으로 하고 있으며 여기에 부응해 술을 줄이는 여성도 많다. 루이스의 설명에서 이를 엿볼 수 있다.

"이제 우리는 모두 오래 살고 이전보다 건강하게 나이 들어가지요. 이제는 건강관리에 신경 쓰는 여성들이 많아요 ⋯ 건강 잡지들을 보고, 헬스장에 다니면서 건강관리를 해요."

위니는 여성들이 삶의 단계마다 다른 우선순위를 가지고 있고, 이에 따라 음주 패턴도 달라지는 것 같다고 했다.

"나이 한 50 정도 되면 애들도 다 크고 하니까 술을 좀 더 마실 수 있지요. 그러다가 60이 되면 이런저런 약을 먹기 시작하고 ⋯ 그러다 보면 술을 줄여야 해요."

많은 참여자들이 나이가 들어가고 노화하는 과정에 대처하는 방법의 하나로 알코올이 사용될 수 있다고 했다. '슬픔을 술로 달래는 것'은 해결책이 아니라고 믿지만, 외로움과 고립을 술로 달래는 노인을 이해하고 동정하는 분위기였다. 매기는 사별한 사람에게는 알코올이 문제가 될 수 있다고 했다.

"내가 아는 사람들 중에서 남편을 먼저 보낸 사람들이 있어요. 나보다 조금 더 나이가 많은. 밖에도 거의 안 나가면서도 씩씩한 척 술도 안 마시는 척하지요. 그런데 찾아가 보면 너무 안 좋은 상태예요. 혼자 집에서 술로 외로움을 달래고 있는데, 너무 슬퍼요."

■ 다른 여성의 음주를 바라보며 참여자들은 자신의 음주뿐 아니라 타인의 음주에 대해서도 이야기했다. 이런 이야기들은 일반적으로 무엇이 여성으로 하여금 술을 찾게 하는지, 술 마시는 이유가 무엇인지, 그리고 이것이 미치는 영향에 대한 참여자들의 생각을 반영한다. 일반적으로 사람들이 원하는 것보다 더 많이 마시도록 강요하는 사회 환경에 대한 비판도 있었다. 린다는 술집에서 마시는 사교적 음주를 예로 들며 설명했다.

"일종의 동지애나 의리 같은 거죠. 같이 술을 마셔 줘야 하는 것(흡연처럼) 같은. 그러니까 그만큼 술을 못 마시면 그 모임에서 빠져야 하는 거예요."

또한 특별 할인행사는 술을 더 많이 소비하도록 부추긴다고 했다. 린다는 음주 '문제'와는 거리를 두고 싶어 하는 듯했는데, 개인적 경험과 딸에 대한 걱정 때문이었다. 수녀원에서 자란 그녀는 술 마시고 실수한 적이 있었고, 그녀의 표현에 따르면 "그때 정신이 번쩍 들었다". 하지만 현재 딸 하나가 "술꾼"이어서 걱정이고, 이것이 린다의 생각에 영향을 미쳤다.

"난 정말 모든 사람들이 문제를 해결하기 위해 노력해야 한다고 생각해요. 물론 술 문제를 가진 사람들 모두 너무 안쓰럽고 이해도 되지만, 문제는 문제고 사회에도 부담을 주니까요 … "

케이티는 와인의 알코올 도수가 높아진 것에 불만을 토로했다. 높아질 이유가 없다는 것이었다. 또한 알코팝스*에 대해서도 비판적이었다. 참여자들은 술값도 음주량에 영향을 준다고 했다.

릴리는 술을 많이 마시는 여성에 대해 비판적이었다. "여자가 술 마시는 모습은 별로예요. 게다가 이 라데트들은 … 할 말을 잃을 정도예요." 조애나는 자신의 빌딩에 들어오려고 하는 술 취한 노숙인들 때문에 골머리를 앓는다고 했다. 수는 자신이 젊었을 때와 비교하면 딸 세대가 인식하는 음주문화가 다르다는 것을 인정했다. 이처럼 참여자들은 문화적 변화와 경제적 변화를 인식하고 있었고, 이런 요인들이 음주량 증가에 기여한다고 주장했다.

일부는 노년기의 외로움이 음주를 부추긴다고 했다. 앞서 설명한 대로 어떤 이들은 이런 현상을 자신의 경험에 비추어 술이 항상 피해를 주는 것은 아니고 때로는 도움이 되기도 한다고 증언했다. 수에게 술은 "마음이 가라앉을 때 기운을 북돋아 주는 것"이었다. 동시에 이렇게 음주가 계속되면 문제가 될 소지도 있다고 생각했지만, 그렇다고 특별히 편견을 드러내지는 않았다.

"몇 년씩이나 혼자 산다는 건 참 어려운 일이에요. 사람들은 저마다 자신의 방법으로 대처하는 것 같은데 … 평생 대처를 잘해 오던 사

* 3장 88쪽 옮긴이주 참조.

람은 계속 그렇게 할 테고, 만일 기분을 좀 전환시켜 줄 수 있는 무언가가 필요한 사람은 그럴 수도 있지요. 난 이해해요 … "(수)

케이티는 스트레스가 있을 때마다 술로 마음을 달래 왔다. 그녀는 "썩어 빠지고 외로운 세상에서 … 유일하게 행복을 느낄 수 있는 게 술"인 자기 같은 사람들이 술을 마실 수 없다면 어떻게 될지 생각해 봤다고 했다.

"어떤 사람들은 도움을 구하고 누군가로부터 도움을 받겠죠. 그런데 나이 든 사람들은 별로 상관 안 해요. 그리고 별로 도움을 원하지도 않는 것 같아요 … 그냥 살던 대로 사는 거지요. 하지만 꼭 도움이 아니라고 해도 연락할 수 있는 사람, 자신을 챙겨 줄 사람은 원할 것 같아요."

■ 노년층이 원하는 지원책 이 연구를 지원해 준 기관은 알코올 문제가 있다고 생각하는 노년층이 어떤 도움을 원하는지 알고 싶어 했다. 앞서 보았듯이 연구 참여자 대부분은 문제를 가지고 있다고 생각하지 않았고, 다른 사람의 눈에도 문제가 있는 사람들은 아니었다. 자신의 음주가 문제일 수 있다고 생각한 사람은 케이티가 유일했기 때문에 여기서는 도움에 대한 케이티의 의견으로 시작하고자 한다.

케이티는 음주를 조절하고 싶지 않다고 하며, 아침에 일어나면 술을 끊겠다고 다짐하지만 저녁이 되면 다시 술을 마신다고 했다.

자신은 권장 음주량의 네다섯 배 이상 술을 마시며 음주가 체중과 건강에 나쁜 영향을 미친다고 토로했다. 유일하게 의사에게 자신의 음주에 대해 말한 것은 음주량이 점점 늘어나고 있을 때였다. 하루에 와인 반 병 정도를 마실 때였는데, 아무래도 자기에게 음주 문제가 있는 것 같다고 털어 놓자 의사는 "그 이상은 드시지 마세요. 뭐 너무 걱정은 안 하셔도 되고요"라고 했다. 우리와 얘기할 때 그녀는 건강이 나빠지고 기운이 빠져서 술을 조절하고 싶어 했다. 그녀는 지나치게 긍정적이거나 '모든 문제에는 해결책이 있다'고 믿는 이들에게 매우 비판적이었다. 그녀는 다음과 같은 관점을 가지고 있었다.

"나이가 아주 많이 들면, 술 많이 먹고 죽어도 괜찮다는 생각도 해요. 이해가 되실지 모르겠지만 … 그때 가서는 굳이 술을 줄이고 싶지 않아요. 난 80세, 90세까지 살고 싶지 않아요. 마시고 싶은 만큼 마시다가 죽는 게 나아요."

많은 여성들은 노인들이 도움 청하기를 꺼려하고, 알코올중독자 모임AA을 통한 도움도 꺼려하기 때문에 보다 개별화된 맞춤형 서비스가 필요하다고 주장했다. 도움을 청한다면 일상에서 만나는 의사(일반의)가 가장 우선순위가 될 것이라고 했다. 수는 예방적 접근이라고 볼 수 있는 의견을 제시했는데, 노인은 스스로를 '쓸모없는 사람'으로 여긴다는 점을 이해하고 스스로 가치 있다고 생각하게 만들어 주는 활동(그녀는 독서를 예로 들었다)과 다른 이들과 관계를 유

지할 수 있는 방법이 필요하다고 했다. 린다는 젊을 때부터 교육을
통해 예방해야 한다며, 동시에 특별 할인과 같이 음주를 부추기는
환경은 법적으로 규제되어야 한다고 주장했다. 노령기 음주에 영향
을 줄 수 있는 특별한 요인에 대해서는 따로 언급하지 않았다.

맺으며: 관계의 맥락에서 음주 이해하기

이 장에 근거를 제공한 연구는 소규모로 수행되었으므로 노년기
여성의 음주 원인과 음주 문제에 대한 일반화된 설명을 제공한다고
할 수는 없다. 그럼에도 불구하고 미약하게나마 노령기 음주 경험
에 대한 진술을 통해 음주 문제 예방에 도움을 줄 수 있는 정책과 실
천방안 개발에 필요한 통찰력을 제공한다.

나이가 든다는 것은 몸으로 체화하는 경험이며, 노년기 음주에
대한 지배적 담론에는 알코올의 생리적 영향에 대한 우려가 배어
있다. 하지만 나이가 든다는 것을 단지 신체적 변화로만 이해할 수
는 없다. 특히 노년기 여성은 건강을 유지해야 한다는 생각뿐 아니
라 젊은 모습을 유지해야 한다는 강한 압박을 경험한다(예를 들어 Hurd
Clarke and Griffin, 2008 참조). 이는 음주를 제한하는 역할을 하기도 하는
데, 앞서 본 것처럼 참여자들은 술을 노년기 건강을 악화시키는 것
으로 받아들이기 때문이다. 반대로 나이가 들어감에 따라 해방감을
경험하기도 하고 다른 사람을 돌보는 책임에서도 조금 자유로워진
다. 노년기 여성에게 이는 즐길 수 있는 기회를 의미하며, 일부는 그

래서 술을 더 자주 마시기도 한다.

하지만 많은 여성에게 나이 듦이란 신체적 문제보다는 정서적이고 문화적 차원의 문제다. 가까운 사람을 떠나보내는 것과 그동안 해 오던 역할이 없어지는 것은 투명인간이자 가치 없는 존재가 된다는 감정을 불러일으킨다. 이런 맥락에서 음주는 행복했던 시간들을 신체적으로 상기시켜 주는 작용을 하고 삶의 빈 공간을 채워 주기도 한다. 만약 이런 상황에서 금주를 권해야 한다면 대안을 마련하는 것이 절실하다. 어떤 이들은 대안적 활동을 탐색하고 그것을 통해 가치를 발견할 수 있지만, 모든 사람이 그럴 수 있는 것은 아니기 때문에 '활동' 자체만으로는 해결책이 되지 않을 수도 있다.

우리에게는 알코올의 중요성을 관계의 맥락에서 이해하는 것이 필요하다. 대부분의 경우 연구에 참여한 여성들의 이야기는 음주 자체보다 관계가 중요하다는 것, 하지만 술이 관계를 촉진시킬 수 있다는 메시지를 담고 있다. 이들은 잃어버린 관계를 대체하거나 틀어진 관계를 중재하는 방법으로 알코올을 사용하는 것은 문제가 된다는 인식을 가지고 있다. 따라서 대부분의 경우 사교적 음주는 도움이 되지만 혼자 마시는 술은 문제가 될 수 있다고 생각한다. 슈퍼마켓이나 가까운 가게를 통해 술집보다 저렴하고 쉽게 주류를 구할 수 있다는 점은 '혼술'이라는 음주행동을 부추길 수 있다.

여기서 명백한 것은 노년기 여성의 문제음주 정책이나 실천 대응방안으로 표준잔* 수에 기반한 안전한 음주를 권고하는 것만으로

---

*   4장 102쪽 옮긴이주 참조.

는 충분하지 않다는 것이다. 비만 연구를 통해서도 드러났듯이, 노년기 여성을 삶의 관계적 맥락에서 분리한 채, 정보에 기반한 실천만으로 유용한 해결책을 제공할 수 있다고 생각하는 것은 오판이다 (Henwood et al., 2010). 마찬가지로 개인의 행동 변화에 초점을 두는 단기 개입 역시 큰 도움이 되지 않을 것이다.

오히려 노년기 여성이 자신의 음주를 문제로 인식한다면 문제가 발생한 구체적 관계적 상황을 이해하려는 의지를 가진 대응이 필요하며, 함께 대안을 모색할 수 있는 지지적 관계를 형성하는 능력을 갖춘 실천가가 도움이 될 것이다. 우리 연구는 노년기 여성 개인에게만 초점을 맞추는 수준에서는 음주의 정확한 동기나 문제에 대한 정확한 해결책을 찾기가 어렵다는 것을 제안한다.

7장

카리브계 흑인 여성과 크리스마스 케이크

로라 세런트

카리브계 공동체에서 특별한 역할을 담당하는 알코올

이 장은 카리브계 흑인 여성의 음주를 둘러싼 역사적, 문화적, 젠더적 맥락을 살펴본다. 알코올은 카리브계 흑인 여성의 가족과 공동체에서 특별한 사회적 역할을 한다. 특히 카리브계 공동체에서 알코올은 출산, 결혼, 장례 등의 중요한 사회경제적 예식의 중심에 자리하고 있다. 알코올은 종교의식을 도와주고, '어머니의 사랑'이 담긴 크리스마스 케이크의 재료가 되어 주며, 파티에 활기를 더해 준다. 더 나아가 알코올은 카리브해의 럼주 무역(거래), 거대 농장, 노예제도 역사와 함께 지역적, 지리적, 경제적 정체성을 구현한다. 하지만 카리브계 흑인 여성에게 고도주(도수가 높은 술)는 성, 위험,

힘을 연상시키기 때문에 '센 술strong'(카리브해 지역에서 도수가 높은 증류주를 일컫는 용어)과 여성은 불온한 관계로 인식된다.

먼저 이 장에서 사용하는 몇 가지 중요한 개념을 설명하고 그 배경에 대해 논한 뒤 카리브계 흑인 여성과 알코올의 관계 그리고 그 맥락을 이해하기 위한 사회적, 역사적, 문화적 요인을 다룰 것이다. 카리브계 흑인 여성의 정체성이 형성되는 맥락을 명확히 이해하지 않고서는 그들의 음주 패턴과 행동을 제대로 이해할 수 없고 문화, 신념, 사회적 기대의 복잡한 상호관계가 이들의 정체성에 어떻게 영향을 미치는지 알 수 없다.

비슷한 듯 다른 사회문화적 정체성이 공존하는 카리브해 지역

카리브해는 카리브 해안과 많은 섬, 그리고 주변의 해안들로 이루어져 있다. 멕시코만과 북미 본토의 남동쪽, 중앙아메리카의 동쪽, 남미의 북쪽에 위치한다. 이 지역은 700개 이상의 크고 작은 섬과 암초 그리고 만으로 이루어져 있다.

'카리브해Carribean'라는 단어는 다양하게 사용된다. 이 장에서는 지역적, 정치적 의미를 모두 포함하는 정체성을 반영하는 개념으로 사용할 것이다. 이 맥락에서 카리브해는 노예제, 유럽 식민지 및 대규모 농장 운영과 강한 문화적, 역사적 관계를 가진 지역으로 인식된다. 여기에 소속된 섬들 대부분은 오랜 세월 동안 유럽의 식민지

였고, 그 영향은 카리브해인과 그들 공동체의 언어, 문화, 젠더 역할에 다양하게 각인되었다(Chamberlain, 2002). 따라서 카리브해인들이 그 지역을 떠나 세계 각지로 이동(자발적으로든 비자발적으로든)한 것은 지역에 남아 있는 이들의 정체성에 중요한 부분을 차지한다. 결과적으로 카리브해는 지리적으로는 유사한 위치에 모여 있는 통합적 지역이면서 개별적으로는 각각 다양한 사회문화적 정체성을 가진 여러 섬으로 이루어져 있다.

　카리브해인들의 이주는 수 세기에 걸쳐 이루어졌지만, 유럽으로 이동한 것은 1953년 즈음 본격적으로 증가하기 시작해 1961년에 정점을 찍었다(Smith, 2005). 특히 대영제국으로 향한 대규모 이주는 주로 경제적 요인 때문이었는데, 영국을 포함한 서구 국가들이 제2차 세계대전 이후 대규모로 노동력 감소를 경험하면서 카리브해인을 '본국'으로 '초대'하는 바람에 극대화되었다. 이주의 역사와 '비슷한 듯 다른' 카리브해 섬들의 정체성은 카리브계 흑인 여성과 알코올의 관계를 이해하는 데 중요한 부분이다. 이 장은 내부자 관점을 활용해 카리브계 흑인 페미니스트의 관점에서 여성과 알코올의 복잡한 관계를 탐색하고자 한다. 여기서 내부자 관점이란 나를 카리브계 흑인 여성으로 위치시키고 내가 속한 공동체에 대한 비판적 논의를 전개하는 것이다. 이렇게 함으로써 연구를 통해 얻은 증거들과 그 공동체의 '내부자' 시각을 서로 엮을 수 있다. 구조화된 방식으로 이를 진행하기 위해 그 기준점으로 '침묵의 틀Silences Framework'(Serrant-Green, 2011)을 활용할 것이다. 이 이론적 틀은 연구자들과 비판적 독자들로 하여금 민감한 주제(여기서는 음주)를 주변화된 사회집단(카리브계 흑인 여성)의 관점에서 탐구할 수 있도록 고안된 것이다. 여기서 침묵의 틀은 카리브계 흑인 여성이 그들에게 익숙하지 않은 친구(알코올)와 '추는 춤'의 복잡성을 설명하고 탐구하고 파헤칠 수 있도록 도와줄 것이고, 우리에게 그 침묵(언급되지 않고 공유되지 않는 경험)에 귀를 기울이라는 숙제를 던진다.

우선 침묵의 틀이 무엇인지, 그리고 이 틀이 카리브계 흑인 여성과 음주 논의에 어떻게 활용될 수 있을지 살펴보자.

침묵의 틀: 언급되지 않은 신념, 가치, 경험

침묵의 틀(Serrant-Green, 2011)은 '침묵 외치기Screaming Silences'라는 개념으로부터 유래한다. '침묵 외치기(혹은 침묵)'의 정의는 다음과 같다.

관련 연구나 이해가 거의 없거나 침묵당해 왔던 연구 및 경험의 영역을 말한다. '침묵'은 특정 집단의 언급되거나 공유되지 않는 신념, 가치, 경험이 어떻게 이들의 건강 및 삶의 기회에 영향을 주는지를 반영한다. 이는 건강 및 건강 행동에 대한 개인과 집단의 이해를 형성하고 영향을 주고 정보를 제공하는 주제들을 가시화시킨다. (Serrant-Green, 2011, p. 1)

침묵의 틀은 네 개의 주요 단계로 이루어지며, 특히 건강 문제같은 민감한 주제 혹은 소외된 관점을 탐색할 수 있도록 고안되었다. 이 단계들은 연구 문제를 개념화하는 단계부터 연구 보고서를 구조화화는 과정에 이르기까지 연구자를 안내하는 틀을 제공한다. 네 단계는 다음과 같다.

- 1단계: 침묵 안으로 들어가기(맥락 이해하기)
- 2단계: 침묵에 귀 기울이기(발견하기)
- 3단계: 침묵을 표현하기(드러내기)
- 4단계: 침묵 다루기(다시 맥락 이해하기)

이 장에서는 '침묵 외치기' 개념과 1단계(침묵 안으로 들어가기)에서 다루는 섭근을 활용해 카리브계 흑인 여성(주변화된 대상)의 음주(민감한 주제) 문제를 탐색할 것이다. 여기서 침묵 안으로 들어간다는 것은 카리브계 흑인 여성 음주의 탐색이 이루어지는 광범위한 맥락을 반영하는 것이다. 그 후 '침묵에 귀 기울이기' 단계에서는 카리브계 흑인 여성과 음주 간의 '현재 상황'을 알아보고, 이 주제와 관련한 침묵을 탐색하고 음주가 이 여성들의 건강에 미치는 결과를 살펴볼 것이다. 이처럼 맥락에 근거한 탐구는 해당 주제와 그것이 발생하는 사회적, 문화적, 그리고 개인적 공간에 대한 기존 지식의 범위와 정도를 파악하는 것으로부터 출발한다.

침묵의 틀과 이를 뒷받침하는 침묵 외치기는 페미니즘, 비판 이론 및 민족 기반 접근법과 같은 반反본질주의적 관점에 그 뿌리를 두고 있다. 이 이론들은 여성, 반체제, 소수민족 경험 등 각각 다른 주제에 초점을 두고 있지만, 우리가 보고 경험하는 사회적 현실이란 객관적으로 존재하기보다 사회적으로 구성된다는 것을 전제로 한다(Kincheloe and McLaren, 2002). 이 접근을 옹호하는 여러 학자들의 지적대로 우리의 세계, 사회 그리고 그 안에 존재하는 장소는 특정 시기, 특정 사회에 존재하는 사람들에 의해 결정된다(Williams and May, 1996). 이는 사회적, 문화적으로 결정되는 주제를 탐색하는 데 중요한 동력으로 작용하는데, 예컨대 카리브계 흑인 여성의 삶에서 알코올과 관련한 젠더, 민족 및 행동이 어떻게 나타나고 경험되는가를 탐색하는 데 중요한 역할을 한다. 이런 세계관은 흔히 '진리'라고 제시되는 지배적 담론에 맹목적으로 의존하기보다 하나 이상의 현실이 존재한다는 사실에 열린 자세를 갖게 해 준다.

사회적, 문화적 주제를 탐색하기 위해 침묵 외치기를 활용하는 것은 그동안 거의 들리지 않던 목소리와 경험을 지배 담론의 중심에 위치시킨다. 여기서는 카리브계 흑인 여성의 알코올과 관련된 경험이 그것이다. 그들은 '청취자', 즉 경험이 발생하는 사회적 및 개인적 맥락과 함께 가장 중요한 경험을 가진 사람들의 위치에 있다. 침묵의 관점에서 수행하는 탐구의 목적은 단순히 카리브계 흑인 여성의 경험을 지배 집단의 경험과 비교하고 대조하는 것이 아니라 '알코올'이라는 특정한 주제가 그들의 일상 현실과 경험에 미치는 영향을 맥락화된 '내부자'의 이해로 제시하는 데 있다.

침묵의 틀과 흑인 페미니스트 관점에서 강조하는 것은, 다중현실이란 '집단 간'에서만 존재하는 것이 아니라 '집단 내'에도 존재하는 현상이라는 점을 인식하는 것이다(Serrant-Green, 2011). 다시 말해,

카리브계 흑인 여성과 남성, 백인 여성 혹은 다른 '흑인' 집단 사이에 다양한 현실이 존재할 뿐 아니라 카리브계 흑인 여성들 사이에도 여러 현실이 존재한다는 것이다. 서로 다른 사회적 맥락에서 발생하는 카리브계 흑인 여성 개인 또는 집단 사이의 경험에 따라 '침묵'에 부과된 중요성이나 이를 중요하게 인식하는 정도도 달라진다. 이는 흑인 여성을 인종 및 성별의 측면에서 다수와 대조되는 동질적인 집단으로 간주하는 전통적 인식에 맞서 싸우는 흑인 페미니스트운동과 맥을 같이한다(Brah and Phoenix, 2013; Mercer, 2013).

다음으로 우리는 알코올과 카리브해의 오래된 연관성을 살펴볼 것이다. 특히 여기에서는 럼주 거래, 음주, 카리브해 노예제도의 역할에 대해 일반적으로 알려진 것을 둘러싼 상반된 견해를 생각해 보고, 그동안 논의되지 않았던(침묵당했던) 아프리카 노예와 카리브계 흑인, 특히 그중에서도 중심에 있던 여성들의 경험과 비교하여 생각해 볼 것을 제안할 것이다.

침묵 안으로 들어가기: 럼주와 카리브해 사람들

카리브해와 관련 있는 주된 알코올은 럼주다. 18세기와 19세기의 럼주 거래와 사탕수수 농장, 럼주 생산 및 노예제도의 밀접한 관계에 대한 많은 기록들이 존재한다(Smith, 2005; Jolliffe, 2012; Brown, 2013; Newman, 2013). 럼주는 카리브해 사람들에게 경제적 가치만 있었던 것은 아니다. 실향민이 가지고 있는 동아프리카와 서아프리카의 신념을 하나로 묶어 주는 역할을 했다는 점에서 럼주는 농장 노예들의 삶에서 중요한 기능을 담당했다(Smith, 2005).

카리브해 전역에 이르는 섬들에 위치한 수많은 사탕수수 농장에 노예로 끌려온 아프리카 원주민의 비참한 삶과 고통을 많은 자료들이 기록하고 있다(Brown, 2013). 이들 중 많은 문서는 1933년 뒤르켐이 설명한 '아노미'와 밀접하게 연결된다. 즉, '타인들'의 대량 이주로 자신들의 공동체가 '침략'당했다는 감정이나 이주로 인한 적응의 어려움으로 상실된 민족적, 문화적 정체성에 대한 개인 및 집단의 반응을 강조한다(Caetano et al., 1998). 하지만 럼주가 어떻게 종교의식과 영적 의례에 사용되었는지, 특히 반복적 문화 학습과 경험을 통해 태도, 생각 및 습관을 교육하는 오비[1] 같은 종교의식을 통해 사람들을 치유하고 영성으로 인도하는 데 럼주가 어떤 역할을 담당했는지에 대한 설명은 거의 없다(Smith, 2005; Browne, 2011; Salter, 2013). 노예 공동체나 종족 예식에서의 음주, 특히 공동체 결속의 기반을 제공하는 음주에 대해서는 침묵이 작동한다. 또 하나 고려할 측면은 알코올이 제공하는 '현실 도피적' 특성이다. 현대사회에서 이는 주로 부정적 의미, 스트레스에 제대로 대처하지 못하는 징표 또는 고통의 표현으로 간주된다. 카리브해 노예들의 침묵당한 이야기들은 이런 지배적 의료 관점에 도전한다. 현실도피의 긍정적 도구로 사용된 음주는 개인에게는 '자기 보호' 효과를 제공하고, 집단에게는 세상이 기대하는 방식이 아닌 스스로의 존재 방식을 개발하는 기회를

---

1 오비(Obeah)는 서인도제도에서 사용하는 용어로 서아프리카의 노예, 그중 특히 이그보(Igbo) 태생의 노예들 사이에서 발달한 민속 마술, 주술, 종교적 행위를 일컫는다.

허용한다. 노예들에게 음주는 '반항'의 도구이자 사회질서에 대한 도전이고, 주인이 허락하지 않는 행동을 말과 감정과 춤으로 표현하는 방법이며, 자신들을 침묵시키고 자신들의 문화를 말살하려는 시도에 대한 저항이다(Browne, 2011; Salter, 2013). 오늘날 카리브해에서는 알코올, 저항, 의식, 춤을 연결하는 노예제 전통이 소카soca 음악[2]과 카니발[3]을 통해 이어지고 있다. 카리브해인들과 이 전통을 따르는 국가들은 소카와 카니발을 통해 '오비'와 '센새이'[4]와 현실도피를 축하한다. 이런 사회적 의식과 연례행사를 통해 현대 생활의 제약과 사회질서 정치에 계속 도전하고, 과거 전통과의 강한 결속을 과시한다.

카리브계 흑인 여성과 알코올 사용 및 오용을 탐구한 연구는 거의 없다. 여기에는 여러 이유가 있지만, 중요한 이유 중 하나는 비교적 최근까지도 인구 건강관리나 행동 조사 연구에서 인종적 차이를 보고하는 것이 일반적이지 않았기 때문이다. 인종별 보고는 '인종'이 특별히 연구의 주제인 경우로만 제한되었다. 오랜 이주의 역사에도 불구하고 미국과 영국의 알코올 연구는 지배적 다수인 백인을 대상으로 이루어졌고, 사회를 구성하는 다양한 집단을 거의 고려하지 않았다. 예컨대 미국의 전국음주실태조사는 1964년부터 시작되

---

2 칼립소의 영혼(Soul of Calypso)이라고도 알려진 소카 음악은 1970년대 후반 트리니다드와 토바고의 주변화된 하위문화에서 시작된 음악 장르로서, 1980년대 이후 다양한 스타일로 발전했다.
3 카니발은 사순절 직전에 열리는 축제 시즌이다. 서아프리카와 프랑스 크리올에서 기원한 의상, 음악 및 춤이 어우러진다.
4 센세이(Sensay)는 카니발 의상으로, 긴 조각들로 만들어진 풍성한 옷과 뿔과 탈이 있는 가면으로 이루어져 있다. 가면은 부족을 상징하며 공동체 안에서 악귀를 쫓아내는 것을 의미한다.

었지만 소수민족의 음주에 대한 보고는 20년 후인 1984년에 처음 시작되었다(Orford et al., 2004). 이때도 소수민족 집단 간의 구분은 거의 없었고 '흑인' 집단은 백인 집단에 비해 음주율이 높다고 보고되는 정도였으며, '흑인' 집단이 누구인지, 왜 음주율이 높은지에 대한 논의도 없었다. 이때부터 흑인들의 음주와 관련해서는 사회적 이론의 틀에서 경험의 맥락을 고려하기보다는 건강 문제에만 초점을 맞춰 높은 음주율 정도를 보고하는 관례가 시작되었다. 현존하는 연구들은 흑인 인구 집단의 음주 행동에 대한 제한된 증거(Andreuccetti et al., 2012), 특정 이주민 집단의 고위험 음주 행태(Bécares et al., 2009) 및 동반 질환에 미치는 영향(Taylor et al., 2013) 등만을 상대적으로 안전하고 무심한 건강 전문가주의적 시선으로 보고한다.

소수민족 집단의 음주를 탐구한 연구는 더욱 드물다. 음주가 개인의 삶에 미치는 영향이나 맥락을 이해하는 것은 각기 다른 소수민족 집단의 특성에 대한 '무지'로 인해 더욱 어려워진다. 이는 연구 결과의 과대 일반화 또는 효과 없는 제안으로 이어진다. 영국 정책연구소(Modood, 1997)에서 진행한 연구는 처음으로 영국의 소수민족 집단의 음주를 비교한 연구다. 이 연구는 영국 흑인과 남아시아인 중 영국에서 태어난 집단, 11세 이전에 이민 온 집단, 그리고 11세 이후에 이민 온 집단의 음주를 비교했다. 이 연구는 두 가지 측면에서 중요하다. 첫째, 흑인과 남아시아인 집단의 차이를 이해하고자 했다. 둘째, 이주 경험에 따른 생애 단계(나이와 교육 수준)가 음주에 미치는 영향을 이해하는 것이 필요하다는 점을 인식했다. 연구 결과는 전반적으로 11세 이전에 이주한 이들과 영국에서 출생한 이들의 금주율이 더 낮은 것으로 나타났다. 이 연구를 선두로 소수민족 집단 음주 행태에 영향을 미치는 요인과 알코올과의 관계를 파악하는 인구 집단 연구들이 진행되었다. 이 연구들은 개인의 민족 정체성, 종교적 신념, 환경적 특성과 역사적 그리고 문화적 요인들을 탐색했다(Orford et al., 2004).

지금까지 알코올에 대한 흑인 여성의 경험을 둘러싼 침묵을 설명했다. 하지만 침묵의 틀은 어떤 주제에 대해 우리가 쉽게 발견할 수 있는 것들은 물론 작은 공간들을 들여다봄으로써 '들리지 않았던' 내용을 이해하고 침묵에 귀 기울일 것을 권장한다. 이를 염두에 두고 알코올을 젠더와 인종과 연결시키고 논의하는 연구들을 살펴보자.

침묵에 귀 기울이기: 연구에서 누락되는 존재

한 인구집단 내 성별과 민족을 식별변수로 포함하는 자료들을 보면 소수민족 여성의 음주는 남성과 다르다는 것을 알 수 있다. 예를 들어, 올퍼드와 동료들(Orford et al., 2004)은 영국 인구통계조사국 (OPCS, 1993)이 실시한 1993년 국민정신건강조사를 인용하며 다른 인구 집단에 비해 흑인과 아시아인의 음주 문제 정도가 낮다고 보고했다. 보고서에 따르면 영국에서 백인 집단에 비해 카리브계 흑인 집단의 금주와 간헐적 음주 비율은 세 배나 높았고, 특히 소수민족 여성의 간헐적 음주율(일주일에 1회 이하)이 가장 높았다. 반대편

끝에 있는 과다음주(일주일에 35 표준잔 이상) 및 알코올 관련 문제 16개 중 1개 이상 경험한 비율을 보면, 전반적으로 소수민족 집단의 문제성 음주가 더 낮은 것으로 나타났고, 소수민족 여성은 그중에서도 더 낮았다. 이런 패턴은 다른 소규모 조사(McKeigue and Karmi, 1993; Crome and Kumar, 2001)에서도 유사하게 나타났다. 종합해 보면 민족별 그리고 민족 내 성별 간 음주 관련 통계치는 각각 다르지만, 전반적으로 소수민족 여성의 경우 해로운 음주 비율이 낮은 패턴을 보인다.

소수민족에 대한 연구들과 보고서를 검토해 보면, 젠더와 알코올의 관계에서 또 다른 특이점이 발견된다. 대부분의 경우 카리브계 집단, 그중에서도 특히 여성의 존재와 정체성은 감춰져 있거나 침묵당하는 것을 볼 수 있다. 흑인 및 소수민족의 음주와 관련해 한 극단에서는 금주를, 다른 극단에서는 과음을 보고하는 여러 연구들이 있는데, 카리브해인들과 여성들을 연구 대상으로 포함한 연구는 거의 없다. 모든 소수민족 여성의 음주량과 문제음주는 전반적으로 낮은 편이지만 그중에서도 남아시아 출신, 특히 방글라데시 여성의 경우는 훨씬 더 낮다(McKeigue and Karmi, 1993; Modood, 1997). 소수민족 여성 음주에 대한 대규모 조사 결과 보고 중 '흑인'이라는 분류에는 카리브해인, 아프리카인, 아시아인이 모두 포함되어 있다. 하지만 실제로 표본 구성을 세밀하게 들여다보면 카리브해인은 극히 소수인 경우가 대부분이다. 일부 연구는 심지어 카리브해인과 아프리카인이 '유사하다'는 주장을 펼치며 이 둘을 통합해 보고하는 것을 합리화한다.

앞에서 소개한 올퍼드와 동료들(2004)은 소수민족 집단 내에서 젠더, 음주 및 행동의 관계가 발생하는 맥락을 살펴봤다. 그들은 알코올이 가진 장단점에 대한 인식을 자기 정체성 및 사회적 관계망과 연결시켜 분석했다. 연구 결과 여성에게 음주 행동은 종교적 신념, 고용 상태, 가족 관계망(친밀함), 민족에 대한 정체성의 강도와 밀접하게 연결되어 있었다. 하지만 여성이 단지 특정 종교의 지시나 민족 집단의 가치에 순응하는 것은 아니었다. 여기에는 사회, 문화, 종교 변수들의 복잡한 관계가 존재했고 이는 세대 간 차이와 집단 간 차이로 이어졌다. 하지만 이 연구에서도 소수민족 여성의 상당 부분은 인도, 파키스탄 및 방글라데시 여성이었다. 카리브계 흑인 여성의 알코올 관련 행동에 대한 논의는 거의 없었지만, '부모의 음주에 대한 인식'과 관련한 보고에 따르면 카리브해인/아프리카인(두 집단을 통합해 보고했다) 참여자들은 부모의 음주에 대해 더 많이 알고 있었고, 자신(25세 이하)의 음주를 부모가 알게 되는 것에 대해 덜 걱정하는 것으로 나타났다. 또한 영국의 남아시아 가족에 비해 카리브계 흑인 여성들의 가족은 음주에 좀 더 자유로운 분위기였다.

위에서 언급한 연구에서도 드러나듯이 카리브해인들의 표본 크기는 워낙 작기 때문에 연구자들은 이들에 대한 결과를 따로 제시하거나 설명하지 않으며, 결국 이들의 경험은 보이지 않거나 침묵당해 왔다(Johnson et al., 2011). 이것이 카리브계 흑인 여성과 공동체에 미치는 잠재적인 결과는 매우 크다. 이들은 설명에서 누락되고 침묵당한다. 카리브계 흑인 여성의 관점을 보여 주는 알코올 관련 연구가 없다는 것은 그들의 요구에 부응하는 개입을 위한 '증거'나 데이터가 없다는 것이며, 알코올과 관련한 경험의 차이나 유사점을 알 수 없다는 의미다. 이런 문제들은 카리브계 흑인 여성과 음주의 관계를 세밀하게 이해하기 위해서는 문화적으로 결정된 성역할을 탐색하는 것이 반드시 필요하다는 것을 보여 준다.

침묵의 바다에서 소수민족 여성의 음주 경험 파악하기

금주나 과음 동기를 포함해 여성의 음주 행동은 자신이 속한 민족 집단의 문화적 규범과 행동은 물론 생물학적, 환경적 요인의 영향을 받는다(Collins and McNair, 2002). 침묵의 틀은 카리브계 흑인 여성들의 음주를, 이 틀이 아니었다면 관심을 두지 않았을 개인의 경험을 중심에 두고 탐색할 수 있게 해 준다. 비판적 토대가 아니었다면 카리브계 여성의 경험을 둘러싼 침묵은 부실한 표집으로 인한 문제나 '접근하기 어려운 집단'을 연구하는 데서 오는 어려움의 문제로 치부할 수 있다. 하지만 사회에 대한 비판적 관점과 침묵의 틀에 내재된 경험들은 단순히 경험을 설명하는 연구만으로는 현상 이해를 위한 충분한 정보를 제공할 수 없다는 것을 시사한다(Scott, 1991). 이런 점을 고려할 때 더욱 염려되는 점은 인구의 상당수가 소수민족인 곳에서 이루어지는 연구에서조차 카리브계 흑인 여성을 제대로 설명하지 못하는 상황이 계속되고 있다는 것이다(Johnson et al., 2011). 그 결과 카리브계 흑인 여성은 인구 집단으로는 존재하지만 알코올 연구에서는 거의 접근하지 않는 대상으로 존재한다. 이런 침묵의 바다에서 다양한 민족의 여성 음주 경험을 파악하는 것은 쉽지 않으며, 이들의 알코올 관련 경험이 불평등한 사회에서 살아가는 것의 결과인지 혹은 단순히 개인의 선택인지 알아내기도 어렵다. 따라서 '침묵 외치기' 개념과 이와 관련한 틀을 활용하여 위험을 '수치화하고' 공개하는 것 이상으로 나아가는 것이 증거 기반 개발에 중요하다. 다양한 사람의 경험을 제대로 이해하기 위해서는 카리브계 흑인 여성의 경험과 관련한 모든 조사가 이론, 정치, 그리고 실천에 중점을 둔 틀 안에서 이루어져야 한다.

음주에 관한 가장 지배적 담론은 대부분 건강과 관련한 것으로 허용 가능한 음주의 기준과 알코올 오남용을 피하는 것에 맞춰져 있다. 여성 음주에 대한 낙인은 공적 또는 사적인 장소에서 기대하는 여성의 행동과 맞물려 문화적으로 결정된다(Caetano et al., 1998; Okin, 2013). 애벗과 체이스(Abbot and Chase, 2008)에 따르면 문화는 행동의 가이드라인을 제공하며, 인지적 안내서 혹은 '행동 지침'과 같은 역할을 한다. 이는 여성과 알코올의 관계에서 명백하게 드러나는데 여성이라는 젠더와 도덕성, 의무, 여성성과의 해묵은 관계가 복잡하게 얽혀서 다양한 민족의 여성 음주에 대한 '수용' 정도에 영향을 미친다. 음주를 자제력 상실, 통제력 부족, 부적절한 행동과 연결 짓는 규범과 가치는 음주하는 여성에게 부정적 이미지를 부여해 왔다. 실제로 거대한 성평등 물결에도 불구하고 '성녀 아니면 창녀'라는 이분법으로 여성을 규정하던 19세기의 관점은 21세기에도 여전히 여성에게 기대하는 행동에 영향을 미친다. 우리는 음주로 인해 '고삐가 풀리거나' 부적절하게 처신하는 여성을 비난하는 기록이나 영상이나 구술 매체에 둘러싸여 있다. 여성을 둘러싼 이런 상반된 시각은 이 사회에서 여성의 행동이 어떻게 평가되고 측정되는지에 영향을 미칠 수밖에 없다. 그렇다면 카리브계 여성은 어떠한가? 이들의 음주는 어떠한가? 이들의 삶에 알코올은 어떤 역할을 하는가?

카리브계 흑인 여성의 특징

앞에서 설명한 대로 알코올 연구에서 카리브계 흑인 여성은 거의 언급되지 않지만, 소수민족 여성(카리브계 흑인 여성 포함)의 알코올 사용 및 오용 비율은 백인 인구 집단에 비해 낮은 것으로 나타난다(Haworth et al., 1999). 하지만 카리브계 여성의 음주 행위를 보고하는 설문조사와, 음주에 허용적인 집단이나 사회에서 여성 음주율이 더 높고 여성을 밀접하게 감시하고 제약하는 사회에서 더 낮다는 연구 사이에는 의견이 분분한 듯하다. 실제로 앞에 인용했던 남아시아 여성을 대상으로 한 연구들은 이들의 낮은 음주율과 높은 금주율은 여성운동을 억압하고 개인의 자유를 제한하는 종교적 그리고 민족적 영향의 결과라고 설명했다. 하지만 막상 카리브계 여성의 음주 관련 자료를 보면 여성의 사회적 자유와 음주에 대해 사회적으로 구성된 관점을 반박하는 듯하다(Herd, 1987; Caetano et al., 1998). 카리브계 여성은 상대적으로 서구 문화에 통합된 '자유로운' 가치를 가지고 있다고 알려져 있고 가장인 경우도 많은데, 이는 공적 그리고 사적 영역에서 보다 자유롭게 음주할 수 있는 조건이라고 볼 수 있다.

그럼에도 불구하고 영국 음주 실태조사를 보면 백인 여성의 39%가 금주자인 것에 비해 카리브계 여성의 금주율은 55%이다. 캐타노와 동료들(Caetano et al., 1998)은 카리브계 흑인 여성의 금주율이 높고 음주율이 낮은 이유는 민족적, 문화적 규범의 '보호' 효과 때문일 수 있다고 설명했다.

카리브해인의 사회적 역사와 여성의 역할을 살펴보면 카리브계 여성의 특징은 여러 가지로 나타난다. 이는 젠더, 알코올, 카리브해인 정체성 간 교차 관계와 영향을 주고받는다. 이런 면들은 위험한 음주에 영향을 미치는 소수민족의 소위 '보호적' 문화 요인을 일부 설명하기도 한다(Caetano et al., 1998). 카리브계 흑인 여성의 세 가지 두드러지는 특징은 그리스도교 신앙, 댄스홀 또는 소카의 여왕, 그리고 여성 가장이다. 이런 특징들을 카리브해 공동체 속의 흑인 여성의 삶의 맥락에서 살펴보자.

금주와 그리스도교, 그리고 노예제

다른 소수민족들과 마찬가지로 다수의 카리브계 흑인 여성들은 종교를 가지고 있으며 교회 출석률도 높은데(Orford et al., 2004; Taylor and Chatters, 2010), 이는 여성의 낮은 음주율에 영향을 주는 요인으로 알려져 있다(Orford et al., 2004). 카리브해에서 가장 보편적인 종교는 그리스도교이고, 그중에서도 로마가톨릭 신앙이 지배적이다. 하지만 서구로부터 도입된 종교와 카리브해 문화가 서로 교차하면서 뿌리

깊은 럼주 및 노예무역의 역사와 함께 술에 대한 그리스도교 가치관에 광범위한 차이를 만들어 냈다. 이 영역에서 사회적 분업은 여성이 가족 도덕규범의 수호자이던 19세기로 거슬러 올라간다. 이는 노예제도 폐지 이후 오랫동안 카리브계 흑인 여성이 평가받아 온 방식, 혹은 스스로를 설명하는 방식에서도 드러난다(hooks, 1992; Chamberlain, 2002; Salter, 2013). 따라서 서구 그리스도교가 신봉하는 여성 행동에 대한 사회적 기대가 럼주 및 노예무역과 함께 카리브해인에게 투입되었다. 경건, 예의, 자기통제와 같은 사회적 특성이 카리브해인에게도 바람직한 여성의 행동으로 인식되었다. 시간이 지남에 따라 그리스도교가 이 지역의 문화적 관습과 함께 자리 잡으면서 서구 이데올로기인 '바람직한 그리스도교 여성'은 카리브계 흑인 여성을 나타내는 특성으로 인식되기 시작했다. 지역에 자리 잡은 지배적인 가톨릭 의식과 아프리카 노예 의식(모두 알코올과 밀접한 관계를 가지고 있다)에도 불구하고, '바람직한 그리스도교 여성'은 통제와 금주를 상징하는 모습으로 발전해 갔다. 초기에 카리브해에 정착한 이들은 이런 특성을 노예나 다른 이주민들과 자신들을 도덕적으로 구분하고 농장에서 일하는 여성을 통제하기 위해 이용했다(Sleeter, 2011). 그러나 노예제도 폐지 이후 카리브계 흑인 여성들에게 통제와 금주는 집에서 일하는 사람과 농장에서 일하는 사람을 구분하는 노예제의 산물로 여겨졌고, 노예제 폐지 후에 이는 가정교육과 지위를 보여주는 방식으로 발전했다(Davis, 2011). 오늘날에도 금주하는 '그리스도교 여성'은 카리브해뿐 아니라 다른 지역으로 이주한 이들 사이에서 카리브계 흑인 여성의 사회적, 문화적 지위를 나타내는 특성으로 인식되고 있으며, 이는 종종 방종과 탐닉으로 특징지어지는 카리브해 문화와 대조를 이룬다.

'그리스도교 여성'이라는 특성이 카리브해 지역의 역사가 카리브계 흑인 여성의 정체성과 알코올의 관계에 미친 영향을 보여 주는 유일한 특성은 아니다. '그리스도교 여성'이라는 특징은 어느 정도는 축하하고 즐기는 카리브계 흑인 여성의 특징과도 어깨를 나란히 하는데, 이는 종종 사회가 눈살 찌푸리는 행동이기도 하다. 이것이 가장 잘 드러나는 곳은 카니발 혹은 댄스홀이다.

도피처와 해방구인 카니발

앞서 설명한 대로 카리브계 흑인 역사에서 춤과 음악과 모임은 음주를 동반하며, 함께 축하하고 기념하는 자리에 빠지지 않는다. 뿌리인 아프리카에서부터 지금까지 이는 실향민을 재결합시키고, 각 지역으로 흩어져 있지만 서로 공유하는 소속감을 확고히 해 주는 역할을 해 왔다. 다른 의식과 달리 춤과 음악, 그리고 축하행사는 공공장소에서 여성과 남성이 함께하는 장을 제공하고 장려했다. 여기서 알코올은 과음을 조장하기보다는 전통적 예식을 재현하고 일시적으로 노예제의 현실을 벗어나게 해 주는 역할을 담당한다. 성별로 분리된 역할과 장소는 노예제 때부터 존재해 왔다. 카니발은 이런 작은 저항들의 시기에 발달하기 시작했는데 여기서는 음주(럼주)가 허용되었고, 전통 부족 의식에 따라 춤을 추었으며, 비록 음주

상태이긴 하지만 스트레스를 감소시키는 기회와 자유롭게 발언할 수 있는 기회를 제공했다. 여기서 핵심은 여성들의 춤이었는데 이는 공공연하게 술을 마실 수 있는 기회였으며, 다산多産과 구애를 상징하고 아프리카 여성의 정체성을 묘사하는 부족의 춤이 재현되었다. 따라서 알코올, 저항, 현실도피는 카니발 및 카리브해인과 불가분의 관계다.

이제는 카리브해의 섬뿐 아니라 전 세계에 있는 카리브해인들이 카니발을 축하한다. 전통적으로 카니발은 금욕과 종교적 생활이 시작되는 사순절 전에 열린다(Stenvens, 2011). 섬마다 고유의 전통을 가지고 있기는 하지만 어느 정도까지는 과거 노예제 시절의 모임과 유사한 역할을 하는데, 뿔뿔이 흩어진 이들이 하나가 되어 공동체 소속감을 선언하는 사회적 공간을 제공한다. '카니발 시즌'이 아닐 때도 댄스홀은 흑인 카리브해인들에게 같은 의미를 제공하는 공간으로 부상했다. 여기서 공연 무용단과 댄스홀 여왕인 여성은 축하의 상징이다. 카니발과 댄스홀은 여성들이 원하는 대로 마음껏 섹슈얼리티나 몸치장이나 선정적인 춤을 선보일 수 있는 플랫폼을 제공한다(Carpenter, 2011). 카니발에서 알코올은 핵심 요소다. 21세기에도 여전히 이는 현실도피의 기회로 인식되고, 다른 때라면 눈총받을 행동(특히 음주 후)이 허용되는 공간이다. 그러나 그리스도교 여성이라는 특징과 마찬가지로 제멋대로 음주하는 것은 카리브계 흑인 여성의 전형적인 모습이 아니다. 술잔이 오가고 모두 많이 마시기는 해도 카리브계 흑인 여성 댄서들은 거의 음주를 하지 않는다. 특히 동이 틀 때까지 혹은 전야제까지 6시간 이상 행렬을 이어가는 카니발 무용단에게는 춤 자체가 도피이자 해방구다.

크리스마스 케이크의 핵심 재료는 술?

카리브계 흑인 여성을 알코올로부터 보호하고(혹은 제한하고) 그들의 행동 패턴을 뒷받침하는 또 다른 요인은 여성의 역할과 관련한 흑인 카리브해 문화인데, 여기에는 여성들 간에 이루어지는 관계를 통한 강한 가족결속력과 지지, 모성 등이 포함된다. 강인한 여성 가장의 역할은 카리브계 흑인 여성을 제일 잘 보여 주는 특징 중 하나다(Simpson, 2011). 이는 농장 생활의 노예제 역사로부터 유래하는데 흑인 남성이 겪은 빈번한 폭력, 태형, 인신매매로 인해 가족이 흩어지는 경우가 많았기 때문에 여성이 가장의 역할을 수행해야 했다(Browne, 2011). 얼핏 보면 이 역사를 현재 여성의 음주와 등치시키는 것이 어려울 수도 있지만, 일부 연구자들에 따르면 카리브계 흑인 여성들은 그때부터 지금까지 자녀를 키우고 가족을 보호할 책임을 담당해 왔고, 항시 통제와 경계를 늦추지 않아야 했기 때문에 손쉬운 도피 수단으로 음주를 선택할 형편이 되지 않았다(Davis, 2011). 하지만 카리브계 흑인 여성과 가족, 그리고 알코올의 관계는 생계부양자의 역할과 밀접하게 관련되어 있는데 특히 카리브해 요리와 관련해서는 더욱 그렇다.

'크리스마스 케이크'만큼 카리브계 흑인 여성의 정체성과 알코올을 문화적으로 깊게 연결시키는 것은 없다. 블랙 케이크Black Cake

라고도 불리는 크리스마스 케이크는 단순한 음식 그 이상이다. 케이크를 만드는 과정과 그 중요성은 거의 예식에 가깝다. 이 케이크는 모든 중요한 가족 행사인 크리스마스, 결혼, 세례식 및 주요 기념일 등을 장식한다. 가정마다 케이크를 만드는 것은 가장의 책임이며, 가족별로 고유한 조리법을 가지고 있다. 조리법과 케이크 만들기의 책임은 어머니에게서 딸로 전해지는데 이는 사회적이고 문화적인 의식이다. 여기서 중요한 점은 카리브해인에게 가족은 주로 확대가족을 의미하기 때문에, 케이크 조리법이 모든 여성에게 전수되는 것이 아니라는 점이다. 대가족별로 그 가족의 '수장' 혹은 '케이크 만드는 사람'으로 인정받은 한 명의 여성에게만 조리법이 전수된다. 따라서 그 역할은 사회적으로 중요한 의미를 갖는다. 케이크를 만드는 사람은 매우 존중받는 위치에 있으며 그 과정은 사랑을 표현하는 행위이자 만드는 사람의 중요성을 반영한다. 블랙 케이크가 없다면 가족 전통이 제대로 지켜지지 않는 것이나 다름없다. 흥미롭게도 이 케이크의 핵심 재료는 알코올이며, 알코올 없이는 케이크도 없다. 말린 과일을 몇 주(이상적으로는 몇 개월) 럼주에 재워야 제대로 된 케이크를 완성할 수 있다. 케이크를 만드는 사람은 이 과정을 계속 관리하고 점검하며 중간에 케이크가 말라 버리지 않게 각별한 주의를 기울여야 한다. 케이크가 완성되면 마지막으로 장식을 한다. 서구 전통에서 케이크는 주로 결혼식에서만 중요하지만, 카리브계 흑인 가족들의 모든 행사에서는 기다려 온 케이크가 공개되고 이를 자르는 것이 가장 중요한 순간이다.

블랙 케이크는 모든 카리브계 흑인 행사에서 볼 수 있으며 여성에게 금주를 요구하는 가족에서도 예외는 아니다. 케이크의 높은 알코올 함유량에도 불구하고 '고도주'를 마시지 않는 규범을 거스르는 행위로 간주되지 않는다. 오히려 이는 가족을 돌보고 정체성과 가족의 가치를 하나로 모으는 여성의 중요한 역할로 간주된다. 상대적으로 관대한 카리브해 문화에도 불구하고 카리브계 흑인 여성의 음주 행동에는 여성 음주의 허용이나 수용 여부를 떠나 사회문화적 요인이 더 강한 영향을 미친다는 것을 보여 준다.

맺으며: 민족적·사회문화적 맥락을 고려한 연구가 필요하다

음주에 대한 다양한 연구가 없다면 소수민족 여성의 삶에서 알코올이 어떤 역할을 하는지에 대한 우리의 이해는 제한적일 수밖에 없다. 서구의 논의에서 음주와 건강은 약물 오용에 대한 우려에 매몰되어 있고, 알코올 혹은 '불법' 약물의 '남용'이냐 아니냐의 이분법에 경도되어 있다. 그러나 알코올(또는 다른 약물) '남용'이나 '불법' 사용은 문화적으로 결정된다(Abbott and Chase, 2008). 앞에서 설명한 대로 사회문화적 신념은 알코올과 다른 약물에 대한 우리의 태도를 형성한다. 또한 사회집단은 허용되는 사용이나 남용의 기준, 그리고 음주의 정의에 대한 범주를 자신들만의 방식으로 만들어 간다. 럼주로 범벅이 된 크리스마스 케이크를 먹는 그리스도교 여성의 행동을 평소 지켜 온 비음주 신념을 저버리는 행위로 보는 사람은 없으며, 음주 여부 질문에 여전히 자신을 비음주자로 소개할 것이다. 이는 소수민족 여성의 음주 행동뿐 아니라 삶의 다른 층위에 영향을 미치는 사회적, 문화적 요인을 이해해야 할 필요성을 더욱 강조한다. 카리브계 흑인 여성과 그들의 건강에 미치는 이런 요인들을 이해하고 상대적 중요성을 탐구하는 연구는 이제 막 시작되었다.

불평등한 사회에 사는 사람들의 개별 경험들은 21세기 건강과 보건 의료에 큰 과제를 던진다. 우리가 아는 삶과 건강에 대한 대부분은 다수의 관점에 근거하며, 소수민족의 경험은 중앙(서구화된)을 기준으로 상대적으로 논의되고 평가된다. 하지만 이런 방식은 소수민족 음주경험에 관한 담론 발전을 제어한다. 즉, 소수민족의 알코올에 대한 논의는 지배적 문화를 기준으로 건강과 삶의 기회에 영향을 미치는 것으로 알려진 광범위한 요인들로 제한되고 여기에 머물러 있다. 21세기의 다양한 세계에 살고 있는 여러 사회학자 및 여타 연구자들은 특정 시점에 특정 소수민족 집단에 적합한 주제를 탐색해야 한다. 더 나아가 민족 집단 내부에서 여성의 경험과 민족 집단 간 여성의 경험의 차이를 이해하기 위해서는 민감한 대상과 소외된 사회집단을 중심에 두는 연구자의 역량이 요구된다. 이렇게 할 때 비로소 여성과 이들 건강에 미치는 결과를 '숨겨져 있던 관점에도 불구하고'가 아닌 '숨겨져 있던 관점에 비추어' 평가할 수 있을 것이다.

이 장은 카리브계 흑인 여성과 알코올 사이에 알려지지 않고 언급되지 않던 관계를 이해하기 위해 '침묵'을 기준틀로 활용하고, 이를 독자에게 제시함으로써 카리브계 흑인 여성의 삶에서 알코올의 역할을 이해하고 생각해 보도록 안내했다. 알코올 및 카리브계 흑인 여성의 관점에 대한 침묵 속에서 임상의와 건강 전문가는 각자의 문화를 기준으로 치료와 개입 필요성에 대해 유럽 중심(서구 중심)적 판단을 내리도록 요구받는다(Hendry and Lim, 2006). 알코올의 수용과 음주 관련 행동, 그리고 치료 결과에 직간접적으로 영향을 미치는 사회문화적 요인을 찾아내는 것은 가치 있는 목표가 될 것이다. 여성과 소수민족 집단의 구성원뿐 아니라 일부 흑인 연구자들은 이런 균형을 찾기 위해 노력해 왔지만, 민족적 맥락을 충분히 고려하고 구체적 경험에 근거한 이해는 여전히 부족하다.

8장

레즈비언 여성의 음주 이해하기 : 지지와 연대의 필요성

린지 문, 패치 스태던

레즈비언 음주를 이해하기에 앞서

레즈비언의 음주 행태에는 복잡한 역사가 존재한다. 계급, 젠더, 민족을 막론하고 오늘날 음주를 하는 여성은 많다. 레즈비언 음주에 대한 이해는 역사적인 관점에서 이루어져야 하며 사회적으로 음주뿐 아니라 섹슈얼리티를 어떻게 이해하는지에 영향을 미치는 광범위한 문화적, 국가적 논쟁 및 과거 사회 관습에 대한 이해가 필요하다. 음주의 차이는 레즈비언이라는 정체성은 물론 계급, 종교, 인종, 나이, 장애, 민족, 섹슈얼리티와 같은 사회 인구학적 요소와 관련되어 있으며 여러 요소 간 상호 연결된 관계를 떠나서는 이해할 수 없다. 이 장은 영국 레즈비언의 음주에 초점을 둔다.

이 책은 음주의 '사회적 모델'을 강조하며, 음주는 그 사회와 환경의 맥락에서 접근할 때 비로소 제대로 이해할 수 있다는 것이 핵심 주제다. 사회적 모델에 따르면 음주의 의미는 맥락과 관련되어 있다(Staddon, 2012, 2013a). 알코올은 일시적으로나마 고통이나 규범적인 사회의 기대로부터, 그리고 '스스로 가둔 감옥'으로부터 벗어날 수 있게 해 준다(Gusfield, 1996, p. 72). 이는 저항의 표현일 수도 있고, 놀이이기도 하며, 더 나아가 권리를 가진 개인성selfhood의 표현이기도 하다(Cresswell, 2009; Staddon, 2013a, p. 106). 레즈비언 음주에 맥락적 이해를 적용하기에 앞서 레즈비언의 역사를 먼저 살펴보기로 하자.

가혹했던 레즈비언의 역사

레즈비언과 레즈비언 커뮤니티를 '대상으로' 하는 지식은 원래 커뮤니티 '외부'에 있는 이들의 연구로부터 시작되었다. 감정의 병리학이라는 레토릭은 종교적, 법적 신성함에서 시작하여 정신의학과 정신건강 접근을 통해 구성되었다. 정신의학에서 세계적으로 사용하는 『정신질환 진단 및 통계 편람DSM』은 1950년대 말부터 1980년대 초까지 '동성애'를 정신질환으로 규정했고, 이는 레즈비언과 게이를 향한 일종의 '사냥 허가 기간'을 선포한 것이나 마찬가지였다(『DSM』은 1983년에 와서야 동성애를 정신병리에서 제외했다). 이 시기에 레즈비언 여성이 어떤 삶을 버터 내야 했는지는 상상하기조차 어렵다.

사회적 삶의 가혹함을 생각하면 이들이 심리적으로 어떻게 삶을 '살아 냈는지' 궁금해질 수밖에 없다. 1950년대 영국 북부에 살았던 노동계급 레즈비언을 상상해 보자. 결혼과 출산이라는 이성애 규범의 명령을 거부하는 것을 생각조차 못하던 시대를 하루하루 살아내야 했던 그들의 삶을 상상이나 할 수 있는가. 이것이 음주를 하는 유일한 이유는 아니었겠지만, 술은 압도하는 이성애중심주의에 저항하는 '출구'이자 '대처 방식'으로 사용되었을 수 있다. 다른 레즈비언을 만날 수 있는 장소에 대한 물색은 비밀리에 이루어져야 했고 모든 것이 '감춰진' 상태여야 한다는 사실은 위험한 삶의 방식으로 이어졌다. 레즈비언은 언제라도 차별, 고립, 혐오와 두려움의 대상이 될 수 있었다(King et al., 2003). 부분적으로 이는 '탐욕스럽고' '왕성할'(Weeks, 1986, p.47) 것이 뻔한 여성의 섹슈얼리티(Vicinus, 1993, p.434)를 통제하려는 일반적인 통제욕구의 결과이기도 하다. 결과적으로 레즈비언들은 대중의 주목과 악담으로부터 멀리 떨어진 공간인 '지하 세계'로 숨을 수밖에 없었다.

아이러니하게도 전쟁의 발발은 다른 여성을 만날 수 있는 새롭고 흥미로운 기회를 제공했고 레즈비언들이 친밀감을 형성할 수 있는 기회로 작용했다. 런던 첼시의 브래머턴가에 위치한 게이트웨이즈 클럽Gateways Club은 이상적인 만남의 장소를 제공했다. 1940년대부터 게이트웨이즈 클럽은 여성을 사랑하는 여성이 술집문화를 탐색하고 즐길 수 있는 공간이었다. 당시에 어떻게 이것이 가능했는지 알아보자.

제2차 세계대전은 런던의 술집문화와 그 문화 속 여성의 위치에 지대한 영향을 미쳤다. 많은 여성들이 처음으로 집을 떠나 군에 입대하거나 전쟁과 관련된 일터에서 일하게 되었다.『영국의 레즈비언 역사A Lesbian History of Britain』(2007)를 집필한 리베카 제닝스에 따르면 '가족과 지역공동체를 떠나 전시 일터에서 소득을 얻은 여성들은 새로운 자유와 독립을 경험'했다. 그녀는 이어서 아래와 같이 설명했다.

런던을 비롯한 영국의 다른 마을과 도시의 활기찬 신흥 술집에서 여성들은 남성 동성애자, 남녀 군인들과 더불어 주 고객이 되었다. 패트 제임스는 전쟁 동안 첼시의 게이트웨이즈 클럽을 매우 즐겨 왔던 장소로 추억한다. "[1944년] 게이트웨이즈에 처음 갔을 때 그곳의 분위기는 놀라웠다. 그 지역에 주둔하기 위해 외국에서 여성들이 많이 왔고, 다양한 사람들이 모여들었다. 그곳은 항상 흥미롭고 북적였으며 사람들로 꽉 차 있었다." (Lost Womyn's Space, lostwomynsspace.blogspot.com/2011/05/gateways-club.html)

전쟁 중 런던에 오게 된 카키색이나 푸른 제복을 입은 많은 여성들의 익명성과 친밀성으로 인해 이 장소는 일종의 레즈비언 전용 공간이 되었다. 이는 이와 비슷한 더 많은 여성들에게 그들만의 공간이 필요했다는 것을 의미한다. (http://lostwomynsspace.blogspot.co.uk/2011/05/gateways-club.html)

전쟁 직후 '순응주의를 강요받던 시대에 게이트웨이즈는 사회로부터 주변화된 이들의 피난처가 되었다. 오후에는 다양한 첼시의 예술가 무리들이, 저녁에는 유일하게 환영받는 곳이라고 생각하는 레즈비언 여성들이 모여들었다.' (Lost Womyn's Space http://lostwomynsspace.

blogspot.co.uk/2011/05/gateways-club.html)

'문제나 말썽을 일으키는 사람들'은 바로 출입 금지를 당했다. 당시에 출입 금지를 당한다는 것은 단순히 부끄러운 일일 뿐 아니라 심한 불편을 초래하는 일이었다. 제일 가까운 다른 레즈비언 클럽은 브라이턴에 있었는데, 사교생활을 위해 거기까지 오가는 비용을 감당하기는 어려운 일이었다.

60년대 (남성과 같은 일을 해도 소득이 훨씬 적었던) 대부분의 여성에게 여자 친구와 외식을 하는 것은 많은 비용이 드는 일이었다. 지금은 기함할 일이지만 당시 바지를 입은 여성은 대부분의 레스토랑에 출입할 수 없었고, 남성과 동행하지 않는 이상 술집은 여성에게 위험한 곳이었다. 많은 여성에게 게이트웨이즈 클럽은 편하고 경제적 부담 없이 갈 수 있는 유일한 곳이었다. (Lost Womyn's Space, lostwom-

ynsspace.blogspot.com/2011/05/gateways-club.html)

레즈비언 음주 연구의 어려움

레즈비언 생활방식의 발달과 의미를 이해하기 위해서는 역사적 맥락을 살펴보아야 한다. 이 분야의 연구란 종종 '타자'인 레즈비언을 탐구한다는 것을 의미했고, 그런 연구를 수행한다는 것은 레즈비언이 공개적으로 모이는 공간(주로 사교를 위해)에서 이들을 만난다는 것을 의미했다. 일반적으로 이런 방법이 생활방식 연구의 출발점으로 활용되기는 하지만, 술집에서 만난 이들을 대상으로 한 편의표집에 기반한 연구는 레즈비언의 정신건강을 추론하는 정도의 결과만 제시할 뿐이다(Ettorre, 2005). 이런 방식으로 진행한 연구에 따르면 레즈비언들은 한 달에 평균 19일 이상 게이바를 찾고, 갈 때마다 6잔 이상의 술을 마시는 것으로 보고된다. 음주량을 다르게 보고한 연구들도 있지만 대부분 과다하게 음주하는 것으로 보고된다.

자신이 레즈비언이라는 것과 음주자라는 것을 자발적으로 노출해야 한다는 특성 때문에 이런 종류의 결론은 신뢰하기 어렵다. 레즈비언 혹은 양성애 여성은 '커밍아웃' 여부를 선택할 수 있고, 조사 참여 여부도 선택할 수 있기 때문이다. 에터(Ettorre, 2005)는 표집의 어려움 때문에 레즈비언/양성애 여성의 흡연과 음주 정도에 대해서는 일관적이지 않은 결과들이 보고된다고 지적한다(Hughes, 2003; Burgard et al., 2005; Fish, 2006; Hunt and Fish, 2008). 그럼에도 불구하고 최근 연구들은 '여러 연구에 따르면 레즈비언 인구 집단의 3분의 1은 알코올 중독자[Hughes, 2003]'와 같은 놀라운 주장을 여전히 인용한다(Ricks, 2012, p. 38).

최근 레즈비언과 게이 재단Lesbian and Gay Foundation이 진행한 연구는 프라이드 축제Pride celebrations*에 참여한 레즈비언, 게이, 양성애자

---

* 다양한 성적 지향을 축하하고 기리는 행진과 축제.

의 음주와 약물 사용에 초점을 맞췄다. 이 역시 편의표집에 기반한 것이기 때문에 여러 면에서 표본틀에 대한 문제가 제기될 수 있지만, 클럽이나 바에서 만난 이들에게만 집중했던 연구보다는 진일보한 것으로 볼 수 있다. 이 연구는 5년 간 수행한 종단연구의 일부를 보고했는데, 지금까지 나온 결과를 보면 레즈비언과 게이 여성은 다른 이들에 비해 문제음주 비율이 거의 두 배 정도 높고, 전통적인 서비스보다는 웹 사이트를 검색하거나 친구에게 도움을 청하는 경향이 있다(Buffin et al., 2012). 하지만 술집이나 프라이드 행사에 참여하지 않는 레즈비언의 음주 행태에 대해서는 여전히 알려진 바가 많지 않고, 이들이 음주 문제로 의료 서비스를 찾는다고 해도 자신의 성적 지향을 밝히지 않을 가능성이 높다. 레즈비언 여성이 술이나 약물에서 피난처를 찾는 데는 여러 이유가 있지만(Roberts et al., 2005), 어떤 정보를 노출하는 것이 가장 도움이 될지를 생각하면서 의료시스템을 이용하는 의도도 있기 때문이다. 저자 중 문이 최근에 만난 레즈비언 클라이언트는 알코올 치료가 필요하다는 것을 충분히 인정하면서도 '시스템을 잘 가지고 놀아야' 치료를 받을 수 있다고 했다. 그녀는 치료 센터에서 두려움을 느끼기도 하고 있는 그대로의 모습을 보일 수 없다고 생각한다고 했다. 그녀는 자신의 젠더 및 섹슈얼리티와 관련하여 어려움을 느끼지만, 과거의 경험에 비추어 보면 이런 문제를 노출하는 순간 병리화될 것을 염려했다.

또래로부터 고립되는 젊은 레즈비언 여성들

젊은 여성의 음주를 다룬 연구는 많이 보고되었고(Plant and Plant, 2001; Sheehan and Ridge, 2001; Morrison et al., 2012), 젊은 레즈비언 여성의 음주에 대한 연구도 일부 존재한다(Bridget and Lucille, 1996; 이 책 3, 4장). 하지만 젊은 레즈비언 여성은 여러 이유로 연구가 어려운 집단이다. 브리짓과 루실(Bridget and Lucille, 1996)의 경우 학술지원금을 지원하는 프로젝트가 요구하는 윤리적 승인을 받는 것이 어려워 '자발적인 동의를 받아 연구를 진행했다'고 보고했다(1996, p. 357). 이들은 여성들이 신분 노출을 매우 두려워한다는 점을 발견했으며 '연구 대상에 포함된 대부분의 여성이 심각한 어려움에 직면해 있다'고 설명했다(1996, p. 358). 이들은 높은 고립감과 부정적 자기 이미지를 호소했고, 자존감 결핍도 높았다. 이런 어려움은 종종 비만이나 알코올 남용, 심하게는 자살과 같은 자해 행동으로까지 이어진다.

젊은 레즈비언 여성은 학교나 대학에서 이루어지는 일상적인 이성애적 놀이문화에서 이방인으로 존재한다. 페인(Payne, 2007)은 순응에 대한 강한 또래압력이 존재하는 곳에서 젊은 레즈비언 여성이 어울리는 것이 어렵다는 점을 지적했다. '의무적 이성애주의'는 '젊은 여성이 학교문화에서 일정 정도의 지위를 점하기 위해서는 이성애주의와 규범적 여성성에 굴복해야 할 것을 요구한다.'(2007, p. 61) 그렇기 때문에 레즈비언 청소년들은 고립감을 느끼고 자신에 대해 이야기하는 것을 두려워한다. 15세 여자 청소년을 대상으로 진행한 한 연구(Duncan, 2004)에 따르면, 또래 친구들로부터 인기 얻는 것을 가장 어렵게 하는 특성이 무엇이냐는 질문에 응답자 중 거의 전원이 '레즈비언'이라고 응답했다(Payne, 2007, p. 62). 페인(2007, p. 76)은 '레즈비언 청소년은 규범적 여성성에 반하는 가치를 주장하고 10대 여성 청소년을 겨냥하는 소비문화를 거부하며 이성보다는 예술, 스포츠, 학업 분야에서 인정받는 것을 추구했다'고 설명했다. 건강과 체력에 대한 이런 관심은 거의 모든 연령대 레즈비언의 특징이지만, 그렇다고 적정선의 음주를 중요하게 여기는 것 같지는 않다(Ettorre, 2005; Staddon, 2005).

건강을 생각하는 중장년 레즈비언 여성들

2014년 2월, 우리는 영국 한 도시의 장년층 레즈비언을 대상으로 이들의 삶에서 알코올이 어떤 역할을 하는지에 대한 스냅숏snap-shot* 연구를 진행했다. 이들에게 알코올은 어느 정도의 의미인가? 이 스냅숏은 'Folk.us'의 지원으로 수행된 대규모 프로젝트의 후속 연구였는데, 원 프로젝트는 데번과 콘월 지역의 여성들이 요구하는 알코올 문제 서비스를 알아보는 연구였다(Staddon, 2013). 스냅숏에 참여한 레즈비언 여성들은 눈덩이표집을 통해 모집한 57~68세 사이의 여성들이었다. 인터뷰는 전화로 이루어졌으며, 주된 내용은 지난 20년간 이들의 사회적 삶에서 일어난 중요한 변화를 구술하는 것

---

* 매우 짧은 기간에 수행되는 연구.

이었다. 이들의 이야기를 정리해 보면 사교모임 장소는 주로 집이고, 술 종류로는 와인을 선호하며, 저녁모임에서 마시는 한두 잔 정도가 평균이었다. 일부는 건강을 이유로 술을 끊었고, 아직 음주 중인 이들도 건강을 지키는 것이 중장년 레즈비언에게 매우 중요하다고 인식하고 있었다. 참여자는 모두 백인이었고 대부분 주택과 자동차를 소유하고 있기 때문에 중산층이라고 볼 수 있다. 이들 중 국가보조금을 받는 이들은 (보고상으로는) 없었다. 이런 점에서 이들은 사회경제적 지위가 비슷한 이성애 여성의 음주 패턴과 매우 유사했다. 일반적으로 술 한 잔은 즐겁고 긴장을 풀어 주는 역할을 하지만 삶에서 꼭 필요한 것은 아니었다. 하지만 몇 가지 두드러지게 대비되는 주제가 등장했다.

캐럴[1](스냅숏 참여자)은 여전히 한 달에 한 번가량 술을 마시는데 주로 레즈비언 친구와 같이 마셔 주기 위해서다. 이처럼 음주자가 '술친구'를 필요로 하는 것은 레니의 스냅숏에서도 볼 수 있다. 레니는 뮤지션인데 건강과 안전 문제로 모든 약물을 중단하자 곤란한 상황이 발생했다.

"밴드 활동을 하는 레즈비언으로서 나는 다른 사람보다 개인의 안전을 더 생각해야 해요. [귀갓길에] 공격당할 가능성이 더 높아지니까요."

"술을 안 마시니까 다른 멤버들과 술 마시고 대마초 피우며 결속을 다지는 데 지장이 있어요. 그래도 내게 주어진 시간을 잘 활용

---

1 이 장에 등장하는 모든 이름은 가명으로 처리했다.

하는 게 중요하다는 걸 더 잘 느껴요. 무의식 세계로 들어가기 위해서는 약물이 도움이 되기도 하지만, 어차피 난 예술적 몽상가니까 약이 아니더라도 그런 비슷한 사고를 하는 셈이고요. 이제는 다이어트 콜라를 마시면서 '정신 차리고 힘내자!' 하죠."

한편, 스냅숏 참여자인 앨리스는 건강하고 활동적인 스타일로 거의 매일 술을 한 잔씩 마시지만 건강을 위해 가끔씩 며칠간 금주한다. 그녀는 다른 친구들에 비해 훨씬 많이 마시는 편이고 저녁 모임에서 마지막까지 남은 술을 처리하곤 한다. "술을 더 이상 못 마시게 된다면 상실감도 생기고 실망감도 느낄 것 같아요. 삶에서 반짝이는 뭔가가 빠져나가는 느낌이겠지요."

또 다른 참여자 할리는 10년 전 심각한 건강 문제로 모르핀 처방을 받으면서 술을 끊어야 했다. 이제는 고양이들과 시간을 보내고 그림을 그리며 지낸다.

"그런데 사회생활에 지장이 있어요. 술을 못 마시니 이제는 새로운 걸 시작하거나 사람을 만나는 게 힘들고, [사회적 맥락에서] 긴장을 풀거나 편해지기가 어려워요."

알코올은 중장년층 레즈비언의 삶에 직간접적으로 여전히 영향을 미치지만 영향의 정도는 크지 않은 것 같았다. 많은 장년층 레즈비언과 양성애 여성들은 스냅숏 연구에서 보는 것처럼 전반적으로 건강을 많이 생각했다. 그래서 더 알코올 문제의 위험에 대해 생각하는 듯했고, 이성애 여성보다 이 문제에 더욱 민감했다. 반스와 워드(이 책 6장)가 설명한 노인 여성의 음주와도 중요한 유사점들을 찾을 수 있었다.

레즈비언 여성들은 다양한 음주 패턴을 보인다

저자 중 한 명인 스태던의 개인적 경험에 따르면, 레즈비언의 음주가 다른 집단과 구별되는 점은 친구나 지인의 음주 패턴에 관대하고 과음에 대해 덜 유난스럽다는 점이다. 레즈비언들은 사회의 이성애중심주의로 인한 고통의 경험을 겪은 '일탈자'로서, 어떤 면에서는 모두 '비슷한 경험'을 한다는 느낌을 공유하는 듯하다 (Szymanski, 2006). 2005년까지만 해도 스태던의 연구에 참여한 레즈비언들은 코헨(Cohen, 1972)의 '비행소년' 집단과 비슷한 아웃사이더 지위를 즐기고 있었다. 이들은 아웃사이더라는 지위에 스트레스와 분노를 느끼고 이로 인해 공격적으로 행동하거나 옷을 유별나게 입는다거나 '여성스럽지 않게' 술을 마시는 방식으로 대응했을 수 있다. 이런 방식은 타인을 자극하고 불쾌하게 만들지만 자신들의 가치를 강화시켜 주는 역할을 했을 것이다. 하지만 '비행소년' 집단의 모즈와 로커스(Cohen, 1972)처럼, 언제라도 밖으로 표출하기를 멈추고 투명인간이 되어 사회 속으로 스며들어가 '본업'에 종사할 수도 있다 (Fifield et al., 1977).

예를 들어 프랜[2]은 자신의 심한 음주로 인한 부정적 측면과 경제적 어려움을 인정했지만, 때로는 이를 즐기기도 했고 술이 힘들었던 상황을 완화해 주기도 했다고 추억했다(Cohen, 1972). 그녀에게는 어떻게 사는가가 곧 그녀를 표현하는 방식이었다. 그녀는 자주 우울했지만 남과 '좀 다르다'는 것에 자부심을 느꼈다. 비록 빈곤과 광장공포증으로 인해 생활에 제약도 있었고 매일 술을 마실 수 있을 정도의 소득만을 유지하며 살아 왔지만, 황폐한 임대아파트에 사는 많은 이웃들이 술 취한 그녀를 비웃는 것에 특별히 기분 상해 하는 것 같지 않았다. 종종 입바른 소리처럼 술이 자신의 건강에 나쁘다고는 했지만, 별다른 걱정을 내비치지 않았고 삶의 오르막과 내리막을 철학적으로 직시했다. 레즈비언이자 비순응자라는 그녀의 정체성은 자신의 음주가 남다르고 어떤 이에게는 분노를 유발하는 것을 인식하고 있는 그녀와 잘 어울렸다. 낙오자와 주정뱅이처럼 보인다는 것은 마치 그녀가 원하던 다름을 성취한 듯했다. 부정적인 측면도 있지만 프랜에게 이는 긍정적인 정체성이었다.

같은 연구 프로젝트에 참여했던 웬디도 비슷한 경우였다. 그녀 역시 좀 더 교육받을 수 있는 기회를 몇 차례 포기했지만 춤과 술과 몽상하기를 좋아했다. 그녀는 삶을 대하는 매우 느긋한 태도를 가지고 있었다. 무엇인가에 맞춰 살지 않아도 좋다고 생각하는 듯했는데, 관습적 진로나 각종 교육과정에 대해서도 그랬다. 그녀는 나름대로 술이 너무 몸을 해치지 않게 하는 방법을 찾았다.

---

2 이 책의 엮은이 스태던이 에이번과 윌트셔 정신건강재단의 지원으로 2005년에 진행한 'Making a Start' 연구의 참여자다.

"나도 건강을 지키려고 노력해요 … 집에서는 안 마시려고 하고 … 다른 사람들과 어울리는 목적으로 마셔요. 일주일에 두 번 이상은 안 마시려고 하는데 한번 마실 때 과음하는 경향은 있어요. 예전에는 빈속에도 술을 마셨어요."

프랜과 웬디는 설사 그것이 우울과 외로움을 의미한다고 해도 남과 다르다는 것, 그리고 아웃사이더라는 것에 대해 편안하고 꽤 만족해하는 듯했다. 둘 다 특별히 레즈비언 공동체와 강한 유대를 가지고 있는 것 같지는 않았지만, 어느 정도의 우울과 소외감에도 불구하고 자신의 정체성에 대해 확고한 생각을 가지고 있었다(Camp et al., 2002). 어쩌면 그들은 이성애 규범의 세상으로부터 이미 거부를 경험해왔기 때문에 자존감을 지키는 다양한 방법을 개발해 왔을 수도 있다(Bostwick et al., 2005).

지지적인 치료의 중요성

정신건강이나 약물중독 문제로 도움을 청하는 레즈비언들은 앞서 말한 자존감을 유지하는 것이 더 어려울 수 있다. 이들은 이성애자 여성에 비해 긍정적인 치료 경험을 할 가능성이 상대적으로 낮다.

약물중독 상담사는 레즈비언, 게이, 양성애자와 트랜스젠더LGBT 클라이언트에 대해 양가적 혹은 부정적 태도를 가지고 있다. 특히 트랜스젠더에게는 더욱 그렇고, 성소수자가 뭘 필요로 하는지에 대한 지식이 부족하다(Eliason, 2000, Fish, 2006, p. 45 재인용).

항상 그런 것은 아니지만 알코올 치료는 일반적으로 여성이 음주하는 이유에 초점을 두기보다는 단주에 초점을 두며, 알코올 문제는 개인의 실패라는 인식을 가지고 있다. 단주라는 목표를 추구하는 데 있어서 치료는 사회학습이론(Heather and Robertson, 1985)보다는 도덕적 모델에 가까운 입장을 취한다(Warner, 2009). 한편으로 인권 침해적이라고도 볼 수 있는데, 크레스웰(Cresswell, 2009)이 주장하는 '경험적 권리experiential rights'와 연결되어 있다. 즉, 어떤 상태로 인해 이미 고통받는 사람에게 치료라는 경험이 고통을 더 보태는 것을 말한다. 레즈비언이라는 낙인으로 이미 스트레스와 외로움에 대처하며 살아 온 여성들은 이제 '알코올중독자'라는 부정적 정체성을 인정하라는 기대에 응해야 한다(Kertzner et al., 2011). 그들은 인간으로서도 부족한 존재이고 동시에 수치심까지 느껴야 한다(Staddon, 2012). 비록 알코올로 인해 부적절하고 '여성적이지 않은' 방식으로 행동하게 되었을 수도 있지만, 결과적으로 알코올은 이들을 '정상적' 사회의 일원으로 받아들여질 수 없는 존재로 전락시켰다.

그동안 레즈비언과 양성애자의 알코올 문제를 둘러싼 다양한 원인과 치료에 대한 관심은 성 정체성의 병리화를 넘어서지 못했다. 홀(Hall, 1993, p. 111)에 따르면 '금세기 전반 75년 동안 출간된 의학 저서들은 레즈비언을 자주 비하해 왔다[Stevens and Hall, 1991] … 이들은 은밀한 동성애적 성향이 술로 인해 노골적으로 드러나는 것이라고 주장했다.' 홀의 지적대로 알코올 문제에 대한 이해는 문화적 해석의 영향을 받기 때문에, '중독 문제의 의료화나 음주에 대한 믿음은 여전히 도덕적 용어 속에 갇혀 있다 … 공동의존 같은 개념은 낙인찍힌 하위문화와 관련되어 있는데, 이들의 가족 구조나 사회적 지지는 주류사회와 매우 다르다 …'(1993, pp. 109-110).

많은 치료에 영향을 미치는 적절한 여성적 행동에 대한 문화적 가정은 레즈비언 여성에게는 특히 더 문제가 된다.

> 우리 레즈비언들은 현존하는 정신건강 치료의 동기를 의심할 때가 있어요…. 알코올 문제로 도움을 청할 때 정체성을 공개하면 서비스 제공자들은 '레즈비언'이면서 '알코올중독자'라는 낙인 때문에 우리를 역기능적인 사회적 존재로 봐요. 레즈비언들이 이런 서비스를 찾지 않는 이유는 많죠. 그중 하나는 정체성을 공개하면 자신을 병리화시킬 게 두려워서고요. (Malley, 2001, Staddon, 2005, pp. 73-74 재인용)

알코올 치료 서비스는 여전히 익명의 '알코올중독자모임AA'의 철학과 언어를 자주 사용하고 모임 참여를 독려한다. 갈바니(Galvani, 2009)의 주장대로 이런 접근은 특히 가정폭력을 경험한 여성에게 더욱 해롭다. 하지만 알코올 문제를 가진 여성의 대다수는 가정폭력의 피해자다. 갈바니(2009, pp. 6-7)에 따르면,

> AA 프로그램은 완전한 '회복'을 위해 몇 가지를 강조하는데, 여기에는 자신의 무력함을 시인하고 자신의 결함을 인정하고 자신의 의지를 위대한 힘/신에게 맡기고 자신의 잘못과 부족함을 시인하는 것이 포함된다. 이는 학대를 겪은 여성에게 특히 염려스러운 부분

인데, 이들 대부분은 이미 자신의 '의지'가 파괴당하는 것을 경험했고, 타인에게 삶을 조종당했으며 가치 없는 사람이라는 비난을 반복적으로 받아 왔기 때문이다.

AA에 뿌리를 두고 있는 12단계 치료 모델은 가부장적 이데올로기를 소환하고 문제를 개인화한다. 문화적으로 이해받는 것을 매우 중요시하는 레즈비언에게 이는 특히 더 문제가 된다. 이들은 대부분 가족으로부터 인정받지 못하고 '일탈적' 삶을 사는 스트레스로 인해 고통받는다(Goffman, 1963). 다수의 레즈비언은 가족으로부터 이해받지 못하고, 이성애자 동료와 삶을 나누지 못하고, 보건 전문가나 교육 관계자로부터 자신의 존재를 무시당한 경험 때문에 불행하고 우울하다. 또한 레즈비언 커뮤니티가 자신에게 맞지 않는 경우에도 외로움을 느낀다. 이런 이들에게 알코올은 즐거움과 기쁨을 줄 수 있다. "난 나에게 필요한 걸 약물을 통해 얻어요."(연구 참여자 진술 인용·Raine, 2001, p. 23; Staddon, 2005, p. 72 재인용).

레즈비언과 양성애자 여성은 동성애 혐오로 인해 우울과 불안을 경험하는 경우가 흔하며 자살 행동을 하기도 한다(King et al., 2003; Alcohol Concern, 2004). 남과 다르다고 느끼는 데서 오는 감정, 자신의 성적 지향이 일상이나 직장에서 노출될까 봐 느끼는 두려움, 파트너를 잃는 경험과 같은 일상의 괴로움을 나눌 수 없다는 상실감은 모두 우울을 유발시킨다(Bent and McGilvy, 2006).

일부 레즈비언 여성이 알코올을 오용하거나 알코올 사용을 통제하지 못한다고 해도 놀라운 일은 아니다. 연구에 따르면 낙인, 소외,

차별, 그리고 음주문화는 이성애 여성에 비해 레즈비언 여성의 알코올 문제의 위험을 증가시킨다(Drabble and Trocki, 2005). 또한 이성애자 여성보다 레즈비언의 음주 문제가 더 심각하다고 보고하는 연구들도 있다(Jaffe et al., 2000; Staddon, 2005, pp. 72-73).

일반의에서부터 알코올 전문가에 이르기까지 의료화된 사회의 치료 제공자들은 자신들이 사회통제의 주체로서 중요한 지위를 가지고 있다는 것을 의식하지 못하는 경우가 많다(White, 2002). 다른 종류의 도움을 고민하기에 앞서 단순히 '술잔을 내려놓으라'고 제안하는 경우가 너무 많이, 너무 자주 일어난다. 성소수자로서의 정체성과 노출을 둘러싼 복잡성의 중요성을 인식하는 경우는 많지 않고, 특히 레즈비언 여성에 대해서는 더욱 그렇다(Daley, 2010, 2012).

예컨대 '해롭지' 않은 음주는 하루에 몇 잔이라고 제안할 수 있지만, 사교적 음주를 모니터하고 음주 행태를 파악하기에는 적절하지 않은 기준일 수 있다. 사람들이 자신의 음주량을 지속적으로 모니터하기를 기대하기란 현실적으로 어려우며, 이것이 얼마나 변화를 촉진할지 분명하지 않다. 특히 레즈비언 음주에 영향을 미치는 요인을 파악하는 것은 더욱 어려운데, 앞서 언급한 대로 이들은 우정과 '가족적' 지지를 얻기 위해 클럽이나 사교모임을 찾기 때문이다.

알코올 치료에서 레즈비언이 겪는 어려움에 대해서는 스태던(Staddon, 2005), 코크런과 카우스(Cochran and Cause, 2006), 피시(Fish, 2006)와 에터(Ettorre, 2007)가 잘 설명한 바 있다. 그중 하나는 이들이 눈에 보이지 않는다는 점이다. 네빌과 핸릭슨(Neville and Henrickson, 2006)에 따르면 의사들은 남성 환자에 비해 여성 환자를 만날 때 환자를 이성애자일 것이라고 추정하는 경우가 더 많고, 동성애 혐오는 여기에 매우 효과적으로 작동한다. 예컨대 '레즈비언'이면서 '알코올중독자'라고 하면 의료진은 이들을 사회적으로 역기능적인 사람이라고 가정할 가능성이 높다(Staddon, 2005).

'치료'과정에서 레즈비언은 이성애 여성에 비해 더 많은 어려움을 겪는데, 병리화될까 봐 두려워 자신의 성정체성을 잘 드러내지 않기 때문이다(Staddon, 2009). 일부는 AA에 참여함으로써 위안을 받기도 한다. 이곳에서 그동안 자신이 했던 행동을 후회하는 기회를 얻기도 하고 지속성을 경험하기도 하며 사회에 받아들여질 수 있는 두 번째 기회를 얻기도 한다. 하지만 대부분은 AA에서 바로 멀어지는데, 애초에 이들이 음주를 하게 된 동기에 기여한 엄격한 문화와 도덕적 비난을 다시 경험하게 되기 때문이다(Moncrieff, 1997; Sweanor et al., 2007; Stadoon, 2009).

알코올 문제를 가진 레즈비언에게 도움이 되려면 다른 접근이 필요하다. 그동안 의사나 치료 전문가들은 문제의 뿌리를 '성적 일탈'로 보는 경향이 있었다(King et al., 2003). 이성애 규범에 기반한 건강 관점으로 정신건강 문제에 접근할 때 발생하는 문제에 대해 약물 중독 영역에서는 그동안 거의 제대로 다루지 않아 왔다(Ettorre, 2005; Staddon, 2005). 하지만 로저스의 무조건적 긍정적 관심 원칙(Rogers, 1975, Nelson-Jones, 1982, p. 211 재인용)은 많은 레즈비언들로 하여금 알코올에 중점을 두기보다는 자신을 받아들이게 도와주고 자신의 삶을 구성하는 긍정적 정체성을 만들어 갈 수 있게 해 주었다.

"이상하게 들리겠지만 전 지금 술 생각이 전혀 안 나요. 친구들이랑 나가면 모두 와인이나 뭐나 한 잔씩 하지만 전 콜라나 페리에를 마셔요. 그냥 술이 당기지를 않아요. 그동안 평생 마실 술을 다 마셨나 봐요!"(스냅숏 연구 참여자 제니퍼, Staddon, 2013b)

다행히 이 장에 등장한 참여자들과 비슷한 레즈비언 그룹, 즉 술을 얼마나 마시는지에 대한 관심보다는 사람 자체에 관심을 가진 집단을 만난 이들은 오히려 이성애자 여성이었다면 경험하기 어려웠을 장점을 경험하고 회복에도 도움을 받는다. 예를 들어, 많은 여성의 존재 가치에 치명타를 입히는 알코올 문제에 부가되는 수치심이 레즈비언 여성에게는 상대적으로 적다. 프랜의 사례처럼 알코올 문제는 심지어 그들 정체성의 일부, 즉 사회적 반역자 혹은 일탈자를 표현하는 하나의 스타일이 되기도 한다.

일부 레즈비언들은 전통적으로 여성적 모습이라고 간주되는 깔끔하고 단정하고 공공장소에서 얌전하고 술 취한 모습을 보이지 않는 행동들을 비웃는 경향이 있다. 그렇기 때문에 자신에게 혹은 친구들 앞에서 알코올 문제를 인정하는 것이 비교적 어렵지 않은 편인데, 사회적 불명예라는 인식이 상대적으로 적기 때문이다. (Staddon, 2005, p. 73)

어떤 의미에서 이는 레즈비언 여성이 이성애 중심 사회에 살아가며 아무리 상처를 입었더라도, 혹은 알코올 치료가 제대로 도움을 못 주더라도 알코올 문제로부터 회복할 가능성이 높다는 의미일 수도 있다. 특히 다른 레즈비언 여성들의 지지를 받는다면 더욱 그렇다. 레즈비언 문화는 가부장적 사회에서 여성이 여성으로서의 가치를 획득하려고 노력하는 전통적 방식을 비판하고 무가치한 것으로 여기는 경향이 있으며, 금주도 여기에 포함된다.

술을 끊는 것(또는 술이 더 이상 문제가 되지 않는 상태가 되는 것)은 어느 날 갑자기 발생하는 일처럼 보일 수 있지만 자신에 대한 긍정적 인식은 보통 시간이 지남에 따라 여러 방식으로 만들어진다. 이를 변화의 단계라고 하는데 시간이 지나면서 음주를 이해하는 방식에 작은 변화들이 생기고, 이런 변화가 알코올을 또 다른 방식으로 이해하게 하고, 결과적으로 음주에 변화를 가져오게 된다(Prochaska and DiClemente, 1983). 상담도 도움이 되고 친구(항상 그렇지는 않지만 같은 성별 친구)의 지지도 도움이 되지만, 자신을 전반적으로 수용하는 것이 가장 핵심적인 요인이다(Aaronson, 2006). 레즈비언 여성에게 도움이 되는 요인이라면 보람을 주고 삶을 강화해 주는 레즈비언 친구들과 더 많이 교류하고, 레즈비언 정체성에 대한 인식을 높이고, 후회하는 마음이 수치심이나 자신을 깎아내리는 마음으로 이어지지 않도록 하는 것이다(Staddon, 2012, 2013a). 앞에서도 언급했듯이 불행히도 전통적 치료 환경에서는 이를 실현하기가 쉽지 않다. 그런 지지를 받지 못하는 레즈비언 여성은 지지를 받는 이들에 비해 자살이나 자해 위험이 높다(Rivers and Carragher, 2003; Liu and Mustanski, 2012).

맺으며: 소수자의 고통을 이해하는 대안적 공간이 필요하다

이 장에서 우리는 '레즈비언'과 '치료'라는 단어가 결합되면 광범위한 토론과 논쟁의 장이 열린다는 것을 명확하게 보았다. 적어도 두 가지 면에서 내적 불일치가 존재한다. 하나는 자기와 삶에 대한 이해와 대응 방식이 다른 집단에 소속된다는 것이고, 하나는 치료과정에서 자기와 다른 인간관계나 사회화 방식을 가진 세상에 소속되도록 길들여지는 것이다. 비슷한 경우로 레즈비언 엄마되기(Pelka, 2010), 레즈비언의 고용(Cocker and Hafford-Letchfield, 2009), 그리고 돌봄 제공자로서의 레즈비언(Parslow and Hegarty, 2013) 등을 생각할 수 있다. 이런 주제를 다룬 연구자들은 이성애적 규범 모델을 반영하는 역할을 강조하다 보면 레즈비언 정체성을 잃어버릴 위험이 있다는 것을 지적하며, 그렇기 때문에 레즈비언 커뮤니티와의 관계를 유지하는 것이 중요하다는 점을 강조한다. 비록 여성 전반에게 나타나는 지속적인 소득 불평등과 높은 한부모 비율 때문에 빈곤할 가능성이 높지만(World Bank, 1990), 레즈비언/양성애자 여성은 이성애 확대가족과 유사한 지지적 대안문화를 공유하기도 한다(Staddon, 2005). 종종 일탈자 취급을 받아 온 결과, 반문화 혹은 '반항아 모임'이 만들어져 사회질서에 도전하기도 하고 사회질서를 간접적으로 강화하기도 한다. 다른 긍정적인 정체성이 구성될 수도 있지만, 압도적으로 이성애적 규범이 우세한 세상의 구조는 일상을 파고든다. "직장에서 사람들이 나누는 이야기를 듣는 게 지겨워요. 나는 끼어들 수가 없거든요. 내 삶은 너무 다르니까요. 주말 동안 있었던 일을 이야기할 때는 거짓말도 해요. 아니면 그냥 듣기만 할 때도 있고요. 하지만 외로워요."(스냅숏 연구 참여자 레니, Staddon, 2013b)

레즈비언이 일상에서 겪는 스트레스는 일반적인 알코올 치료 환경에서 더욱 가중된다. 그러므로 레즈비언의 위험 음주가 실제로 증가하는 추세라면 이들의 음주를 이해하는 새로운 방법을 모색하는 것이 시급하다. 소수민족 집단이나 장애를 가진 이들처럼 이들도 진정성authenticity 을 원하며, 치료는 이들의 요구에 충분히 부응해야 한다(Holt and Griffin, 2007; Liu and Mustanski, 2012). 진정성은 현대적 정체성의 중요한 부분으로 알려져 있는데, 특히 게이바 혹은 레즈비언바에서는 더욱 강하게 이를 경험할 수 있다. 평소 사회로부터 구속받고 성장하는 여성에게 반항은 더 중요할 것이며, 다음에서 엿볼 수 있다.

"술을 마시지 않거나 내가 술 마시는 걸 판단하지 않는 레즈비언 친구를 찾을 수 있다는 것 … 나는 바에서 페미니스트 주제에 관심 있는 여성들을 만났고, 내가 환영받는다는 느낌을 받았어요. 레즈비언바에서는 우리 누구도 아웃사이더가 아니고 각자의 다름을 즐길 수 있어요. 28년 만에 처음으로 술 없이 견딜 수 있게 됐어요." (Staddon, 2005, pp. 70-71)

레즈비언의 음주를 다루는 사회적 모델은 억압되고 보이지 않는 소수자들이 자해나 문제음주, 우울증, 고립, 신체적 정신적 공격에 대한 두려움과 같은 다양한 문제를 경험한다는 것에 주목한다. 동시에 이 모델은 억압으로부터 정치적 관점이 발전될 수 있고, 서로를 지지해주는 강력한 힘과 연대가 형성될 수 있다는 점도 인식한다. 자신에게 알코올 문제가 있다는 걸 깨달은 레즈비언 여성들은 소수자의 고통을 아는 다른 여성의 도움을 받을 수 있는 대안적 공간을 원한다. 현재의 알코올 서비스는 예산에 대한 고민 없이 서비스를 구축할 수 있는 조건이 아니기 때문에 이런 문제로부터 자유로울 수 있는 환경이 필요하다.[3] 경제적 지원이 충분하다면 트랜스젠더 여성, 젊은 레즈비언, 또는 레즈비언 어머니와 같은 여러 집단에 대한 서비스 제공을 모색할 수 있을 것이다.

음주는 궁극적으로 의료적 쟁점보다는 사회적 쟁점이다. 이 관점을 개발하고 활용하기 위해서는 어떻게 도움을 제공할지 맥락화해야 하며, 특히 도움이 요구되는 상황이라면 더욱 그렇다. 이를 위해서는 레즈비언 건강과 케어를 전문으로 하는 센터가 꼭 필요하고, 동시에 '레즈비언'은 더러운 말이 아니라 자랑스러운 말이라는 것을 유년 시절부터 배울 수 있는 자유가 있어야 한다.

---

3 예를 들어, 런던의 해독제(Antidote)라는 프로젝트는 설립자를 변경해야 했고 계속해서 지방 당국의 자금 압박에 시달리고 있다. 특히 LGBT 커뮤니티는 세금 측면에서 상당한 기여를 하고 있는 만큼, 용도 지정 조치를 해야 한다.

9장

음주 이면에 감춰진 아픔을
들여다봐야 한다

린지 문

우리는 (자서전적) 전기와 생생한 경험 및 삶의 깨달음을 그 사람
을 형성하는 주변 집단 및 사회적 관계들과 연결시키는 법을 배워
야 한다. 삶에 관한 글을 쓸 때 우리는 다른 사람의 세계를 우리의
텍스트 안으로 소환한다. 우리는 글을 통해 서로 다른 것들, 반대
되는 것들, 존재하는 것들을 만들어 내는데, 이는 우리가 '실제' 사
람들의 '실제' 경험을 포착했다는 환상을 유지하게 해 준다. 하지
만 사실 우리는 글 속에서 사람들을 창조하는데, 이는 스토리텔링
에 참여하는 사람들이 스스로를 만들어 내는 것과 유사하다(Denzin,
2014, p. 6).

알코올중독의 원인은 사회 안에 존재한다

잠재된 유전적 취약성이 '알코올중독'의 원인이라고 주장하는 이들에 따르면 내 미래는 그다지 밝지 않았다. 남동생, 고모, 친할머니, 외할아버지 모두 술과 관련된 문제로 세상을 떠났다. 아버지는 오랜 '음주'로 인한 합병증을 앓고 있고, 부모님의 관계는 술로 얼룩져 있으며, 20대 중반부터 30대에 이르기까지 나는 폭음과 함께 살았다. 솔직히 말해 내게 질병 모델은 오히려 쉬운 탈출구를 제시하는데, 내 '알코올중독'은 유전적 원인에 따른 역기능이며 따라서 미래는 없다는 예견된 각본이다. 철저한 단주만이 유일한 희망이며, 자칫 잘못하면 실수(다시 음주 생활로 돌아가지만 돌이킬 수 있는) 혹은 재발(회복 가능성이 감소하는)로 이어지고, 그렇게 되면 결국 긴 세월 동안 내 안의 '악마'와 싸우며 무력감과 절망의 세월을 이어갈 가능성이 높다는 주장이다.

음주의 사회적 맥락을 고려하는 대안적 모델 중 하나인 사회학습 모델에 따르면 음주는 일종의 대처방식이며 신체적 의존으로 이어질 가능성이 있는데, 이 주장 역시 지난 몇 년 간 거의 설 자리를 잃었다. 계속되는 예산 삭감은 서비스 삭감으로 이어졌고 합리화와 효율성을 위해 타협하려는 자들만 살아남을 수 있는 현실이 되었다.

나는 사회학습 모델을 선호한다. 알코올 관련 문제를 가진 이들과 20년 동안 일해 온 경험에 의하면 어느 날 아침에 일어나 이제부터 죽도록 술을 마시겠노라고 다짐하는 사람은 없다. 음주 행태는 사회체계 안에 존재하고, 이는 음주 및 알코올 남용에 대한 이해와 태도와 관점에 영향을 미친다. 따라서 알코올 문제로 방황하는 이들에게는 국민보건서비스와 비영리기관의 서비스와 치료를 지원해야 한다. 혹자는 도움을 주지 않아야 하며 귀중한 국민보건서비스 자원을 낭비하는 것에 대한 책임을 물어야 한다고 한다. 점점 심해지는 긴축재정 때문에 이 주장에도 귀를 기울여야 할 수 있다. 개인적으로 나는, 더 넓은 범위의 관점에 근거한 서비스가 더 많이 필요하며 알코올을 이렇게 쉽게 접할 수 있게 만든 정부가 치료를 지원해야 한다고 주장하는 편이다. 지금보다 훨씬 더 많은, 특히 어린이와 미성년자를 대상으로 한 예방사업이 수행되어야 하며 음주하는 사람에 대한 비난을 멈춰야 한다. 앞으로 전개되는 이야기를 읽으며 독자는 '당신이니까 그렇게 말하겠지'라고 생각할 수도 있다. 그렇다. 나이기 때문에 이렇게 말할 수 있다.

이 장은 두 개의 이야기를 통해 개인적 문제를 들여다보려고 한다. 첫째는 알코올에 관련된 특정 시점과 사건에 대한 나의 이해다. 이는 나의 치료자에게 이야기했던 '실제' 이야기이고(여기서 치료자는 가상의 인물인데, 나는 여러 명의 치료자를 만났고 여기서는 그들 모두의 반응을 통합했다), 그들은 다양한 개입과 해석을 제시했다. 그다음으로는 좀 더 반영적인 자문화기술지(auto-ethnography)*적 설명인데, 여기서 나는 원래의 이야기를 이해하는 데 도움이 되는 대안적인, 현 시점에서의 이야기(하지만 여전히 이야기)를 제시하고자 한다. 후자의 이야기는 오늘날 내가 이해한 사회적 사실을 의도적으로 종합

---

* 연구자의 자기 성찰을 바탕으로 사회현상을 통찰하는 질적 연구.

해 만든 반영적이고 성찰적인 이해로서, 치료적 서사에서 조금 떨어져 젠더, 섹슈얼리티, 나이, 민족, 장애 등과 관련한 모든 이들의 맥락을 밝히는 이야기다. 이 장에서 나는 음주에 대해 '당연하게 여겨지는' 서사를 풀어 보고자 한다. 이것이 치료 접근에 균열을 초래하는 지속적 압력에 얼마나 취약한지 들여다보고, 알코올 관련 문제를 해결하는 창의적 방법에 페미니스트 접근이 어떻게 도움이 되는지 살펴보도록 하자.

비판적 인본주의 접근을 채택한 이유

이 장에서 나는 음주에 영향을 미치는 근간이 되는 역사적 자료와 배경을 이해하기 위해 비판적 인본주의 접근을 활용하고, 여기에 나의 삶과 알코올 사용 및 오용과의 관계에 대한 자문화기술지적 설명을 추가할 것이다. 비판적 인본주의를 선택한 이유는 이 이론은 인간을 '형체를 갖춘 정서적이고 상호작용하는 자아로서 역사적으로 특정한 더 넓은 사회 세계와 훨씬 더 넓은 우주에서 의미를 찾으려고 노력하는 존재'로 규정하기 때문이다(Plummer, 2001, p. 255). 이 이론은 특정 시점의 역사적, 사회적 맥락에 내재된 자아의 이야기를 제공한다. 여기서는 자기 반성적이고 자기 성찰적인 자아가 강조되는데, 상호주관적이고 자기 인식이 가능한 인간을 강조한다. 인간은 지속적으로 소통하는 공동체의 일부이고, 사려 깊고 정이 있으며, 감정을 담아 다른 이들에게 공감한다. 비판적 인본주의 접근은 알코올에 대한 여러 관점을 고려하고 이런 관점들이 일상의 의미를 어떻게 사회적으로 형성하는가에 대해 이해하는 자문화기술지 방법론의 장場을 제공한다. 자문화기술지 관점에서 학술 논문들을 보면(Grant, 2010), 알코올은 '사악한 놈'이고 그 논문들은 사악함의 희생자가 되어 버린 이들의 고백이다. 이들은 몹시 불행하고 당연하게 받아들여지는 것들에 도전하는 더 넓은 사회적 맥락과는 단절되어 있는 듯하다. 이런 글에는 자서전적 경험과 관련 있는 문화의 영향을 인지하는 '문화의식cultural consciousness'이 거의 없다(Chang, 2007). 이 장에서 나는 '문화의식'을 되찾고자 한다.

자문화기술지적 설명은 젠더, 섹슈얼리티, 인종, 민족, 계급, 장애, 나이 등에 의해 형성된 맥락 속에서 이야기를 고민하고 이 모든 요소를 고려한다. 이는 '지배의 구조'를 넘어서는 것이다(Denzin, 2014, p. 6). 자문화기술지는 항상 '타자'를 고려하는 반면, 자문화기술지적 텍스트는 '인종차별주의, 가부장주의 및 중산층 계급의 가치와 편견을 반영하는 인종화되고 젠더화된 계급의 생산물이다'(Denzin, 2014, p. 6). 이런 의미에서 자문화기술지는 사람과 시간, 사건에 대해 공유되는 사실과 '진실'을 해체하고 재구성하려는 관점에서 '여기서 무슨 일이 일어나고 있는지'(Goffman, 1974)를 이해하고자 한다. '텍스트 밖에서는' 경험이 존재하지 않기 때문에 '현실'이나 '진실'에 대한 접근은 텍스트에 의해 형성된다. 따라서 자문화기술지 저자의 이야기는 훨씬 더 넓은 사회적 이야기에 내재된 '사회적' 경험을 탐문하는 것을 중요시한다.

이 장은 (두 사람이 두 이야기를 하나로 결합하는 것이 아닌) 두 개의 이야기가 하나로 결합된다는 의미에서 이중–민족지학duo-ethnography 연구이며, 두 이야기는 사건의 해석에서 완전히 다른 의미를 가지고 있다. 첫 번째 이야기는 치료적 주제를 통해 이야기되고 해석된다. 이는 치료적 만남을 통해 형성되었고 심리적 설명에 길들여져 내 안에서 내적 대화로 자리 잡은 이야기다. 치료적 주제는 '다른 사람'의 이야기에 거의 의도적으로 무지를 보여 주는, 압도적인 백인 특권에 내재된 중산층의 목소리다(Moon, 2011). 이처럼 뒤에 나오는 이야기 중 첫 번째 이야기는 치료자에게 털어 놓은 매우 개인적이고 사적인 치료적 분석을 담고 있고, 이어지는 두 번째 이야기는 비판적 인본주의 관점에 기반한 자기 성찰적 독백으로 치료에서는 종종 무시되는 광범위한 인간적 맥락과 상호 연관성을 탐색함으로써 대안적 의미가 적용될 수 있음을 보여 준다. 여기서 나는 좁은 치료적 이야기를 이해하기 위한 넓은 맥락을 제공할 것이다. 자 이제 시작해보자.

첫 번째 이야기: 할머니는 술을 멈추는 법을 몰랐다

1968년, 여름 방학이 시작되었다. 우리는 휴가차 저지로 떠난다. 여기서 '우리'는 엄마, 아버지, 나와 남동생이다. 맨체스터 공항에 도착하자 바로 안내 방송이 들린다. "미스터 문은 안내데스크로 와 주십시오." 아버지는 할머니가 혈당 쇼크로 혼수상태이며 생사를 넘나든다는 소식을 전달받는다. 아버지는 병원으로 돌아가야 하고 우리는 예정대로 움직인다. 엄마는 머리끝까지 짜증이 나 있다. 할머니가 인슐린 주사를 맞으면서도 브랜디와 포트와인을 계속 마시기 때문에 이런 일이 생긴 거라고 아버지를 나무라며, 항상 그래 왔는데 왜 하필 오늘이냐고 한탄한다. 할머니의 음주와 관련한 불평이 계속되고, 평생 '중독자'로 살았다며 비난한다. 정말 불쾌하다. 혼수상태인 '그 여자'에 대해서는 별 관심이 없다. 우리는 아버지에게 잘 다녀오시라고 인사를 한다.

아버지가 우리가 있는 곳으로 다시 돌아온 건 그 다음 주였다.

할머니는 돌아가셨다.

아버지는 말이 없고 우리는 무슨 일이 일어나는 건지 모르겠다. 상태가 안 좋아 보이는 아버지는 위스키를 마시기 시작한다. 고요하게 술을 마시지만 외로워 보이고 겉도는 느낌이다.

내가 치료 중에 이 이야기를 언급한 건 딱 한 번이었다. 그러자 치료자는 이 이야기를 털어 놓은 기분이 어떠냐고 물으며 할머니의 죽음이 가족에게 어떤 영향을 주었는지 물었다. 치료자는 관계의 구체적인 내용과 이것이 현재에 어떤 결과로 나타나는지를 궁금해 했다. 가족 구성원들의 관계는 어땠는지? 아버지 없이 다른 나라에 갔던 것은 어땠는지? 할머니의 죽음이 당시 가족 구성원들에게 어떤 영향을 미쳤다고 생각하는지? 특히 아버지에게는 어떠했고, 그것을 다른 가족들은 어떻게 느꼈는지? 돌이켜보면 아버지의 음주는 무슨 의미였다고 생각하는지? 모두 유용하고 생각해볼 만한 성찰적 내용이었고, 나는 의미 있는 영적 탐색을 할 수 있었다. 이 치료적 내러티브는 내 생각을 파고들었고, 이야기의 아주 작은 부분이었지만 이와 관련한 수천 개의 조각들이 마음속 이야기를 다시 만들고 재구성했다.

많은 세월이 지난 지금, 그 이야기는 내가 처음 기억 속에 담고 있던 장면보다 훨씬 더 복잡하다. 사실 그 일에 대해 질문하기 시작하면서 생각해 보니 아버지에게 그 일에 대해, 아니 어쩌면 그보다 더 중요하고 구체적인 과거 이야기에 대해 물었어야 했다. 그 이야기는 별로 중요하다고 생각하지 않는 듯, 다른 치료적 주제에 묻혀 점점 더 잊혀지는 건 아닌가 싶다. 할머니는 1901년 북쪽 지방에서 가난한 노동계급 가족의 1남(사망) 5녀 중 셋째 딸로 태어났다. 그녀는 거의 교육을 받지 못했고 14세부터 공장에서 일했다. 할아버지도 14세에 철도일을 하기 시작했고 화부火夫에서 출발해 기관사까지 올라갔다. 할머니는 27세에 아버지를 임신하는 바람에 결혼을 했다. 이상적인 출발은 아니었다. 할아버지가 할머니와의 결혼을 탐탁해하지 않았기에 더욱 그랬다. 할아버지는 할머니도 아버지도 원하지 않았다. 할머니는 1928년에 아버지를 낳았다. 29세에 둘째 아들을 낳았지만 죽었고, 세 번째로 출산한 아이는 딸이었다. 할머니는 당시 31세였다. 할머니는 주로 방적 공장에서 일했는데, 당시 별다른 기술이 없는 여성 대부분의 전형적인 일터였다. 나중에 그녀는 프레스턴 근처에서 '버스 안내원clippy'[1]으로 일했다. 39세에 그녀의 남편, 그러니까 내 할아버지는 철로에서 사고로 돌아가셨다. 순전히 과실로 인한 사고였지만 할아버지를 대신해 싸워 줄 노조가 없었고 회사LSM는 아무런 책임도 지지 않았다. 그들(할머니, 아버지,

---

1   클리피는 여성 버스 안내원을 칭하는 영국의 오래된 방언이다.

고모)은 바로 빈곤의 늪에 빠졌다. 보험수당은 전혀 없었고 집세를 겨우 낼 수 있는 정도의 보상금을 받았다. 게다가 당시는 전쟁 중이었다. 모든 것을 배급으로 받았지만 그녀에게는 남편이 없었다. 하루하루 견디기가 버거웠다. 그녀는 아들(내 아버지)에게 모든 것을 의지했다. 그녀가 조금 받는 급여와 그녀의 어머니가 조금 도와주는 것 외에는 다른 수입이 없었다. 나의 아버지는 너무 가난해서 반바지에 난 구멍을 가리기 위해 하루 종일 학교에서 외투를 입은 채 앉아 있었다고 한다. 1년 후 14세의 아버지는 열차의 화부로 일하기 시작했다. 할머니에게는 죽음을 생각할 기회가 없었다. 어쩌면 삶에 대해 알고 싶지도 생각하고 싶지도 않았을지 모른다. 이유야 어쨌건 할머니는 술을 '한 잔씩' 마시기 시작했고 나중에는 '멈추는 법을 몰랐다'. 아버지가 결혼하던 해 할머니는 50세였다. 그녀는 여성답게 행동하는 법을 몰랐던 것 같았고, 음주와 흡연이 이야기의 큰 자리를 차지했다. 할머니를 좋아하지 않았던 어머니는 할머니에 대해 입에 담기 어려운 말을 했다. 할머니의 상태는 점점 더 안 좋아졌고, 당뇨가 왔지만(알코올 때문에 췌장이 제 기능을 못했다) 계속 술을 많이 마셨고, 당뇨 쇼크가 발생할 때마다 아들을 호출했다. 이는 당연히 여러 문제를 유발했다. 우리 가족 내에서는 받아들일 수 있는 행동과 받아들일 수 없는 행동의 경계가 생겼다. 할머니에 대한 험담이 오가고 긴장과 증오가 난무했다. 그녀는 미덕이라고는 찾아볼 수 없는 '돼먹지 못한 사람', '쓰레기' 취급을 받았다. 기억할 거라고는 아무것도 없는 사람이었다. 내가 기억하는 할머니는 약간 기분파였고, 인조가죽을 입고 항상 장갑을 끼고 있었으며 브랜디와

담배와 향수 냄새가 났다. 항상 밝은 빨간색 립스틱을 발랐던 기억이 있는데 다섯 살이었던 내 입술에 립스틱을 바르는 법을 알려 주기도 했다. 내 기억 속 그녀는 친절했지만 그녀의 삶은 나를 살짝 거쳐 간 듯 멀게 느껴졌다.

어떤 의미에서 이는 내 삶 속으로 조용히 파고들었다. 아주 작고 평범한 삶을 살았던 한 노동계급 백인 여성을 떠올리면서 나는 일련의 불의를 생각해 본다. 영국의 방적 공장은 어떻게 수천 명의 어린 아이들의 막노동을 통해 수익을 창출했을까? 할아버지처럼 무고한 노동자가 사망했을 때 어떤 불의가 있었을까? 회사의 부를 창출하는 데 기여한 노동자가 사망했는데 어떻게 회사는 자신의 부를 조금도 나누지 않았을까? 교육은? 건강보험은? 사회보장은 어디에 있었나? 아이들과 함께 남겨진 여성은 대체 어떻게 이 상황에 대처해야 했을까? 어쩌면 그녀의 선택이 바르지 않았을 수도 있다. 하지만 알코올은 그녀에게 친구가 되어 주기도 하고 적이 되기도 했다. 할머니는 68세에 알코올 기인성 당뇨병성 코마로 돌아가셨다. 엄청난 일도 놀라운 일도 아니다. 그 삶이 어땠는지 나 자신에게 물어 본다. 여러 정황을 고려할 때 내가 그 삶을 살았다면 과연 얼마나 다르게 대처했을까?

두 번째 이야기: 매일 며칠씩 잃어버리는 아버지

때는 1979년. 펑크 유행이 조금씩 지나가고 있다. 18세인 나는 고급과목을 수강 중이며, 내일은 고급영문학 시험이 있는 날이다. 나는 '잘 되기 위해' 천주교에서 운영하는 사립 여자고등학교에 다니고 있다. 학생들도 괜찮고 좋은 학교지만 나는 잘 어울리지 못한다. 나는 조용한 편이고 불안이 많고 그다지 똑똑하지도 않다. 나는 예술가나 축구선수가 되고 싶었지만 둘 다 안 돼서 어쩔 수 없이 완전히 시간 낭비인(적어도 내게는 그렇게 느껴지는) 고급과목을 듣는 신세가 되었다. 이젤 대신 지리학을, 축구 대신 비스마르크를 배우고 있다. 대체 무슨 소용인가? 거의 밤 9시가 되어 가고 시험 범위를 복습해야 한다. 하지만 집안 공기는 긴장으로 팽팽하다. 아버지 나이는 50세. 벌써 3일째 집에 들어오지 않았고 언제라도 문을 열고 들어올 것 같다. 그러면 일이 시작될 것이다. 손에 땀이 맺히고 몇 시간 몇 분이 흐른다. 모든 문은 잠겨 있다. 아버지가 들어올 수 있는 방법이 없다. 이러면 안 되는데.

12시. 불은 껐지만 나는 깨어 있다. 기다린다. 멀리서 희미하게 차 엔진 소리가 들린다. 하나, 둘, 셋 … 쾅쾅쾅.

갑자기 현관문 두드리는 소리. 우리 집 현관문은 금빛의 원철 나뭇잎 무늬가 장식되어 있는 예쁜 패턴유리를 목재 프레임이 둘러싸고 있는 형식이다. 쾅쾅쾅 다시 세게 두드리는 소리가 난다. "들어올 생각 말고 나가!"라는 엄마의 외침 직후 바로 유리가 깨지는 날카로운 소리가 들린다. 유리는 산산조각이 나서 현관 앞 카펫 바닥에 떨어져 내리고 두꺼운 신발을 신지 않고는 그 위로 걸을 수 없다. 아버지는 손을 안으로 넣어 문을 열고 깨진 유리 위로 넘어질 뻔 비틀거리다가 가까스로 현관 옆 오른쪽에 있는 거실 소파 위로 몸을 던진다. 그러고는 대자로 엎어져서 잠이 든다. 코 고는 소리와 함께 술 냄새가 코를 찌른다. 엄마는 더 이상 참지 못하고 어딘가에서 망치를 찾아들고 온다. 아버지의 머리를 겨냥하고 망치를 쳐든다. 내려치려는 찰나 나는 엄마 손에서 망치를 빼앗는다. 정말 치려던 걸까?

2층으로 올라간다. 몇 시간 후면 영문학 시험이 있다. 엄마 약통에서 발륨*을 찾아 어젯밤 칵테일에 사용하고 남은 사이다와 함께 털어 넣는다.

다음날 아침 시험 시간, 글씨가 잘 안 보인다.

내 상담사는 이 이야기에 크게 충격을 받은 듯하다. 하지만 이런 일은 내 친구들 대부분이 경험하는 일과 크게 다르지 않고 너무 자주 일어나는 일이어서 내게는 개인적으로 큰 상처가 되지 않는다. 그는 외상후 스트레스 장애를 언급한다. 나는 우리 엄마가 연쇄살인 소설과 요리를 즐긴다고 이야기한다. 웃자고 한 이야기였다. 상담사는 나와 부모의 관계에 초점을 두고 이번 사건이 부모의 관계를 어떻게 반영한다고 생각하는지 묻는다. 그 기억을 떠올리는 것은 불편했고 괴로웠다. 그 사건에 대해서만 집중하자면 끝도 없을 것이다. 내 기억에는 외로운 경험이었다. 영문학 시험 전날 밤 그런 일을 겪었을 거라는 걸 누가 알았겠나? 그 사건은 그 자체로 어마어마한 것이었다. 시험지에 담긴 잡스러운 내용보다 훨씬 더 흥미롭다. 아무도 몰랐고 아무도 물어 보지 않을 일이었다. 당시 학교에는

*   신경 안정제의 일종.

상담교사가 없었다. 이는 음주와 태만과 무지와 어리석음의 결과로 볼 수 있는 사건이다. 상담사는 그렇게 보지 않았지만 오늘날 치료의 맥락에서는 분명히 나올 수 있는 주장이다.

이제 나는 그 사건을 다르게 볼 수 있고 비판적 인본주의적 관점에 초점을 맞출 수 있을 것 같다. 나는 계속되는 만남과 내가 간접적으로 겪은 사건들의 의미를 알고 있으며 이것이 쌓여 역사의 '순간들'이 만들어진다는 것도 알고 있다. 이 사건이 발생하던 당시 아버지는 금염주사gold salt injections 치료를 받는 중이었다. 당시 그 치료는 류머티즘을 위한 '마법의 치료약'이었고 말 그대로 금 섞은 물질을 주사하는 것이었다. 그런데 그 치료는 일련의 부작용을 가져왔다. 신장을 상하게 했고 피부가 착색되면서 가려울 뿐 아니라 구강염을 유발시켰다. 게다가 고통을 줄여 주지도 못했다. 하루에 10시간씩 창문 닦는 일을 마치고 맥주와 위스키를 섞어 마시는 것도 도움이 될 리 없었다. 아버지는 매일 자신의 삶에서 며칠씩을 잃어버렸다. 우리 삶의 일부도 그렇게 소비되었다.

내가 이해하지 못한 건 매일 아버지가 느끼는 통제할 수 없는 고통이었다. 그는 1960년, 31세에 류머티즘관절염 진단을 받았다. 창문 닦는 자영업을 시작한 지 얼마 되지 않아서였다. 의사들은 1955~1960년 사이에 발생한 생애 사건들에 제대로 대처하지 못해서 생긴 것이라고 했다. 부모님은 행복한 결혼 생활로 출발했으나 불과 5년 사이에 첫 아이를 잃고, 엄마의 남동생(17세)은 사고로 인해 전신마비가 되었으며, 외할아버지까지 돌아가시는 일을 겪었다. 아버지는 첫 아이의 죽음과 아이의 관을 혼자 들던 기억의 고통을 딱 한 번 내게 이야기했다. 영업시간을 넘긴 런던의 한 술집에서였다. 아이를 잃은 고통에 더해진 것은 처남 테런스에게 닥친 비극적인 불필요한 사고였다. 매서운 바람이 불던 날 아침 그는 나무가 가득 실린 컨테이너를 밀고 가는 중이었는데 컨테이너가 기울면서 나무들이 그의 몸 위로 쏟아졌고 그 무게에 눌려 목이 부러졌다. 목 아래로 마비가 온 테런스는 사업장 안전 태만의 명목으로 보상금 1만 5,000파운드(약 2,000만 원)를 받았다. 보상금은 사우스포트 병원에서 퇴원하고 집으로 오면서 환자 간호용으로 제작된 특수침대를 사는 데 사용했다. 아버지는 테런스를 자신의 친동생처럼 생각했고 무척 아꼈다. 5년 동안 일주일에 세 번씩 프레스턴과 사우스포트를 왕복하며 약 70km 떨어진 거리에 사는 그를 방문했다. 하지만 용감했던 청년은 22세에 세상을 떠났다. 내 부모님은 여기에 제대로 대처하지 못했다. 왜 아니었겠나? 누가 견딜 수 있었겠는가? 아버지는 아플 수밖에 없는 일을 하고 있었다.

지금 생각해 보면 이 일련의 사건들은 13세에 아버지를 사고로 잃은 내 아버지에게 더 깊은 상실감을 가져온 게 아닌가 싶다. 어느 날 할아버지는 말다툼 끝에 아버지를 때렸고 방으로 가라고 했다. 그날이 할아버지를 본 마지막 날이었다. 그 다음날 할아버지는 철도 사고로 화상을 입고 돌아가셨다. 아버지는 가장의 역할을 물려받았고 자신의 아버지를 잃은 지 채 1년도 지나지 않아 아버지가 하던 철도일을 하게 되었다. 가혹함과 빈곤의 삶이었다. '60년대 번성기'에 합류하고자 했지만, 전쟁 이후 많은 남성과 여성의 삶은 빈곤과 공포의 경험으로 얼룩져 있다. 내 부모에게 이런 경험들은 견딜 수 없는 것이었으며 어떻게 스스로를 달래야 하는지, 어떻게 서로에게 위로가 되어야 하는지 알지 못했다. 거기에 류머티즘관절염은 이제야 알게 되었지만, 매일 아버지에게 통증을 주었고 그를 지치게 만들었다. 상담사에 따르면 아버지의 질병은 그의 삶에서 견디어 왔던 고통의 비유라고 했다. 크게 위로되는 말은 아니었다. 이런 일들은 견뎌 내기는커녕 상상하기도 쉽지 않다. 그래서 아버지는 신체적 고통과 마음의 고통을 달래기 위해 술을 마시기 시작한 것이다. 이제는 그게 분명해 보인다. 하지만 그날 밤에는 몰랐다. 그날 밤 그 큰 집에 아버지와 엄마와 내가 있었다. 그 집은 그들이 '성공한' 노동계급 부모이고, 자녀들에게 좋은 학교와 교육의 기회를 제공했으며, 향후 자녀의 전문직이라는 보상으로 돌아오리라는 기대를 담은 상징이었다. 얼마나 의사나 변호사, 소위 '제대로' 된 일을 하는 사람들을 알고 지내고 싶어 했던가? 좋은 카펫과 커튼, 좋은 차와 좋은 학교를 얼마나 원했던가? 그렇게 슬픔과 상실을 조금이라도 잊고 좀 더 나은 삶을 살고자 했다. 유리가 깨진 것은 아마도 필연이었나 보다. 삼촌과 할아버지의 죽음이 노동계급으로 살았기 때문에 겪은 피할 수 없는 일이었다는 것을 생각하면 아직도 놀랍다. 그들은 영웅도 아니고 족적을 남긴 사람들도 아니었으며, 가까운 가족 외에는 그들을 기억하지 못한다. 하지만 시간이 흐른 뒤 이렇게 그들은 내 기억의 한 부분으로 남아 있다. 그들은 노동조합의 필요성을 인식하는 나, 일하는 사람들과 가족에 대한 정치적 책임을 중요하게 생각하는 나, 그리고 이윤 추구는 궁극적으로 고통을 가져온다고 생각하는 나의 한 부분으로 남아 있다.

세 번째 이야기: 소외된 여성과 연대하는 활동에서 보람을 찾다

1992년. 나는 성소수자라고 커밍아웃을 했고 북런던의 주택협동조합에 살고 있다. 나는 알코올과 약물 문제 기관에서 파트타임으로 일하고 있다. 해마다 열리는 게이 프라이드 주말을 맞아 우리는 토요일에 케닝턴 파크에 갈 계획이다. 문제는 그날 프레스턴에서 사촌 결혼식이 있다는 점이다. 다들 내가 참석할 거라고 기대한다. 친척들이 다 모인다. 나만 빼고. 나는 처음에 결정한 대로 퀴어 축제로 향한다. 코가 비뚤어지게 술을 마신다. 신난다. 우리들은 며칠간 웃고 떠들고 술 마시고 약에 취해 즐기다가 주말을 마무리했다. 그해는 내 남동생이 영국 공군RAF에서 공군대위로 임명된 해이기도 하다.

상담사는 가족으로부터 배제당한 느낌에 초점을 맞췄고 그 사건이 관계에 장기적으로 어떤 영향을 미쳤는지, 그리고 이 사건에 대해 이야기한 느낌이 어땠는지 물었다. 개인적으로 나는 공동체 연대를 느낀 축제의 기억을 한껏 즐겼고, 친구들과 보낸 시간이 얼마나 즐거웠는지 이야기한다. 상담사는 음주에 대해 물어 본다. 나는 그곳에서는 모두가 술을 마셨고, 원래 그게 '축제의' 일부라는 점, 그리고 여러 사람을 만나고 즐기는 축제라고 설명한다.

오늘 나는 치료적 담론을 넘어 좀 더 사회적으로 각성된 이해를 기반으로 그때를 떠올려 본다. 1992년 당시 런던에 살며 일한다는 것은 보조금이 지원되는 주택을 찾아야 한다는 것을 의미했으며, 주택협동조합은 그 기회를 제공했다. 주택협동조합은 1970년대 지역공동체 협동주거 시스템의 일부인데, 선출된 민주주의를 기반으로 주민들이 정기적으로 모임을 갖고 자신과 주민의 복지를 고민했기 때문에 저렴한 집세를 유지할 수 있었다. 이는 물가가 비싼 역동적인 도시에서 살아가는 독특하고도 사회적인 방식이었다. 당시 성소수자들의 노동시장이란 주로 사회적 돌봄을 제공하거나 지역 정부지원 단체의 프로젝트에 참여하는 것이었다. 레즈비언, 게이, 양성애자에게 우호적인 단체도 있었지만 대부분은 꺼려했기 때문에 '아웃팅'당하지 않도록 항상 조심해야 했다. 기관에서 누가 성소수자에게 관대한지 알아내기까지 그리고 성적 지향을 공개하는 것이 과연 안전할지 판단하기까지는 어떤 삶의 방식도 공개할 수 없었다. 그나마 진보적인 지자체 단체들만 '타자들'을 고용하는 위험을 감수했고 모든 형태의 평등을 고려했다. 그곳에서는 직원 팀회의에 참여하는 것도 가능했다. 당시는 대처 정권이 강조하는 '가장된 가족 관계'*의 시대였고, 지역 단체들은 성소수자에 우호적이라는 사실이 알려지면 예산 지원이 중단될까 봐 전전긍긍했다.

우리들은 대부분 해링게이, 캠던 및 램버스 지역에 있는 단체에서 일했는데 이들은 동성애 혐오적이고 편협한 보수당에 반항하고 위험을 감수하는 진보좌파 단체들이었다. 성소수자 인권과 건강 및

---

* 1988년 마거릿 대처는 지방 정부가 동성애를 조장하거나 동성애 관계를 '가장된 가족관계'로 받아들일 수 있다는 내용을 조장해서는 안 된다고 명시하는 법을 발표했다. 2003년에 폐지되기까지 해당 법령은 동성애 혐오와 차별과 주변화에 크게 영향을 미쳤다.

안전을 위한 노력은 노동조합 활동의 중요한 어젠다였다. 우리는 노숙인, 알코올 및 약물 문제를 가진 사람들, 성매매 종사자들로 이루어진 풀뿌리 단체들과 연대하여 활동했다. 당시는 이런 일에 따르는 영예나 명성이 없던 시대였다. 그저 국가 차원에서 인정받지 못하는 사람들의 빼앗긴 권리를 위해 헌신하고 열심히 일하는 것뿐이었다.

당시 연중행사로 진행되던 퀴어 축제는 레즈비언들과 게이들이 갈망해 온 자유의 상징이었다. 런던 시가지를 행진하고 주로 '좌파' 단체들이 주최하는 공원의 무료 공연들에 참여하는 축제였다. 실제로 대부분은 레즈비언과 게이 단체가 자발적으로 기획한 행사들이었다. 자발적으로 조직되던 이 행사들은 시간이 지나면서 점점 게이 상품화의 핵심이 되었다. 당시 퀴어 축제는 적대적인 언론, 정부, 일반 사람들의 편협성에 맞서 인정받을 권리를 위해 싸우는 장으로서 절실했고, 단지 공원에 모여 웃고 즐기는 이벤트를 넘어서는 것이었다.

오늘날 퀴어 축제는 레즈비언, 게이, 양성애자, 트랜스젠더 커뮤니티가 자신만의 공간에서 벗어나 트라팔가 광장에 모여 즐기는 즐거운 행사로 자리 잡았다. 여전히 음주와 약물이 축제의 일부다. 이 이야기를 하는 이유는 LGBT 커뮤니티의 많은 이들이 알코올과 약물 문제를 가지고 있기는 하지만, 흔히 성소수자들이 이성애자보다 훨씬 더 많은 음주와 약물을 사용한다는 단정에는 오류가 있기 때문이다. 이런 통계는 대개 LGBT를 광범위하게 조사하기보다는 클럽이나 바에 자주 다니는 사람들을 대상으로 한 것들이다. 이는 마치 파티나 축제나 술집에서 만나는 이성애자를 대상으로 알코올과 약물 사용 통계를 추계하는 것과 유사하다.

　사회운동 및 투쟁성과 관련한 내 개인적 역사는 계속된다. 2006
년에는 '런던 약물 및 알코올 연대Greater London Drug and Alcohol Alliance,
GLADA'의 여성자문위원회에 합류했다. 2005년 런던 시청은 켄 리
빙스턴의 지도하에 여성들에게 약물 및 음주에 관련한 대안을 탐색
하도록 지원하는 캠페인 활동을 시작했다. 여러 이해관계자(영국 국
민보건서비스, 가정폭력 예방을 위한 스텔라 프로젝트, 런던 약물과 알코
올 네트워크LDAN, 흑인과 아시안 약물 및 알코올 전문가 협회 등)로 구성
된 이 캠페인의 목적은 지속적으로 여성을 지원하고 알코올 및 약
물 관련 문제에 대한 자문을 제공하는 것이었다. 2006년에 시청 공
간을 무상으로 제공받으면서 캠페인 활동은 중앙 무대로 진출했고,
알코올과 약물을 담당하는 고위 정책 담당자가 배정되었다. 이 담
당자는 함께 일할 수 있는 여성들과 단체를 찾는 것을 중요한 업무
로 생각했다. 런던 약물 및 알코올 연대는 런던 전역에 있는 알코올
과 약물 치료 부서에 공고를 내고 술이나 약물과 관련한 경험이 있
거나 파트너십을 맺고 일할 의사가 있는 여성을 모집했다. 2006년
7월 17일에 시청에서 열린 첫 번째 회의에는 계급, 인종, 섹슈얼리
티, 장애, 연령을 대표하는 각계 여성들이 참석했다. 당시 성소수자
에 대한 대중의 인식이 급격히 변하기 시작했고 런던 사람들, 특히
여성들에게 지속적인 문제로 떠오르는 약물과 알코올 문제에 좀 더
관대하고 좀 덜 적대적으로 접근하려는 정치적 분위기도 있었다.

　런던 약물 및 알코올 연대는 자신의 삶에서 알코올과 약물의 역
할을 보여 줄 정책이나 이벤트에 참여하고 싶어 하는 여성들에게

다가가는 독특한 프로젝트를 제공했다. 프로젝트의 독창성은 놀라웠다. 내가 전문가로 일한 이래 처음으로(당시 나는 민간 부문 및 국민 보건서비스 알코올 및 약물 분야에서 18년 동안 일한 경력을 가지고 있었다) 여러 여성들이 한자리에 모였는데 여기에는 술과 약물을 사용했던 사람들, 사용하고 있는 사람들, 해당 분야에서 일한 사람들, 그리고 여성을 위한 술과 약물 관련 정책에 관여한 사람들이 모두 포함되어 있었다. 모든 여성은 매우 협조적으로 술 또는 약물 사용에 관한 흥미로운 주제들을 제안했고, 많은 이야기들이 공유되었지만 무엇보다 이 집단의 소명은 런던의 여성들과 연결되는 것이었다. 이런 점 때문에 런던 약물 및 알코올 연대는 개인적으로 내게 더 큰 영향을 미쳤을 것이다. 수년간 국민보건서비스와 비영리단체에서 일해 온 나로서는 여성들이 일부러 시간을 내어 술이나 약물 프로젝트에 관한 정보를 들여다볼 정도의 관심을 갖도록 관계를 만드는 것이 얼마나 어려운지 잘 알고 있었다. 정부 전략가들은 무지했고, 공공 서비스 예산 삭감은 언제나 정부의 우선순위였으며, 그들은 서비스가 완전히 민영화되기를 바라는 동시에 정부가 만든 규제에 관련 업자들이 저항하지 않기를 바랐다. 나는 '민간 영역' 관계자의 말에 별로 귀 기울이지 않았는데, 약물 및 알코올 관련 문제 관리에는 비용이 높고 비효율적인 하향식 관리 시스템을 시행하는 것보다 치료 중인 사람들의 목소리를 듣는 것이 훨씬 좋은 방법이라고 생각했기 때문이다. 동시에 나는 사회의 질병을 민영화하는 방식으로 이익을 창출하는 것에 동의하지 않는다.

그렇기 때문에 런던 약물 및 알코올 연대는 혁신적이었다. 관계된 모든 여성들이 함께 일했고 그런 시스템은 협력이 집단의 핵심 원칙으로 자리 잡도록 해 주었다. 우리는 6주에 한 번씩 만나 다음 활동을 계획했다. 1년도 채 되지 않아 우리는 2008년 '최고의 여성 Capital Woman' 행사에 참여할 전시회를 기획했다. 당시에는 몰랐지만 그 행사는 우리의 마지막 행사가 되었다. 새로 선출된 시장이 납득할 수 없는 이유로 행사를 폐쇄했기 때문이다. 런던의 알코올 및 약물 분야 정책 입안자들에게 정책에 대한 논의와 피드백을 제공하는 것도 중요했지만, 우리의 존재가 계속 가시화되는 것도 중요했다. 그 행사 이후에도 우리는 공적인 지원을 받아 몇 개의 프로젝트를 진행했다. 우리는 시, 미술 작품, 음악, 아이디어 등을 기부해 여성들이 자신들의 상실감, 희망, 살아온 이야기와 삶에 대해 이야기할 수 있는 장을 마련했다. 큰 보람이었고 힘이 되는 일이었다. 우리는 런던을 함께 돌아다니며 전시회를 열고 언론과 인터뷰하며 소외되거나 수감되었거나 치료와 도움이 필요한 여성들을 대변했다. 모든 활동은 자발적인 참여로 이루어졌고 우리 모두는 지대한 시간과 노력을 쏟아 부었다. 하지만 2008년 새로운 시장이 선출되고 그의 관심 대상 밖으로 벗어나면서 우리의 프로젝트는 종료되었다. 그러나 이 경험은 단체, 이해당사자, 그리고 자원하는 참여자의 의지만 있다면 하나의 생각을 현실로 만들어 낼 수 있다는 것을 보여 주었다.

네 번째 이야기: 전우의 죽음을 37번 목격한 내 동생

2007년. 4월 16일 월요일 새벽 3시. 침대에 누워 있지만 정신은 완전히 깨어 있다. 전화가 울린다. 남동생 아내의 목소리. "죄송해요 …" 동생이 사망했다. 하나밖에 없는 사랑하는 아들이 죽었다는 말을 부모님께 어떻게 전해야 할지 생각해 본다. 어떻게 해야 하나. 뭐라고 해야 하나. 일어나 옷을 입고 침대 위에 멍하니 누워 있다. 뭘어찌해야 할지 아무 생각도 나지 않는다. '너를 사랑했어.' 계속 같은 말을 반복한다.

아침 7시. 부모님께 전화해야 한다. 이 끔찍한 소식을 알려드려야 한다. 누군가 부모님과 함께 있어야 할 것 같아서 삼촌에게 전화해 부모님 댁으로 가 달라고 부탁한다. '가이가 죽었어요.'라는 말을 처음으로 해야만 한다.

전화를 건다. 신호음마다 가슴이 아린다. 엄마가 받는다. 엄마가 떨리는 목소리로 말한다. "그래 애야 … ."

나는 말한다. "엄마…" 그러자 엄마가 답한다.

"우리 가이가 죽은 거지 … 그렇지?"

"네, 엄마. 맞아요."

"아버지에게 이야기할게."

동생은 4월 15일 일요일 밤 피를 토하고 11시에 병원에 입원했다. 위출혈이었다. 동생은 하루에 보드카를 한 병씩 마셨더랬다.

상담사는 동생의 죽음에 대해 질문했고 내가 온몸 깊은 곳으로부터 통곡할 수 있게 해 주었다. 이렇게 몇 주가 지나자 상담사는 이렇게 오랜 시간이 지난 후에도 동생의 죽음이 여전히 나를 슬프게 하는 이유를 알고 싶어 했다. 말로 표현할 수 없고, 무감정하고, 그저 황량하기만 한 내 슬픔의 이유를 이해하기 힘들어했다. 내 가족은 어떻게 반응했는지 물어 봤고, 나는 어쩔 수 없이 몇몇 의사가 우리 아버지의 알코올중독을 증거로 동생에게 유전적 취약성이 있다고 한 말을 덧붙였다. 심지어 치과의사조차도 이 모든 게 유전 때문이라고 했다. 상담자는 자신의 의견을 이야기하지 못했다.

물론 '증거'를 보면 동생의 '알코올중독' 뒤에는 유전적 요인이 있다는 의견이 맞다고 할 수 있다. 실제로 일상에서 사람들은 과도한 음주에 대해 대부분 미디어를 통해 보고 들은 것이나 자신이 원인이라고 생각하는 좁은 관점에서 증거를 찾는다. 그러나 성공한 파일럿이었고 10년 동안 37명이나 되는 '전우'의 죽음을 목격한 공군대위의 이야기에는 귀 기울이지 않는다. 헬리콥터 사고로 12명의 청년이 사망하고, 그중 한 명이 내 동생 옆방에 살던 친동생처럼 여기던 친구였다는 것에는 관심이 없다. 사고 소식을 뉴스를 통해 알게 된 내 동생이 친구 부모님에게 당신의 아들이 너무 화상을 심하게 입어 형체를 알아볼 수 없었다는 것과 납으로 만든 관에 묻혔다는 소식을 전했어야 하는 사실에 대해서는 아무도 관심 갖지 않는다. 내 동생에게는 그 사건이 전환점이었다. 어릴 때부터 영국 공군이 되고 싶어 했던 밝은 '사나이' 내 동생, 1984년 300명의 지원자를 뚫고 공군에 합격한 후 뛸 듯이 기뻐했던 내 동생은 1980년 후반이 되면서 심하게 우울해했고 견디기 힘들어했다. 1990년에 동생이 나를 찾아왔던 기억이 있다. 우리는 평소와 같이 술을 약간 곁들인 저녁 식사를 하러 나갔고, 식사 후 바에 갔을 때 동생이 술을 좀 빨리 비운다 싶더니 조용히 다른 구석으로 갔다. 동생을 찾아 그쪽으로 가 보니 그는 머리를 손에 파묻은 채 앉아 있었는데 고개를 든 그의 얼굴에는 눈물이 흐르고 있었다. 동생은 완전히 망가진 상태였고 누구에게 도움을 청해야 할지 몰라 했다. 공군 '동료'를 위한 복지도, 상담도 없었다. 1994년, 비행을 성공적으로 마치고 대위 승진 제안을 축하하기 위해 술을 마시고 시속 200km로 달리던 중 사고를 냈고, 그로써 동생의 공군 생활은 막을 내렸다. 당시 포클랜드 제도에서 갓 돌아온 그는 스트레스와 트라우마의 징조에도 불구하고 감정을 감추기 위해 비행과 운전에 매달렸다고 한다. 나는 이 모든 것을 이제야 알게 되었다. 그날 밤 친구 집으로 돌아와 잠자리에 들었던 동생은 무슨 이유에서인지 다시 나와 운전을 했다고 한다. 동생은 직무를 사임하라는 압력을 받고 영국 공군을 그만두었다. 아무도 그의 이야기를 들으려고 하지 않았다. 나중에 나는 동생이 공군 소장 앞으로 쓴 편지를 찾았는데, 부치지 않은 편지에는 최고의 파일럿이 되고 싶으며 공군으로 돌아가고 싶다고 적혀 있었다. 이제는 너무 늦었다. 아버지와 지인이 린햄 공군기지에 가서 동생을 데리고 왔다. 집에 돌아온 그들은 위스키 한 병을 새로 땄다. 10년이 지나고 나서야 우리는 동생이 공군에서 목격했던 잔학행위들에 대해 알게 되었다. 군에서 이런 트라우마를 겪은 남성과 여성이 제대하면 약 13년 안에 트라우마로 고통받거나 사망한다는 보고가 있다 (http://science.howstuffworks.com/ptsd.htm). 그 예측은 정확했다.

나는 런던 약물 및 알코올 연대의 동료들로부터 위안을 얻는다. 그들은 누구보다 나를 잘 이해해 준다. 상담사보다는 확실히 그렇다. 그들은 모두 비슷한 감정을 경험했다. 그들에게는 별다른 설명이 필요하지 않다. 2007년 7월 21일, 런던 케닝턴 파크에서 우리(GLADA 여성의 목소리)는 첫 번째 국제 기억의 날 행사를 개최했다. '우리'는 모두 알코올이나 약물 때문에 누군가를 잃었고 이 행사는 그들을 기억하기 위한 것이었다. 100명이 넘는 사람들이 참여했다. 나는 동생의 이야기를 쓴 글을 낭독해 달라는 요청을 받았다. 행사 동안 계속 술을 마시던 남자 하나가 갑자기 기타를 들고 〈너를 그리며(Wish You Were Here)〉를 환상적으로 부르고는 어디론가 사라졌다. 알코올이나 약물로 사망한 이들을 기억하며 공개적으로 애정과 자랑스러움을 담아 기리는 것은 처음이었다.

이 이야기들은 가족의 역사와 일상적 삶에 술이 어떻게 새겨질 수 있는지 이해하는 방법이다. 하나의 이야기만으로는 그 이야기가 멀고 고립된 것처럼 느껴진다. 하지만 그 이야기에는 여러 가지의 상호작용과 의미가 복잡하게 엮여 있다. 치료과정에서 음주 안에 숨겨져 있는 아픔과 이야기를 이해하거나 해석하지 않고 음주를 이야기한다는 것이 가능할까? 아닐 것이다. 하지만 알코올에 대한 접근 방식을 바꾸고, 협력과 통합이 있는 새로운 장을 만들어 그 안에서 따뜻함을 경험할 수 있다면 알코올과 약물을 사용하는 사람을 이해하는 방식을 바꿀 수 있다. 나는 기꺼이 그렇게 할 의향이 있다. 당신은 어떤가?

3

사회적 접근으로
해결책을 모색하다

10장

여성에게 적합한
치료 공간과 서비스

제프 퍼낸데즈

더 많은 여성이 치료를 받으려면

이 장에서는 더 많은 여성들이 약물 오용 서비스에 참여할 수 있도록 장려하기 위해 무엇을 할 수 있는지, 그리고 서비스의 지리적 위치가 어떻게 참여를 독려하는 중요한 부분이 될 수 있는지를 살펴볼 것이다. 우선 1차 진료에 기반한 외래 제독detoxification 치료를 알아본다. 대기하는 시간이 짧고 비심판적인 접근 방식, 그리고 쉽게 접근할 수 있는 서비스가 여성의 서비스 참여 가능성을 어떻게 증가시키는지에 대해서도 살펴볼 것이다. 또한 일반 진료에 포함된 서비스는 낙인 없는 '공간'으로 인식되며 약물 오용 서비스에 대한 접근성을 증가시킨다는 것도 보여줄 것이다.

'안전한 공간'에서 제공되는 서비스는 여성이 겪는 문제가 남성과 다르다는 점을 인지하고 사회적 접근을 제공한다는 점에서 알코올 치료의 사회적 모델(이 책 서문)에 부합한다. 인종, 민족과 더불어 젠더는 서구 산업자본주의 사회를 구성하는 핵심 요인이며, 이는 지속적인 구조적 불평등으로 이어지고 분열과 차이를 낳는다(Haralambos and Holborn, 2000). 건강 영역에서 젠더 요인은 건강 문제 발현에 영향을 미친다(Gabe et al., 2004). 여성은 남성에 비해 1차 의료기관을 훨씬 자주 이용하는데 어린 자녀를 돌보는 역할 때문이기도 하다. 여성은 빈곤에 더 취약하고 따라서 더 많은 건강 문제를 가지고 있다. 몇몇 연구에 따르면 여성은 스트레스에 더 취약하고 이 문제로 1차 의료 서비스를 찾는다(Brady, 2009). 결과적으로 여성은 정신건강 서비스를 더 많이 이용하고 일반의에게 우울증 등의 문제를 호소하는 경향이 있다. 반면 남성은 알코올이나 약물을 사용하거나 오용할 가능성이 더 높다.

약물 오용의 영역에서 남성과 여성의 치료 서비스 이용비율은 4 대 1이다(Jones et al., 2009). 이는 남성에게 이로운 두드러진 차이다. 존스와 동료들(Johnes et al., 2009)은 남성이 전반적으로 알코올과 약물 사용 문제에 취약하기 때문에 관련 서비스를 찾을 가능성이 더 높다고 설명한다. 이 차이의 어느 정도까지가 알코올 문제를 가진 여성이 관련 서비스 찾기를 꺼려하기 때문에 나타나는 현상인지는 정확하지 않다. 치료 서비스는 이용비율의 젠더 차이를 오랫동안 인지해 왔고 이 문제에 대처하기 위해 몇 가지 시도를 해 왔다. 예를 들어 여성 전용 클리닉이나 알코올이나 약물 서비스 안에 여성 전용

'공간'을 마련하기도 했다. 이는 부분적인 효과만 있었다. 약물 오용 서비스를 이용하는 여성들이 적은 것은 자녀 돌봄에 대한 염려를 반영한 것이라는 증거도 있다.

사회적 요인을 무시하는 이런 요인들과 '의료적 접근'의 결합은 여성 집단에 다가가는 데 한계를 가질 수 있다(Rhodes and Johnson, 1997). 분명한 것은 서비스가 이 문제를 다루기 위해 무엇을 바꾸고 무엇을 다르게 구조화할 것인지 고민해야 한다는 것이다. 여성의 접근성을 높이기 위해서는 접근 가능한 '공간'을 제공하는 것이 필요한데 이런 공간을 제공하는 곳이 있다. 바로 런던 이즐링턴에 있는 1차 진료소다. 이 장에서는 이런 접근에 대해서도 알아볼 것이다.

치료 공간은 접근성이 좋아야 한다

지난 20년 동안 영국에서 여성의 음주는 증가해 왔다. 한 가지 이유는 직장에서 일하는 여성이 증가하고 있으며 이 중 일부는 음주를 권하는(언론계 등) 직업에 종사한다. 여기서 '퇴근 후' 음주나 음주를 통한 친목 도모는 여성이 예전보다 더 자주 음주하게 되는 '장'이다. 또한 영국에서는 20년 전에 비해 여성의 사회적 음주가 더 잘 받아들여지고 있다(이 책 3장). 어떤 이들은 폭음이 점점 문제가 되고 있다고 주장한다. 물론 남성에 비해 젊은 여성의 폭음은 더 큰 주목을 받는다(Gilmore et al., 2008). 이런 요인들은 이 현상이 젠더적이며 여성의 문제인 것처럼 보이게 만든다. 결국 의존이 될 만큼 술을 마시는 여성은 더 눈에 띄고 이 사회에서 낙인과 악마화의 표적이 된다. [문제가 될 정도로 음주하는 여성들이 있기는 하지만, 실제로 현장에서는 여성이 전반적으로 예전만큼 술을 마시지 않는다는 증거들이 보이기도 한다. 알코올문제연구소 홈페이지의 '여성 음주 경향의 변화' 참고, http://www.ias.org.uk/Alcohol-knowledge-centre/Alcohol-and-women/Factsheets/Changing-trends-in-womens-drinking.aspx (2015년 4월 2일 접속)—엮은이 주]

여성이 과도한 음주를 하는 이유는 의존적으로 음주하는 남성과는 다른 경우가 많기 때문에 효과적인 치료를 찾기가 쉽지 않다(Staddon, 2012). 1차 의료기관에서 발견되는 공통 요인은 다음과 같다.

- 가정폭력
- 성장기 성폭력 또는 다른 학대 경험
- 진단받지 않은 우울증
- 산후우울증
- 가까운 가족 구성원과 좋지 않은 관계
- 가까운 가족 구성원의 알코올/약물 사용
- 파트너의 알코올의존

영국과 웨일스 여성의 15%는 건강에 해로운 음주를 하는 것으로 집계되며, 앞에서 언급한 대로 이 문제를 해결하려는 의료 서비스 내부의 움직임이 있다(Centers for Disease Control and Prevention, 2012). 연구에 따르면 알코올과 약물 오용으로 사망하는 젊은 여성이 점점 증가하고 있다(Shipton et al., 2013). 알코올과 약물 서비스는 이 우려할 만한 증가 양상에 대처하기 위해 무엇을 하고 있는가?

앞서 언급한 대로 치료에 참여하는 젠더 비율은 4대 1이다. 알코올이나 약물 문제를 가진 여성을 서비스로 유인하고자 하는 노력에도 불구하고 남성의 월등히 높은 비율은 오랫동안 지속되어 왔다. 그러나 막상 서비스에 접근해 치료에 참여하는 여성은 실제로 서비스를 효과적으로 사용하고 '단약 혹은 단주'로 서비스를 마칠 가능성이 높다. 제독 치료를 처음 시작하는 여성의 70%는 3개월 이상 술 없이 버티고, 45%는 6개월 이상 단주를 유지한다. 치료에 두 번째 참여하는 여성의 경우 85%가 1년 이상 단주를 유지한다. 세 번째 치료를 받는 여성의 1년 이상 단주비율은 94%다(www.nta.nhs.uk, 2013).

서비스의 위치는 핵심적 요인이며 위치가 잘 맞아떨어질 때 여성의 의료 서비스 이용률이 높아진다. 이 장에서는 1차 의료기관이 여성이 부담 없이 접근할 수 있는 의료 서비스 부문이라는 것을 강조한다. 알코올의존 문제를 가진 여성을 위한 접근성 향상을 고민하는 출발점은 이곳이어야 한다.

치료 서비스를 주저하는 여성들

여성들이 알코올의존 문제로 1차 의료기관에서 치료받기를 주저하는 데에는 여러 이유가 있다. 주요한 이유 중 하나는 과거에 의

사들 일부가 여성의 음주를 '도덕적' 관점(Gabe et al., 2004)에 기반해 심판하는 태도를 보였기 때문이다. 여성은 치료 서비스에서 자신의 음주가 도덕적 문제로 인식된다는 느낌을 자주 받으며, 죄책감과 동시에 부족한 인간이라는 느낌을 갖는다(Staddon, 2012). 지난 10년간 일반의를 대상으로 약물 오용을 다른 질병과 동일한 하나의 '질병' 으로 이해시키려는 많은 노력이 있었다. 일반의의 교육과 자격 관리를 담당하는 '영국 일반의 협회'는 '1차 의료 알코올 문제 관리 1급 자격과정'이라는 교육 모듈을 개발했다. 런던의 일반의들 다수가 해당 교육과정을 신청했으며, '1차 의료 알코올 및 약물 서비스 PCADS 협회'는 의사들이 중독 분야에서 진료할 수 있도록 이즐링턴에서 이 교육을 담당하고 있다(www.smmgp.org.uk).

여성이 제독 치료를 받고 '술을 끊고' 싶어 하는 데에는 여러 이유가 있을 것이다. 어머니나 할머니가 문제성 음주자이거나 알코올 의존인 경우 자녀나 손자를 돌보는 능력을 의심받아 아이가 아동보호기관에 위탁될 수 있다는 긴박한 두려움이 있다(Fernandez, 2006). 아동보호기관의 관여와 자녀 거주권 박탈에 대한 두려움은 종종 치료의 주된 동력으로 작동하기도 하는데, 금주를 달성하면 아동보호기관이 이를 긍정적으로 평가해 그 가족에 대한 모니터를 종결할 수 있기 때문이다.

지금부터는 알코올 제독 치료에 대해 설명하고자 하는데, 단주 달성을 위해 여성이 1차 의료 서비스를 어떻게 효율적으로 이용할 수 있는지 보여 줄 것이다. 여기서는 도덕적이거나 심판하는 태도 없이 정확한 치료를 제공할 수 있다. 1차 의료 현장은 서비스 접근이 수월하다는 장점이 있기 때문에 영국의 다른 자치구에서도 신속하고 비심판적인 접근 요소들을 갖춘다면 서비스 결과를 향상시킬 수 있을 것이다. 무엇보다 중요한 것은 이미 여성들이 쉽게 접근하고 있는 국가건강보험 서비스와 공간(1차 의료기관)에서 치료를 받을 수 있게 한다는 점이다.

이데올로기의 변화: 피해 감소에서 단주로

2010년 연합 정부가 권력을 잡은 이후 영국에서는 '회복'이 신조어로 떠올랐다. 치료 시스템 안에 머물게 하는 것만 너무 강조한 나머지 실제로 단주나 단약이라는 목표를 달성하도록 지원하는 데는 관심이 부족했다는 주장들이 제기되었다(Public Health England, 2013). 이 주장은 충분히 검토되지 않았다. 하지만 정부는 '단약과 단주'를 약물 오남용 서비스의 초점으로 잡고 이 목표를 달성하는 방향으로 접근하고자 했다. 이런 변화는 서비스 위탁 방식을 '결과에 따른 지불' 시스템으로 바꾸는 것을 통해 추진되었다.

이는 큰 이데올로기적 변화인데, 개인과 사회의 피해를 감소시키는 것을 우선순위에 두고 단주를 2차적 목표로 두어 왔던 '피해 감소' 접근과 구별된다. 피해 감소를 주장하는 이들은 단주는 항상 피해 감소 접근의 한 부분이었고 이 이데올로기 안에 내재된 것이라고 주장해 왔지만, 단주는 피해 감소의 핵심 요소는 아니었다. 하지만 이제는 개인의 치료 계획에서 단주라는 목표가 치료의 중심에 있으며, 그 자체가 이데올로기다.

'회복'이라는 개념은 영국의 모든 약물 및 알코올 서비스가 채택하고 있지만 대부분의 서비스는 치료 후 2년간 단약 또는 단주하는 것을 목표로 개정했다(Public Health England, 2013). 1차 의료 알코올 및 약물 서비스와 이즐링턴의 1차 의료기관 알코올 치료에서 서비스의 초점은 환자가 오랫동안 단주를 유지하게 하는 것이다. 실제로 치료 서비스를 찾는 대부분의 환자들은 초기 면접 평가 시 단약/단주가 목표라고 한다. 여성은 남성보다 치료 목표에 더 집중하는 편이다. 다수의 여성은 1차 의료 서비스를 찾은 이유를 단주라고 말한다. 실제로 많은 이들이 지역 기반 제독 치료를 마치고 일정 기간 치료 후에 단주를 시작한다.

1차 의료 알코올 및 약물 서비스는 음주량 감소뿐 아니라 '회복'을 환자중심 접근의 중심에 두는 서비스를 제공한다. 여기서는 여성을 서비스로 안내하기 위해서는 무엇을 해야 하는지 그리고 단주 목표를 달성하도록 장려하기 위해서는 무엇을 해야 하는지 살펴보고자 한다. 우선 제독의 역할을 개괄하고 제독이 여성의 단주 목표에 어떻게 도움이 될 수 있는지 살펴보자.

이즐링턴 사례: 지역 기반 제독 치료

이즐링턴의 1차 의료 알코올 및 약물 서비스는 음주나 약물 사용을 조절하기 위해 서비스를 찾는 환자들을 대상으로 초기 면접을 진행한다. 여성은 남성보다 알코올 제독 치료를 요청하는 경우가 많다. 앞서 설명한 대로 여성들은 더 분명한 치료 목표를 가지고 1차 의료 알코올 및 약물 서비스를 찾는다.

1차 의료에서 지역 기반 제독 치료란 클라이언트가 1차 의료기관에서 치료를 받으면서 안전하게 음주를 중단하는 것을 의미한다. 이를 달성하기 위해서는 지지적 환경에서 점차적으로 약을 감소시키는 요법과 지속적인 모니터링이 병행되어야 한다.

이 과정은 5~8일 정도 소요된다. 1차 의료 알코올 및 약물 서비스 간호사는 1차 의료 서비스와 마찬가지로 알코올 제독 치료를 제공하는데, 초기 평가면접을 시작으로 단주라는 클라이언트의 목표를 지원하기 위한 지역 기반 제독 치료를 제공하고 그 후 재발예방과 재활로 이어진다.

〈Box 10.1〉은 지역 기반 알코올 제독 치료가 가능한 1차 의료 알코올 및 약물 서비스의 기준을 보여 준다. 발작 가능성이 없어야 하며, 명백한 간 손상이나 (진전된 간 손상을 나타내는) 복수를 비롯한 신체적 증상이 없어야 한다. 이런 경우는 더 높은 수준의 모니터링이 필요하기 때문에 입원 제독 치료를 검토해야 한다.

환자는 치료 계획을 이해할 능력이 있어야 하고 계획대로 치료를 따라올 준비가 되어 있어야 한다. 또한 지역 기반 제독 치료를 위해서는 환자가 최소 수준의 모니터링에 동의해야 한다. 그렇지 않으면 1차 의료기관의 제독 치료 수행이 어려워질 수 있다. 이것은 일반적으로 주 3회 방문을 통해 전문 간호사의 평가를 받는 것을 의미한다.

환자는 다음의 기준을 갖추어야 한다.

- 심한 알코올의존 상태가 아니며 주 음주량 200 표준잔 이하
- 18~65세(서비스 소관 범위)
- 착란, 환각 또는 진전섬망(DTs) 없음
- 약물 복용 중 통제되지 않거나 설명할 수 없는 발작 이력 없음
- 호흡 기능 저하, 심부전 또는 심한 간 손상을 포함한 급성 신체 질환 없음
- 임신 중이거나 수유 중이 아니어야 함
- 신체적 손상이 없고 걸음걸이가 안정적임
- 벤조디아제핀 의존이나 불법 약물 오용 이력 없음
- 베르니케-코르사코프(Wernicke-Korsakoff)증후군 징후 없음
- 자살, 반복적 자해 또는 인지 기능 손상의 위험을 포함해 불안정하거나 심한 정신질환 없음
- 약물 이용 단주를 철회한 이력이 없고 단주 중 모니터링 서비스에 응하지 않을 가능성이 낮음
- 지지적 가족환경, 타인에 의해 쉽게 흔들리거나 학대받지 않는 환경
- 치료와 관련한 유효한 동의가 가능함(2005 정신건강역량법 참조)

Box 10.1 지역 외래 기반 알코올 제독을 위한 1차 의료 알코올 및 약물 서비스 기준

이즐링턴의 1차 의료기관에서는 호흡 정지 위험이 적고 환자들이 더 잘 받아들이는 리브륨librium을 사용하는데, 개인의 상태에 맞춰 점차적으로 복용량을 감소시키는 요법을 제공한다. 헤메네버린hemeneverin은 지역 기반 제독에는 권장되지 않으며 입원 치료시 사용하는 것이 적합하다.

1차 의료기관의 서비스 효과 분석 방법

이 장에서는 1차 의료 알코올 및 약물 서비스가 수행한 연구 자료를 활용해 알코올 제독 치료를 받은 여성들의 구체적 사례를 분석한 연구를 소개할 것이다. 이 연구는 2010년 1월부터 2011년 1월

까지의 진행과정을 평가한 것이다. 1차 의료 알코올 및 약물 서비스 팀은 지역 기반 제독 치료를 받은 모든 사람의 기록을 자료화했고, 그 후로도 매년 수집 중이다. 해당 데이터베이스는 다음과 같은 정보를 담고 있다.

- 제독 전 음주량
- 민족적 배경
- 생년월일
- 성별
- 2010~2011년 기간 중 총 제독 치료 회수
- 사후 관리
- 제독 후 처방: 아캄프로세이트/디설피람

이 데이터베이스는 대상자가 일주일간 소비한 알코올 양을 기록했다. 지역 기반 제독 치료의 기준은 앞서 제시한 대로 일주일에 200 표준잔 이하인데, 기록을 통해 해당 기준을 지켰는지 확인하고 기준의 효과를 확인하려는 의도였다.

클라이언트의 민족적 배경을 보면 백인이 대다수였고 다른 민족적 배경을 가진 이들은 매우 소수였다.

사후 관리 자료도 기록했는데, 이는 제독 후 아캄프로세이트나 디설피람과 같은 약물이 처방되었는지 그리고 제독 후 모니터링이 제시한 기준대로 지켜졌는지를 확인하기 위해서였다.

데이터베이스는 엑셀 프로그램을 활용해 생성되었고 분류에 따라 의미 있는 상관관계를 분석했다. 여기서는 제시한 가이드라인을 제대로 따르고 있는지, 잠재적 대상에 대한 초기 평가 기준이 긍정적 결과를 도출하는지, 그리고 1차 의료 알코올 및 약물 서비스 간호 팀이 이 기준을 안전하게 관리하고 있는지 보여 주고자 한다.

지역 기반 제독 치료의 효과

연구 대상자는 총 53명이었다. 〈그림 10.1〉은 이즐링턴의 1차 의료 알코올 치료 서비스에 참여한 남성과 여성의 비율을 보여 준다. 남성 대 여성 비율은 거의 1:1인데, 남성이 여성보다 약간 많은 정도 (52:48)로 치료 서비스에 참여하는 전국의 성비인 4:1과는 대조적이다. 〈그림 10.2〉를 보면 2010~2011년 사이에 이즐링턴에서 제독 치료를 받은 남성은 57%, 여성은 44%였다. 이는 알코올 문제로 이즐링턴의 1차 의료기관을 찾는 여성의 비율이 전국 비율(1차 의료 알코올 및 약물 서비스 보고에 따르면 남성 대 여성 비율은 60:40이다)보다 높다는 것을 보여 준다.

여러 연구들에 따르면 여성은 남성보다 대화로 하는 치료를 더 잘 활용한다(Rhodes and Johnson, 1997). 이전 연구를 보면, 이즐링턴의 1차 의료 서비스에서 남성은 단주를 위해 약 처방 치료를 선호하는 반면, 여성은 깊은 통찰과 치료 동기를 주는 상담 치료를 더 잘 활용하는 것으로 나타났다(Fernandez, 2006). 2015년 후반에 이런 내용을 확인해 주는 추가 연구 결과가 나오기를 기대해 본다.

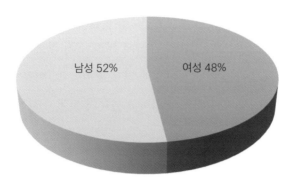

그림 10.1 이즐링턴 1차 의료 알코올 치료 서비스 참여자의 성별

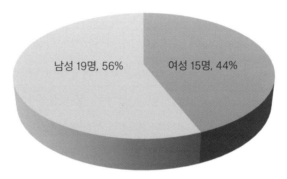

그림 10.2 2010~2011년 이즐링턴 제독 치료 참여자의 성별

　　1차 의료 서비스에서는 제독과정과 같은 치료에 참여하는 여성의 비율이 전국의 모든 약물과 알코올 치료 서비스에 참여하는 여성의 비율에 비해 높았다. 아마도 1차 의료 서비스가 여성들이 더쉽게 접근할 수 있는 서비스이기 때문일 것이다. 또는 1차 의료 세팅이 여성이 접근하기 쉬운 적절한 '장소', 즉, 거주지에서 가깝고 '알코올 혹은 약물 서비스'라는 낙인이 없는 서비스라는 특징을 가지고 있기 때문일 수 있다.

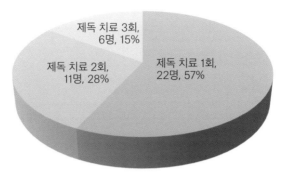

그림 10.3 2010~2011년 제독 치료 횟수

일반적으로 제독 치료를 처음 받은 사람의 재발률은 높은 것으로 알려져 있다. 〈그림 10.3〉을 보면 2010~2011년 사이에 제독 치료를 마친 사람들은 총 39명이었다. 이 중 2회 이상 제독 치료를 받은 사람들은 43%다.

일반적으로 제독 치료 이후 2~3개월간 '단주'하는 사람들은 꽤 있다. 〈그림 10.4〉는 2010~2011년 사이 제독 치료를 1회 마친 사람들의 '단주' 기간을 보여 준다. 제독 치료를 1회 이상 받은 경우 36%가 12주 이상 단주를 유지했다는 점은 주목할 만하다. 하지만 기간 중 제독 치료를 1회만 받은 경우 28%가 1~4주간 단주를 유지했다는 점도 긍정적이다. 실제로 일부는 8주 혹은 12주 이상까지도 단주를 이어 갔다. 이들은 제독 후 디설피람을 처방받았고, 이는 단주 기간을 늘리는 데 도움을 주었다. 특히 알코올 제독이 처음인 사람들에게 도움이 되었다. 이에 대해서는 사례 연구에서 좀 더 자세히 설명하기로 한다.

종합해 보면 전반적으로 지역 기반 제독 치료의 경우 오랜 기간

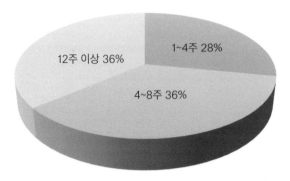

그림 10.4 2010~2011년 제독 치료 1회를 마치고 난 뒤 단주 기간

단주(3~6개월)를 위해서는 한 번 이상의 제독 치료가 필요할 수는 있어도, 단주를 목표로 하는 이들에게 제독 치료는 성공적이었다고 볼 수 있다. 〈그림 10.2〉가 보여 주는 대로 연구에 참여한 여성의 상당수가 제독 치료를 완료했다. 전국적으로 볼 때 치료에 참여하는 여성은 남성에 비해 단주 혹은 단약이라는 목표를 잘 달성하는 것으로 알려져 있다. 이 연구에서는 특별히 그 차이가 두드러지지 않았는데, 1차 의료 알코올 및 약물 서비스의 알코올 제독 치료에 참여한 이들은 성별과 관계없이 전반적으로 좋은 결과를 나타냈다. 무엇보다 1차 의료 알코올 및 약물 서비스 시스템에서 문제성 음주나 알코올의존 치료를 받은 여성이 많다는 것은 주목할 만하다. 다음 사례 연구는 이를 잘 보여 준다.

헬렌의 이야기: 낙인 없이 찾아갈 수 있는
1차 의료서비스

다음은 사례 연구를 활용해서 2010~2011년 사이에 진행한 연구 결과를 탐색해 보려고 한다. 이를 위해 연구 평가에 참여한 다양한 사람들의 특성을 보여 주는 전형적인 사례를 하나 선발했다. 개인 정보를 보호하기 위해 여성의 이름은 가명으로 처리했다.

헬렌은 47세 여성으로 2006년에 처음으로 서비스에 참여했다. (영국 일반의 협회가 운영하는) 1차 의료 알코올 문제 관리 1급 자격을 가진 주치의(일반의)가 그녀를 치료 서비스에 의뢰했다. 헬렌은 그동안 1차 의료 서비스를 자주 받았고, 주치의와 좋은 관계를 맺어 왔다. 그녀는 큰 수치심 없이 주치의에게 자신의 알코올 문제에 대해 이야기할 수 있다고 생각해 왔다. 과거에도 제독 치료 경험이 있었던 그녀는 다시 제독 치료를 요청하는 것이 왠지 실패한 인생 같다는 느낌이 들었다.

많은 여성들의 치료 경험에 따르면 대다수의 일반의들이 도덕적이고 심판적인 태도를 갖는 것으로 알려져 있지만 헬렌의 경험은 그렇지 않았다. 세 번째 제독 치료 요구지만 여성 주치의가 잘 도와줄 거라는 믿음이 있었다. 그녀의 주치의는 알코올 문제로 힘들어하는 그녀를 '이해'하는 것 같았고 세 자녀를 양육하면서 받는 스트레스와 관련 있다는 것도 이해하는 듯했다. 헬렌은 산후우울증으로 고통받은 경험이 있고 당시에 (남성) 주치의는 1차 의료 서비스 내에서 심리 서비스를 받을 수 있게 해 주었다. 이런 개입에도 불구하고 우울증은 지속되었다. 그녀는 우울이 음주와 관련 있다는 것을 알고 있었다. 그녀는 자신이 우울을 술로 달래는 것에 대해 주치의와 상의했다. 당시 그녀는 매일 1리터의 보드카를 마시고 있었다.

술을 마시지 않는 남편의 지지와 알코올 전문 간호사의 도움으로 헬렌은 지역 기반 제독 치료를 완료했다. 2006년에 제독 치료를 성공적으로 마치고 의뢰를 받아 지역 서비스에서 제공하는 상담 치료를 받았다. 이는 18개월 동안 진행되었고 큰 도움이 되었다. 그 후 그녀는 3년 동안 단주했다. 기분도 훨씬 좋아졌지만 완전히 '괜찮아'지지는 않았다.

2010년에 네 번째 자녀를 출산하고 난 뒤 그녀는 산후우울증으로 고통을 받았다. 우울에 대처하기 위해 다시 술을 마셨지만 기분은 더 가라앉았고 집 밖에 나가는 것이 힘들었다. 같은 패턴이 반복되는 것을 알아차리고 개인 병원에서 간호사를 만났다. 그녀는 간호사와 병원과 좋은 관계를 맺어 왔으며 그것이 도움이 되었다.

헬렌이 간호사를 만날 때 그녀의 파트너도 함께 참여했다. 그녀는 알코올 제독 치료를 제안받았다. 1년 전에도 제독 치료를 한 경험이 있기 때문에 과정에 대한 이해가 있었고 '단주' 경험도 일부 있었다. 우울에 대한 사정 평가도 필요했기 때문에 우선 알코올 제독 치료 일정을 바로 잡았다. 제독 치료를 받은 후 헬렌은 1차 의료 알코올 및 약물 서비스 산하 정신과 의사의 권고로 우울 평가를 위한 약속을 잡았다. 그녀는 우울증 진단을 받았고 설트랄린(항우울제) 복용을 시작했다. 또한 제독 후 디설피람 복용도 시작했다.

6개월 후 헬렌은 기분도 나아지고 단주도 성공적으로 유지했다.

디설피람을 계속 복용하고 있지만 매일 복용하지는 않았다. 그녀는 서비스가 매우 도움이 되었다며 처음 받았던 서비스에서 많이 배웠다고 했다. 이번에 다시 제독 치료를 받고 항우울제를 복용하고 있으니 오랫동안 단주할 수 있다는 자신감이 생긴다고 했다. 처음에는 술을 다시 마시고 주치의에게 도움을 청하는 것이 부끄러웠지만, 그녀가 만났던 전문가들은 그런 걱정을 잊게 해 주었다. 실제로 그들은 그녀를 격려했고 스스로에 대한 자신감을 가질 수 있게 되었다.

헬렌이 만났던 정신과 의사는 여성이었지만 이미 긍정적 서비스 경험이 있는 그녀에게 의사의 성별은 크게 중요하지 않았다. 정신과 의사는 매우 비심판적인 자세로 헬렌을 대했고 문제 해결 접근을 강조했으며 그 방법으로 항우울제를 처방했다.

헬렌은 치료가 실제로 효과적이었다고 평가하며 이제는 전문가들(일반의와 간호사)이 알코올 자체를 넘어서 다른 요인들, 예를 들어 헬렌의 경우 산후우울증과 같이 과거에 진단받지 않은 우울증까지 알 수 있게 되었다고 느낀다. 헬렌은 전문 알코올 서비스보다는 낙인이 없는 일반의를 통한 치료가 더 낫다고 생각한다. 지역 보건소에서 치료받는다는 것은 알코올의존을 일반적 질병의 범주로 정상화시키며 그녀에게는 이 점이 중요했다.

맺으며: 접근이 쉬운 지역의 치료 공간이 좋은 결과를 낳는다

이상의 결과를 종합해 보면, 전반적으로 알코올과 약물 서비스에 참여하는 여성에 대한 국가 통계에 비해(Public Health England, 2013) 이즐링턴 1차 의료 서비스에서 제공하는 제독 치료를 받는 여성이 더 많은 것을 알 수 있다. 또한 위에서 제시한 사례 연구는 알코올 서비스에 참여하는 여성에게는 사회적 접근이 더 큰 영향을 준다는 것을 보여 준다. 헬렌은 아이를 가진 엄마인 여성 주치의에게 친근감을 느꼈다. 이는 헬렌이 다시 치료 서비스를 찾는 데 도움이 되었다. 현재 영국에서는 여성 일반의가 증가하는 추세다(Brady, 2009). 이는 비단 알코올 문제뿐 아니라 다른 여러 질병과 관련해서도 여성의 의료 이용 접근에 도움을 줄 수 있으며, 여성 일반의가 증가한다면 더 많은 여성이 1차 의료에 접근할 수 있을 것이다. 게다가 헬렌이 만난 의사는 알코올 문제에 대한 훈련(www.smmgp.org.uk)을 받은 사람이었기 때문에 더 자신 있게 알코올 문제를 다룰 수 있었고, 이것은 환자(헬렌)에게 큰 도움이 되었다.

전문가의 계몽된 태도 역시 매우 중요한 역할을 했다. 헬렌은 자신이 알코올 문제로 서비스를 찾은 것에 대해, 일반적으로 치료 서비스를 찾는 여성들이 느끼는 죄책감이나 평가받는다는 느낌을 받지 않았다(Staddon, 2012). 그녀는 자신의 문제를 관리할 수 있다는 자신감을 가졌고 이는 좋은 결과로 이어졌다. 이처럼 환자가 자신감을 갖게 되는 것이 의료 서비스의 본질이다.

1차 의료 알코올 및 약물 서비스에 참여하는 여성들과 관련한 후속 연구들은 이런 데이터를 확인시켜 줄 것이다. 여기서 검토한 사례 연구는 매우 전형적인 사례였기 때문에 연구 결과는 높은 타당도를 보유하고 있다. 전반적으로 이 사례 연구는 여성이 1차 의료 기관에서 알코올 치료 서비스를 받을 수 있으며, 지역 기반 제독 치료를 통해 의존에서 회복할 수 있다는 것을 보여 준다.

　지역에 기반한 통원 치료는 헬렌과 같은 환자가 경험한 것처럼 비심판적이면서도 임상적인 접근을 유지하기 때문에 매우 유용하다. 특히 자녀가 있는 여성은 집에서 아이를 돌보면서 치료받을 수 있기 때문에 서비스에 접근하기가 훨씬 용이하다. 잘 전달되고 잘 받아들여지는 치료는 사람의 삶을 바꿀 수 있다.

　1차 의료 서비스의 핵심은 알코올 치료를 위한 '공간'을 제공하는 것이다. 헬렌에게 이 공간은 치료가 필요한 자신의 상태를 '정상화'시켜 주었다. 이 공간은 판단하지 않고 지지적인 임상적 접근을 제공했고 서비스를 효과적으로 사용할 수 있게 해 주었다. 따라서 판단하지 않는 태도를 갖추고 쉽게 접근할 수 있는 '공간'을 제공하는 것은 여성들이 신뢰를 가지고 서비스에 참여할 수 있게 도와준다. 그리고 이 신뢰는 효과적 목표 달성을 돕는다. 이 접근은 여성을 알코올과 약물 서비스에 참여시키는 데 잠재적 영향력을 가지고 있으며, 이에 대한 더 많은 탐색이 필요하다.

　더욱 확장된 질적 연구들을 통해 이즐링턴의 1차 의료 기관에서 제공하는 알코올 서비스에 왜 여성이 더 잘 참여하는지 모색하는 것은 유용한 정보를 제공할 것이다. 실제로 이런 의미 있는 연구 결과에 더 많은 통찰력을 부여하기 위한 연구를 계획하고 있다.

11장

지역사회 교육의 의의:
정신건강 증진에서 사회 변화까지

리디아 루이스

지역사회 교육으로 여성에게 자유를

지역사회 교육adult community learning, ACL에서 페미니스트운동은 오랜 전통을 가지고 있다. 성인 학습의 가장 큰 제3섹터 제공자인 영국 노동자교육 협회Worker's Educational Association, WEA는 노동운동에 뿌리를 두고 있으며 역사적으로 여성운동과 연대해 왔다(WEA, 2013). 급진적 전통에서 '진지한 여성 중심 교육은 여성해방투쟁의 지적 차원을 대표한다. 그 목적은 의식을 성장시키고, 이론을 발전시키며, 사회적 변화를 위한 여성운동을 명확히 이해하게 하는 것이다'(Lovett, 1997, p. 69). 이는 또한 여성에게 지원을 제공하는 필수적 자원이고 다른 이들과 연대하는 방법을 모색할 수 있게 한다(Thompson, 1997; Coare and Johnston, 2003; Schuller and Watson, 2009).

이 장에서는 사회 부정의와 그로 인해 여성이 겪는 정서적 결과 중 하나인 알코올 오용에 대한 건설적인 대응 방법의 하나로 지역사회 교육을 들여다 보고자 한다(Williams and Lindley, 1996; Sheppard, 2002). 이를 위해 나는 정신건강에 대한 지역사회 교육 연구 결과를 활용할 것인데, 이 교육은 정신건강 기관과 연계해 정신건강을 주제로 하는 교육을 제공한다. 이 프로그램은 알코올 문제를 포함해 여성이 일상적으로 사회문화적 맥락에서 경험하는 중첩된 문제들, 즉 가정폭력, 정체성 문제, 우울증과 같은 주제를 다룬다(Staddon, 2011, 2013). 이 장은 사회적 차원과 정신건강 차원의 불평등 상황에서 정신건강 지역사회 교육이 여성으로 하여금 행위주체적 자유agency freedom(Sen, 1999, 2010)를 가질 수 있도록 여러 자원을 제공하는 방법에 초점을 맞출 것이다.

연구 설계를 설명하기에 앞서 먼저 불평등과 여성 정신건강의 배경에 대해 알아본 다음 연구 결과를 제시하고, 이어서 연구 결과를 요약한 뒤 사회정책과 서비스 제공에 대한 함의를 생각해 보고자 한다.

여성의 정신건강을 결정하는 요인

건강의 사회적 결정 요인, 구체적으로는 정신건강의 사회적 결정 요인은 '권력, 돈, 자원의 불평등'에 의해(Marmot et al., 2010, p. 10), 역량의 불평등에 의해(권력의 형태로서 자유와 기회; Sen, 1999, 2010), 그리고 '자본' 혹은 자원(Schuller et al., 2004; Friedli, 2009; Schuller and Watson, 2009 참고)에 의해 만들어진다. 조직의 원리 및 관계 체계로서 젠더는 사회적 삶 전체에 영향을 미치는데 특별히 정신건강에 더욱 중요하다. 왜냐하면 '다른 사회적 불평등도 중요하지만 정신건강만큼 우리의 사생활과 심리적 기능의 중심에 위치한 것은 없기 때문이다'(Williams, 2005, p. 152). 젠더의 사회구조적 관계는 자원 분배의 중심에 있다. 전 지구적으로 여성은 남성에 비해 소득이나 재산 소유권에서 경제적으로 취약하며(UNDPI, 2009; UNDESA, 2010), 톰슨(Thompson, 1997, p. 71)이 지적한 대로 이런 불균형은 '가부장제의 역사적 발달에 내재되어 있다'.

젠더 권력의 불평등(Krantz, 2002; Williams, 2005; Cotton and Lewis, 2011 참고)과 여성들 삶의 문화적 맥락(Stoppard, 2000; Laitinen and Ettore, 2004)과 사회 부정의(Sheppard, 2002)는 여성 정신건강에 지대한 영향을 미친다. 여성이 경험하는 문제들은 많은 경우 권한 박탈disempowerment의 경험(Williams, 2005)과 '가족이나 개인적 관계의 경험, 정체성 문제, 일과 건강'(Laitinen and Ettorre, 2004, p. 204) 등과 얽혀 있다. 따라서 여성의 정신건강이 좋지 않은 이유는 '삶의 공적 및 사적 영역에서 겪는 젠더화된 경험에 의해 형성되고 … 가부장적 구조에 내재되어' 있는 '사회적 유산'과 관련되어 있다(Laitinen and Ettorre, 2004, p. 204).

전 세계적으로 여성의 정신건강에 영향을 미치는 요인으로는 불균형한 돌봄 책임, 학대, 폭력, 무급 가사노동, 그리고 좋은 교육 기회나 돈, 일, 지위, 가치와 같은 자원에 대한 불평등한 접근 등을 들 수 있다(Krantz, 2002; Sheppard, 2002; Mancini Billson and Fluehr-Lobban, 2005; Williams, 2005; Deverill and King, 2009; UNDPI, 2009, UNDESA, 2010 참고). 이 중 일부는 건강과 관련한 결혼의 보호 효과가 남성에 비해 여성에게 덜 두드러진다는 사실을 설명할 수 있을 것이다(Bates et al., 2013).

연구에 따르면 알코올 오용과 여성에게 가하는 가정폭력은 서로 연관되어 있는데(Rodriguez et al., 2001; Galvani and Humphreys, 2007; Fuller et al., 2009), 사회 불평등과 이로 인해 경험하는 '사회적 상해'(지위로 인한 수모와 사기 저하 등)는 여기에 공통적 원인으로 작용한다(Rogers and Pilgrim, 2003; Friedli, 2009; Wilkinson and Pickett, 2009; Marmot et al., 2010). 여성에게 '성폭력, 가정폭력, 외로움, 우울, 분노'는 음주를 유발하는 요인들이다(Staddon, 2013, p. 113; Deverill and King, 2009; Fuller et al., 2009; Staddon, 2011 참고). 따라서 정신건강 문제는 약물 및 알코올 오용의 원인이자 결과일 수 있다(Friedli, 2009).

여성의 정신건강과 관련해 지위와 가치 등 자원에 대한 불평등한 접근의 결과는 계급, 인종, 민족, 섹슈얼리티, 장애, 연령과 같은 다른 영역의 불평등과 상호작용한다(DH, 2002; Williams, 2005). 예를 들어 최근 영국과 스코틀랜드에서 수행한 가구조사들을 보면, 전반적으로 '일반 정신질환'(불안과 우울) 비율은 남성보다 여성이 훨씬 높았지만, 그 비율은 남녀 모두 가장 낮은 소득계층에서 가장 높게 나타났다(Deverill and King, 2009; Bromley et al., 2010; Sheppard, 2002 참고). 스코틀랜드의 경우 '박탈 정도가 높은 지역에 거주하는 여성은 유사한 지역에 사는 남성에 비해 중간 정도와 심각한 정도의 우울증과 불안 증상을 경험'하는 것으로 나타났다(Bromley et al., 2010, p. 23). 교육 수준은 '여성 웰빙의 주요 예측 요인'으로(Rutherford et al., 2012, p. 22) 교육 수준이 높아질수록 우울 정도가 낮아지는 관계를 보인다(Sheppard, 2002; Ross and Mirowsky, 2006). 최근 영국과 웨일스에서 진행된 건강 불평등 연구에 따르면, 알코올 소비의 측면에서는 '거꾸로 된 사회계층적 경사면social gradient'* 형태를 보이지만, 알코올의존이나 알코올 관련 문제로 입원할 가능성은 낮은 사회경제적 지위를 가진 집단에서 더 높게 나타난다(Marmot et al., 2010). 따라서 정신건강은 '사회 불평등이 건강이나 다른 문제에 영향을 미치게 되는 핵심 통로'가 된다(Friedli, 2009, p. 38).

여성에게 영향을 미치는 정신건강 불평등은 다양한 자본으로 정의되는데, 물질적 자산뿐 아니라 문화적 또는 상징적 영역에 있는 유형화되지 않은 자본, 즉 정체성과 사회적 인정의 문제를 포괄하는 사회정의의 관계적 차원(Gewirtz, 2001)도 포함된다(Sheppard, 2002; Rogers and Pilgrim, 2003; Friedli, 2009; Marmot et al., 2010 참조). 다양한 형태의 자본은 상호 작용하고 서로 전환되며, 자본의 분배는 역량의 불평등으로 이어지고 그 효과는 누적되기 쉽다(Sen, 1999; Schuller et al., 2004; 2010; Lewis, 2012b). 이처럼 열악한 정신건강 혹은 '정신 자본'의 결핍(GOS, 2008)은 약점을 더욱 심화시킬 수 있고, 교육을 포함한 삶의 다양한 영역의 역량을 결정하는 요인임과 동시에 결과로 작용한다(Friedli, 2009; Marmot et al., 2010). 정신건강에 영향을 미치는 핵심 요인인 사회적 배제(DH, 2002; SEU, 2004)는 '역량에 대한 접근성이 가장 낮은

---

* 사회계층적 경사면은 사회경제적 지위가 낮은 사람이 상대적으로 지위가 높은 사람보다 건강의 여러 측면에서 열악한 양상을 보이는 것을 설명하는 개념이다. 여기서는 사회경제적 지위가 높은 집단이 (건강에 좋지 않은 것으로 알려져 있는) 알코올 소비량도 많다는 의미로 쓰였다.

이들, 그리고 이로 인해 여러 영역에서 자본 축적 능력이 가장 낮은 사람들이 경험할 가능성이 높다'(Schuller et al., 2004, p. 6). 결과적으로 자원에 대한 접근성은 행위주체적 자유와 상호의존적이다. 여기서 행위주체적 자유란 '자신이 선택한 목표와 가치를 자신의 효율적 힘의 요소로 발전시키기 위해 의도적으로 행동할 수 있는 능력'이다 (Sen, 2010, pp. 271-289; Lewis, 2012a, p. 528). 이 연구는 사회, 교육, 정신건강 불평등 속에서 여성이 자원을 개발하고 행위주체적 자유 혹은 '임파워먼트empowerment'를 작동시킬 수 있도록 지원하는 정신건강 지역사회 교육의 여러 방식을 보여 준다.

지역사회 교육 참여자들의 특성

이 연구는 영국의 정신건강 지역사회 교육에 참여한 성인을 대상으로 초점집단 토론을 수행하고 프로그램을 제공하는 실무자를 대상으로 원격 토론을 진행했다. 각각 6~8명의 성인 학습자가 참여하는 다섯 개의 초점집단이었는데, 두 개는 남동부에서 세 개는 북서부 지역에서 이루어졌다. 참여자들이 수강한 내용은 주로 '정신건강'에 초점을 둔 주제들과 더불어 다른 내용들도 포함되어 있었다. 이 장에서는 세 개의 초점집단(2,4,5번) 자료를 활용했다. 초점집단 4번과 5번은 '스스로 서는 삶self-help for life' 과정에 참여한 이들이었다. 이 과정은 긍정심리학, 인지심리학, 사회적 지지, 긴장 완화, 명상 및 기氣 치료부터 철학, 영성 및 사회과학적 요소(예를 들어 원주민 문화, 형이상학, 정치학, 사회학의 사상과 지식 탐색)에 이르는 광범위한 내용을 담고 있다. 과정에 참여한 이들 일부는 예술이나 창작 등 다른 내용도 수강했다. 2번 초점집단의 참여자들은 자존감/자신감 키우기, 자기주장 훈련, 불안/스트레스/분노 조절 및 일반적 '자기 계발'을 비롯해 영어, 수학, 컴퓨터를 수강했고 일부는 수강 중이었다.

연구의 목표는 정신건강에 영향을 줄 수 있는 지역사회 교육의 방법을 탐색하고 정책과 실천의 함의를 제공하는 것이었다.[1] 교육과정에 참여한 이유와 이를 통해 무엇을 얻게(혹은 얻지 못하게) 되었는지를 중심으로 페미니즘에 기반한 대화 및 상호촉진모델을 활용해 토론을 진행했고(Lather, 1995; Laitinen and Ettorre, 2004 참조), 각 초점집단 토론은 40~90분 동안 진행되었다. 대학 연구윤리위원회의 승인을 받았고 참여자들로부터 고지된 동의를 받았다. 자료는 익명으로 처리했으며 아래와 같은 방식으로 기록했다.

- F: 여성 참여자
- M: 남성 참여자
- I: 인터뷰 진행자
- (…): 중략, …: 말줄임표, //: 중단, [ ]: 덧붙인 텍스트나 익명 처리를 위해 변경된 텍스트

초점집단 2, 4, 5번은 총 19명의 참여자(여성 13명, 남성 6명)로 구

---

1   전체 연구 결과는 Lewis(2012b, 2014) 참조.

성되었다. 19명 중 3분의 2(12명)는 41~60세이고 나머지는 18~30세와 61~70세로 나뉜다. 민족적 배경을 보면 백인 영국인이 대부분이고, 1명은 아일랜드계 백인, 1명은 특정되지 않는 분류에 해당된다. 교육적 특성은 다음과 같다.

- 교육 경력 없음 2명
- 자격기준 1단계(기본 중학졸업) 1명
- 자격기준 2단계(2단계 중학졸업) 4명
- 자격기준 3단계(고등졸업, 대학입학 준비과정 수료) 6명
- 국가직업기술 자격 과정(사무 및 컴퓨터 기술) 2명
- 학사학위 1명
- 석사학위 2명
- 학력 정보 미제공 2명

참여자의 고용 상태는 아래와 같다.

- 무직/수급자 8명
- 전업주부/엄마 4명
- 은퇴/건강 관련 은퇴 4명
- 자원봉사 1명
- 고객 서비스 1명
- 불특정 1명

어떤 자원이 필요할까 : "화요일만 보고 살아요"

'자본'이라는 개념틀은 정신건강을 증진하고(Friedli, 2009) 정신건
강 문제로부터 회복하는 데(Tew, 2011a) 도움이 되는 '자원'을 발굴하
게 해 준다. 여기서는 여성 참여자들이 지역사회 교육을 통해 발굴
한 자본 유형과 그것이 알코올 문제 및 다른 관련 문제의 맥락에서
정신건강에 어떻게 도움이 되었는지를 설명할 것이다. 먼저 사회자
본과 정서자본을 알아보고 이어서 문화자본과 정체성자본에 대해
살펴보기로 하자.[2]

사회자본과 정서자본: 나를 지지해 주는 존재

사회자본이란 이익이 되는 친분 관계(Bourdieu, 1986), 그리고 공유
하는 규범, 가치, 신뢰를 기반으로 공통된 목표와 집합적 행동을 촉
진하는 관계망을 의미한다(Field and Spence, 2000; Schuller and Watson, 2009).
여기에는 공식적인 참여뿐 아니라 친구와 지역 내 관계에서 이루어
지는 비공식적 상호작용도 포함된다(Preston, 2004). 사회자본의 관계
적 혹은 상호적 측면(Field and Spence, 2000)은 그것이 '정서자본'과 연
결되어 있음을 의미하는데, 정서자본이란 다른 자원에 대한 접근
을 가능하게 하거나 차단할 수 있는 사회정서적 자원으로서의 감정
과 관리의 정치경제학이다(Williams, 2000). 이런 종류의 자본은 정신
건강에 중요한데, '사회참여와 사회적 지지는 전반적으로 정신건

---

2 이 연구의 전체 보고서(Lewis, 2012b, 2014)에는 '영적자본'과 '인적자본'에 대한 논의도 포함
   되어 있다.

강 문제를 감소시키며 스스로 인지하는 건강과 관련이 있기 때문이다'(Friedli, 2009, p. 25). 또한 결핍된 사회적 지지나 사회적 소외 및 배제는 열악한 정신건강과 주관적 웰빙의 주요한 사회적 결정 요인이다 (DH, 2002; SEU, 2004; Friedli, 2009; Marmot et al., 2010).

그렇기에 참여자들이 이야기한 주요한 자원이 사회자본과 정서 자본이었다는 점은 놀라운 일이 아니었다. 참여자들은 사회 교육 과정을 수강하면서 예기치 않게 우정과 사회적 교류 집단을 얻게 된 것이 가장 중요한 성과였다는 이야기를 종종 했다. 많은 이들에게 이 집단은 아주 소중한, 때로는 유일한 사회적, 정서적 지지의 원천이 되어 주었다. 여기서 경험한 지속성과 지지는 참여자들로 하여금 타인과의 관계 속에서 '자신'을 재구성할 수 있게 해 주었다 (Brison, 2002). 특히 폭력적인 가족관계와 같은 고통스러운 삶의 경험에 직면했을 때 더욱 그랬는데, 여성 참여자들의 경우 관계 속에서 겪은 어려움은 알코올 문제로 이어졌다. 여성 참여자 2명은 '스스로 서는 삶' 과정을 더 나은 곳으로 가는 '여정'으로 묘사했다. 일부 참여자들은 이 경험이 상대적으로 지속성이 결여되기 쉬운 정신건강 서비스와 비교된다는 점을 언급했다.

> F4: "나는 심리 상담사나 정신과 의사를 만날 때 그런 걸 느꼈어요 (…) 갈 때마다 매번 다른 사람, 다른 의사가 있는 거예요."
>
> 모두: "맞아요. 그래요."
>
> F4: "만나서 속을 다 꺼내 놓고 뭐가 문제인지 이야기하고 그 다음 주나 그 다음 달에 가 보면 또 새로운 사람이 있는 거예요.

다음에 만나자고 이야기했는데, 그 다음 약속에 가면 완전히 다른 사람이 있는 거죠. 계속 그러면 이게 대체 뭐지? 하는 생각이 들죠. 도움이 안 돼요. 어떤 때는 그냥 이 약 받고 가세요. 그게 다예요. (…) 살면서 너무 많은 일들이 있었어요. 어릴 때부터 나는 내 인생이 도미노 같다는 생각을 했어요. 쭉 도미노를 세워 놨는데 가끔 도미노 하나가 쓰러지면 전체가 다 쓰러지잖아요. 그러면 다시 다 세워야 하고, 그렇게 반복하는 거예요. 그러다 한 10년 전 즈음, 이제 이 관계는 좀 오래 가겠구나 싶었는데 (…), 그 [관계]가 깨지면서 완전히 망가졌죠. (…) 아무 데도 나가고 싶지 않고, 그 사람만 보고 싶었어요. 술을 많이 마시니까 살이 찌고, 그러니까 남의 시선이 신경 쓰여 아무도 안 만나고 싶었어요. 매일, 몇 달, 몇 년을 그냥 집 안에만 앉아 있는 거예요. 지금도 여전히 오후 2시에 나는 그냥 집에 앉아 있어요. 술 마시는 것만 조금 나아졌기 바랄 뿐."

I: "네. 그러니까 정신과 의사는 지속성이 없어서 큰 도움이 되지 않았다는 말씀이시군요. 그리고 말씀을 들어 보니 별로 치료적이지도 않았던 것 같은데요, 그럼 어찌 보면 이 그룹에 참여하는 게 더 도움이 되었다고 생각하시나요?"

F4:   "네, 그래요. 여기서는 서로에게 많이 배우거든요. 좀 더 친근한 느낌이 들어요. 정말 첫날부터 [선생님]에게 이야기했는데, 처음에 지원가 선생님이랑 같이 왔는데 와서 계속 펑펑 울었어요. 모든 이야기를 다 하고 사람들의 목소리도 듣고 그러면서 모든 감정이 쏟아져 나오고 눈물이 막 나는 거예요 (…). 정

말 나를 바꿔 놨어요. 저는 화요일만 보고 살아요."

M2: "맞아요"

F1: "자조 모임 있는 날이요?"

F4: "네. 그리고 수요일 모임 시작했을 때도 그랬어요. 그렇게 이 두 날이 내 삶의 전부예요. 나머지는 그냥 제로예요."

I: "그러니까 마치//"

F4: "아무것도 아닌 거죠"

I: "그렇다면 두려움을 극복하는 데 일정 정도 도움이 된 건가요? 그러니까 집 밖으로 나오는 것, 그런 것들이 넘어야 하는 큰 장애물이었잖아요?"

F4: "그렇죠. 왜냐하면 매일 아침에 일어나면, 요즈음에도 주말에 눈뜨면, 오늘은 대체 뭘 하지 그런 생각을 하거든요." (초점집단 4)

이 대화는 여성들의 음주를 종종 '삶에서 겪은 고통이나 트라우마, 혹은 불의에 대한 납득할 만한 반응'으로 이해할 필요가 있음을 보여 준다(Williams, 2005, p. 156). 특히 여성이 경험하는 학대(Staddon, 2009, 2013)나 두려움(Laitinen and Ettorre, 2004)은 여성이 '움직일 수 있는 공간' 또는 행위주체성을 축소시킨다(Cotton and Lewis, 2011, p. 4). 또한 알코올은 침해와 실망과 상실에 대한 대처 방식(Staddon, 2009, 2011, 2013)이거나 심지어 저항의 일종(Cotton and Lewis, 2011; Staddon, 2013)인 경우도 있다(Tew, 2005, 1장 참조). 앞의 대화에서 본 참여자(F4)의 이야기는 관계 단절, 사회적 고립과 지원 부족이 여성의 정신건강과 우울증, 그리고 여기에 흔히 동반되는 무력감, 공허함, 외로움, 또는 절망감의 주요 문제라고 규명한 다른 연구와도 일맥상통한다(예를 들어 Laitenin and Ettorre, 2004 참조). 삶의 여러 영역에 영향을 미치는 역량 결핍의 상황에서(Sen, 1999, 2010) 지역에서 이루어지는 정신건강 지역사회 교육과 같은 프로그램은 여성을 도와주고 지지해 주고 동시에 교육 역량을 키워 주는 사회적 공간에 대한 요구에 부응한다는 것을 강력하게 증명한다(Williams and Watson, 1996; Fenner, 1999; Schuller et al., 2004; Morgan, 2007; Fullagar, 2008; Lewis, 2012b, 2014 참조). 실제로 여성의 증언을 보면 지역사회 교육 강좌들이 위기에 처한 이들에게, 그의 표현대로 '생명줄'을 제공할 수 있다는 것을 보여 준다. 그녀는 지역사회 교육이 집 밖으로 나가는 두려움을 극복하는 데 도움이 되었다고 했다. 여러 연구가 밝힌 대로(Hopper, 2007; Tew, 2011a, 2011b) 이것은 사회와 다시 연결되고 회복되는 중요한 첫 단계이며, 그녀의 행위주체적 자유를 키워 주었다(Morgan, 2007; Cotton and Lewis, 2011). 또한 그녀의 증언은 지역사회 교육을 통해 개발된 사회적, 정서적 자본의 위치적 그리고 관계적 본질을 강조하는데 이는 일정 기간 동안 지속적으로 제공되는 지역 내의 공간과 관계 속에서 만들어지며, 이런 개인적 자원이 유지되기 위해서는 지속적으로 프로그램을 제공하는 것이 필요하다는 것을 잘 보여 준다.

문화자본: 부정의에 대처하는 유용한 지식

참여자들은 다양한 종류의 지식과 학습, 즉 문화자본 역시 소중한 자원이라고 설명했다. 참여자 대부분은 그동안 교육 측면에서 소외되었던 이들로서 지역사회 교육, 예를 들어 독서와 사회학에 대한 발견이 어떻게 자신들의 문화적 관심을 자극했는지 그리고 삶에 대한 동기, 즉 '정서자본'에 기여한 바를 이야기했다. '스스로 서는 삶'에 참여한 이들은 '정말 유용한 지식'(Thompson, 1997)을 학습하는 게 중요하다고 강조했는데, 이를 통해 삶의 조건을 이해하고 그로 인해 발생하는 결과에 대처할 수 있다고 했다(Williams and Lindley, 1996). 예를 들어, 한 참여자는 '자기 계발' 과정을 수강하면서 다른 사람을 편하게 만날 수 있었고 그동안 자신이 당한 학대를 개인화시켜 자신의 잘못이라고 여긴 '잘못된 생각들'에 도전할 수 있었으며, 학대를 사회적 관점으로 맥락화할 수 있었다고 회고했다.

F4: "내가 과거에 겪었던 정서적 학대는 지금까지도 나를 괴롭혀요. 그런데 이 과정을 수강하면서 나랑 비슷한 일을 겪고 나랑 비슷한 문제를 가진 다른 사람들을 만났어요. 그런 일로 힘들어하는 비슷한 사람들을요. 지금까지는 과거 경험 때문에 가지게 된 잘못된 생각에 도전하게 하는 수업을 들은 적이 없거든요 … 그런데 여기 와서 내가 겪은 일과 비슷한 일을 겪고 나랑 비슷한 감정을 느낀 사람들을 만나는 게 너무나 신선했어요. 그리고 이런 문제를 해결하는 …, 구체적으로 그런 시나리오에 대응하는 과정이 있으면 좋겠어요. 왜냐하면 나 혼자 그런 감정을 느끼는 게 아니라는 걸 아는 건 큰 위안이 됐거든요. (…)"

I: "네 그렇죠, (…) 그 경험을 사회적 관점으로 접근하면 다른 사람들도 비슷한 경험을 한다는 걸 알게 되고, 그게 결국 힘의 관

계에서 비롯된 것이라고 알게 되니까요 (…).”

F4: “맞아요, 일종의 깨달음이죠.”(초점집단 2)

이 대화는 공통의 목적을 가지고 모이는 기회가 소중한 지식 생성의 장이 될 수 있다는 것을 보여 준다(Coare and Johnston, 2003; Thompson, 2007). 흥미롭게도 위의 참여자에게 수강생들끼리의 비공식적 만남은 가장 큰 도움을 주었고, 지역사회 교육과정은 다른 사람과 ‘공유할 수 있는 비슷한 현실을 발견하는 소중한 기회’(Williams, 2005, p. 156)가 되었다. 이는 지지의 원천이 되었을 뿐 아니라, 여성을 상대로 가해지는 학대가 광범위한 사회정치적 현상이라는 것을 깨닫게 해 주었다(Williams and Lindley, 1996; Williams and Watson, 1996; Thompson, 1997; Krantz, 2002; Cotton and Lewis, 2011 참조). 따라서 위의 대화는 다양한 영역에서 나타나는 여성의 정신건강 요구에 대한 대응은, 행동을 위해서는 이해가 선행되어야 한다는 페미니스트 실천을 바탕으로 이루어져야 한다는 것을 잘 보여 준다(Lather, 1995; 예를 들어 Williams and Watson, 1996; Laitinen and Ettorre, 2004도 참조). 사회적 목적을 위한 교육이라는 기조하에 여성의 요구에 부응하는 정신건강에 대한 지역사회 교육은 참여자들이 ‘직면한 문제와 이를 둘러싼 사회적 맥락과 행동 간의 연결점’(Caldwell, 2013, pp. 40-41)을 찾을 수 있도록 격려하는 ‘서로에게 교육적인’ 과정(Lather, 1995, p. 295)이 되어야 한다.

제시한 대화들은 정신건강 서비스가 여성들로 하여금 ‘자신의 경험에 목소리를 부여하고 분노와 울화를 안전하게 표출하는 방법을 찾을 수 있게’(Williams, 2005, p. 162) 해 주어야 한다는 페미니스트적 요구에도 부합한다. 참여자들은 사회적으로 터부시되는 경험들을 둘러싼 침묵을 집단 안에서 깰 수 있다는 것에 안도감을 느꼈다고 진술한다. 예를 들어 자살 시도, 가정폭력, 알코올 오용 등이 여기에 포함되는데, 특히 낙인과 수치심의 사회적 해악을 고려할 때 집단 안에서 느끼는 안도감은 더욱 크다(McKie, 2006 참조). 침묵을 깨는 행위는 정치적으로도 의미가 있다. 이를 통해 개인의 경험을 넓은 사회적 영역 안에 위치시켜 정치적으로 관여적인 입장을 갖게 하는 소중한 지식을 개발할 수 있을 뿐 아니라(Thomson, 1997 참조), 부정의에 대항하고 스스로를 행위주체자로 보는 입장을 갖게 한다. 이는 정신건강에 필수적이며(Lewis, 2012a) 지역사회 교육에 참여하는 여성이 이야기하는 공통적인 주제다(예를 들어 Thompson, 1997; Morgan, 2007; Field, 2009). 다음은 가정폭력의 맥락에서 나눈 이야기다.

> F2: "사람들에게 이야기하면 그놈이 한 짓을 고발하는 거고, 어떤 면에서는 그런 짓을 하게 내버려 둔 게 여자로서 수치스럽기도 하지만, 그래도 그런 이야기를 같이하다 보면, 뭐랄까, 그런 짓을 한 놈들이 예전만큼 빠져나갈 수 없게 만드는 것 같은 느낌이에요. 용납할 수 없어요."
>
> F1: "맞아. 용납할 수 없지." (초점집단 4)

이처럼 이 연구 결과는 여성들이 함께 억압에 도전하는 연대의식을 키우게 하는 정신건강 지역사회 교육의 중요한 기능을 강조한다(Thompson, 1997; 2007; Coare and Johnston, 2003도 참조). 또한 지역사회 교육을 통해 여성들이 '자신의 경험을 서로 나누고 확인하고 성장과 자율성을 가로막는 감정을 솔직하게 명명하기 시작'한다(Thompson, 1997, p. 37)는 것과 여성들이 '개인적 삶을 사회구조와 연결할 수 있게 된다는 것'(Laitinen and Ettorre, 2004, p. 204)을 보여 준다. 이 연구는 여성의 정신건강에 대한 지역사회 교육이 해방적 지식 개발을 통해 변혁적 행동(Lather, 1995)과 민주 시민권(Coare and Johnston, 2003)에 기여하는 페미니스트적 실천 지향에 기반해야 한다는 점을 강조한다.

정체성자본: 다시 나를 찾아 변화의 주체로 서다

정체성자본이란 타인이 나를 보는 방식과 내가 나 자신을 보는 방식을 통해 형성된 나의 가치와 지위를 일컫는다. 여기에는 사회적 인정은 물론 자아존중감, 자기효능감, 삶의 목적의식이나 삶의 방향과 같이 사회적으로 생성된 개인적 현상이 모두 포함된다(Schuller et al., 2004). 이 연구에 참여한 지역사회 교육 참여자의 상당수는 어느 측면에서는 상처 입은 정체성을 가진 채 프로그램을 찾아온 이들이다. 이들의 상처 입은 정체성은 열악한 교육이나 폭력적 관계 또는 정신건강 문제로 받은 서비스 경험 등에서 기인한 것이었다. 참여자 일부는 내면화된 병리적 정체성, 즉 '알코올중독자' 혹은 '정신질환자'와 같이 스스로를 '정상인'의 반대 개념으로 구성한 정체성을 가지고 있었다. 따라서 이 연구의 관심은 참여자들이 자신들의 소외되고 낙인찍힌 정체성을 받아들이기보다는 이에 도전하도록 지원하는 데 지역사회 교육이 얼마나 기여하는지에 관한 것이었다(더 많은 논의는 Lewis, 2014; 또한 Lewis, 2009도 참조). 또한 성인 사회교육을 통해 형성된 사회자본, 문화자본, 정체성자본 간에 분명한 긍정적 상호작용도 존재했다. 즉 여기서 얻은 교육과 관계들은 여러 면에서 자기 정체성 형성에 긍정적 영향을 미쳤다(Schuller et al., 2004 참조). 일부 참여자들은 성인교육을 통해 스스로를 축소하고 낙인찍는 정신질환이라는 정체성과 거리를 둘 수 있었고, 이 과정에서 교육의 전인적인 접근이 도움이 되었다고 했다.

> F1: "질병 밖에서 나를 볼 수 있게 됐어요. 질병이 내 전부는 아니에요. 나는 인간이기도 하고, 뭔가 더 큰, 내가 생각하는 것보다 더 많은 능력을 가지고 있어요."
>
> F3: "그런 게 없어져 버리죠?"
>
> F1: "그리고 좀 헤매기도 하고?"
>
> F3: "맞아요, 그런 다음 정말 다시 사람이 되는 거예요. 안 그래요?"
>
> (초점집단 2)

이 대화는 전인적인 접근의 영향과 지역사회 교육의 인본주의적 분위기를 보여 준다. 이는 정신건강 문제로 고통받으며 정신질환자라는 정체성을 가져왔던 이들이 자신의 인간성, 자아의식과 행위주체성을 되찾게 되는 환경이다(Hopper, 2007; Morgan, 2007; Tew, 2005, 2011a, 2011b; Lewis, 2009; Staddon, 2009, 2011 참조). 앞서 설명한 대로 지역사회 교육은 참여자들에게 완전한 인간성을 찾게 해 주었고, 이들은 그동안 자신들을 비인격화시키는 정신건강 서비스로 인한 결과에 대응하게 되었다고 설명했다. 한 여성 참여자의 말을 빌리면, "여기서는

나를 인간으로 대해요. 거기서는 주로 혼났죠."(초점집단 2)

앞에서 보았듯이, 참여자들이 이야기하는 정체성 작업의 핵심 요소는 침묵을 깨고 비슷한 경험을 가진 이들과 연대하며 수치심을 극복하는 것이다. 여러 참여자는 '알코올중독자'라는 정체성에 덧대어진 수치심을 이야기했는데, 이는 '알코올의존과 연관되는 도덕적 요인들'(Staddon, 2013, p. 106)과 그로 인해 발생할 수 있는 '숨겨진 상처들'을 여실히 드러낸다(McKie, 2006 참조). 이런 현실에서 비심판적이고 신뢰할 수 있는 분위기 속에서 그 문제들을 이야기하는 것, 즉 '다른 사람으로부터 평가받는다는 느낌 없이 내 감정을 자유롭게 이야기할 수 있다는 것'에 참여자들은 카타르시스를 느꼈고 치유되는 느낌을 받았다고 했다.

> "조금 전에 우리가 이야기했던 것 중 하나가 수치심에 대한 거였는데, 삶 자체가 그냥 수치심으로 뒤덮여 있어요. (…) 수치심 때문에 너무 우울하고 (…) 우리 가족에게도 수치심이 큰 부분을 차지하는 것 같고, 평생 가지고 가야 하는 큰 짐이죠. 내 잘못은 아니어도 짊어지고 가야 하는데 여기에 오면, 여기에서는 평가도 없고 수치심도 없어요."(초점집단 5)

이 모임들에서 예전에는 말할 수 없었던 이야기들을 입 밖으로 꺼낼 수 있다는 것은, 과거 경험들과 화해하고('회복 작업'의 핵심 주제; Hopper, 2007) 알코올 오용과 같은 문제를 공략하는 데 매우 중요하다. 지역사회 교육의 인본주의적이고 비심판적인 환경은 음주와 가정폭력을 둘러싼 도덕성에 대항하는 강력한 해독제 역할을 하는데, 이 도덕성은 '비난과 수치심'(Ettorre, 1997, p. 15; Cotton and Lewis, 2011) 그리고 알코올 오용을 '장애'로 규정하는 전통적 접근이 초래할 수 있는 '가중된 고통과 죄책감 및 낙인'을 포함한다(Staddon, 2013, p. 110; Staddon, 2009 참조).

여러 참여자는 집단에 참여하면서 사회적 지지를 얻고 서로를 이해하고 다른 이들과 연결되어 있다는 생각을 가지게 되었으며, 폭력적이거나 불행했던 관계로 인해 낮아진 자존감을 다시 세우는 데 얼마나 도움이 되었는지 이야기했다. 한 참여자는 다음과 같이 회고했다.

> F1: "내가 사실은 괜찮은 사람이라는 걸 알게 해 준 것 같아요. (…) 그리고 그게 정말 중요한 것 같아요, 내 자신을 좋아하는 것."
>
> I: "아 네, 그럼 집단이라는 환경도 도움이 된 것 같으세요?"
>
> F1: "네, 네 (…) 집단 모임에서 그렇게 된 거예요. 우리가 꽤 여러 명이고, 여러 명이 여러 종류의 수업에 참여하니까, 꽤 많은 지지 네트워크가 생겼고, 그게 좋아요. (…) 나는 좀 어두운 그늘에 있었던 것 같아요, 그러니까 정신건강 면에서 보면 (…) 자기혐오나 자기증오가 있었던 거 같은데 거기에서 좀 벗어나게 된 것 같아요. 이 모임이 그렇게 할 수 있게 도와준 거죠." (초점집단 5)

'인정과 존중'을 부인당하는 상황에서(Coare and Johnston, 2003, p. 211), 또 그로 인해 자신에게 징벌적 태도를 가질 수 있는 여성들에게

(O'Grady, 2005; Fullagar and O'Brien, 2014 참조) 지역사회 교육의 인본주의적 분위기는 참여자들을 수용하고 이해하고 도덕적 가치를 부여했다 (Hopper, 2007; Lewis, 2009, 2014 참조). 이 연구는 '개인과 공동체가 역경에서 살아남기 위해서는 존중, 존엄, 자존감, 긍정적 정체성, 연결성과 같은 인권 기반의 사회적 그리고 상징적 특성'(Friedli, 2009, p. 38)이 필요하다는 것을 입증했고, 사람들이 '자기 자신에 대해 괜찮게 느낄 수 있게' 도와주는(Staddon, 2009, p. 4; Fenner, 1999; Tew, 2011a, 2011b) 알코올과 고통에 대한 사회적 접근이 필요하다는 점을 확인시켜 준다. 많은 여성에게 이 교육은 삶을 바꾸는 데에 일조했으며, 일부는 관계를 재정비하거나 관계를 떠나기도 했다. 참여자들은 자신의 요구와 열망을 명확히 하고 '나를 다시 찾기 위해'(초점집단 4) 투명인간으로 살던 삶을 극복해야 한다고 진술했고, 이는 다른 연구들과 궤를 같이한다(예를 들어 Thompson, 1997; Laitinen and Ettorre, 2004; Morgan, 2007; Fullagar, 2008). 한 참여자의 말을 옮겨 보면, "이 교육은 내 인생을 완전히 바꿔 놨어요. 너무나 폭력적이었던 관계에서 벗어날 수 있었어요. 심한 우울증에서 나 스스로를 끌어올렸고 (…) 그리고 [이 교육이] 실제로 그런 것들에 직면할 힘과 자신감을 주었어요."(초점집단 5)

따라서 이 연구 결과는 가정폭력과 그 파괴적인 영향에 직면한 여성들에게 지역사회 교육이 '변화의 주체'(Morgan, 2007)로서 용기와 새로운 통제력, 미래에 대한 희망을 심어 준다고 설명한 다른 연구들과 일맥상통한다(예를 들어 Thompson, 1997 참조). 이들은 여성이 우울에서 회복하는 것은 지역사회 교육과 같은 사회적 활동에 '투자'하는 변화의 과정을 포함하며 이를 통해 '웰빙을 유지하고, 자아의 지

속성과 재건을 지원함으로써 재발을 방지'하도록 도와준다고 설명
한다(Fullager, 2008, p. 36). 이는 다른 연구들과도 맥을 같이하며(예를 들어
Williams and Watson, 1996; Thompson, 1997; Fenner, 1999; Williams, 2005), 알코올 문
제(예를 들어 Staddon, 2009, 2011, 2013)와 우울(예를 들어 Laitinen and Ettorre, 2004;
Fullagar, 2008)을 겪는 여성들의 지지 욕구를 설명하는 연구들과도 공
명한다. 일상에서 마주하는 사회적 불의에 맞설 수 있게 여성의 역
량을 강화시키는 작업의 핵심은 고립을 깨고 사회적 지지를 발굴
하고 자존감을 끌어올리는 것이라는 점을 이 연구는 잘 보여 준다
(Friedli, 2009; Marmot et al., 2010 참조).

맺으며: 지역사회 교육의 지향점

이 장은 알코올 오용과 그로 인한 사회적 폐해의 상황에서 여성
의 정신건강에 초점을 두고 이루어지는 지역사회 교육의 이점을 기
술했다(Rogers and Pilgrim, 2003; Fiedli, 2009). 인본주의적이며 해방 정신을
담고 있는 교육과정은 '보다 넓은 사회 변화를 위한 투쟁'(Caldwell,
2013, p. 40)을 위한 핵심 자원이 될 수 있고 사회적 고립, 가정폭력, 알
코올 문제와 같은 다양한 정신건강의 주제를 다룰 수 있는 여러 유
형의 자본들을 생성할 수 있게 해 준다(Thompson, 1997; Morgan, 2007; Stad-
don, 2009, 2011, 2013; Lewis, 2014 참조). 이 연구는 서로 지지해 주고 신뢰할
수 있는 환경에서 그동안 사회적으로 터부시되어 왔던 문제에 대
해 침묵을 깨고 목소리를 내는 장을 제공하는 지역사회 정신건강과

웰빙의 중요한 가치를 확인시켜 준다. 지역에 기반한 정신건강 교육 프로그램은 이런 기회를 제공하고, 인정과 존중을 보여 주며 개인의 경험을 비판적이고 사회적인 용어로 재인식하고 불의에 도전할 수 있게 해 주는 이점을 가지고 있다. 이런 교육은 상처로 가득한 과거 경험에 직면하기 위해 필요한 화해와 정체성 작업에 유용하며(Hopper, 2007), 정신건강에 핵심적인 행위주체적 자유 또는 '실천을 위한 장'을 확장시켜 준다(Cotton and Lewis, 2011; Lewis, 2012a 참조). 보다 넓은 사회정책의 관점에서 보면, 정신건강에 대한 지역사회 교육은 정신건강 문제에 대응하고 민주적 시민권을 촉진하는 두 개의 서로 연결되고 상호보완적인 목표에 있어서 중요한 역할을 담당한다(Lewis, 2014).

이 연구는 학습의 광범위한 이점에 대한 연구(예를 들어 Field, 2009; Schuller et al., 2004)뿐 아니라 여성 정신건강에 대한 페미니스트적 대응 연구(예를 들어 Williams and Watson, 1996; Fenner, 1999; Laitinen and Ettorre, 2004; Williams, 2005), 그리고 정신건강 문제 전반에 대한 사회적 접근에 대한 연구(예를 들어 Tew, 2005, 2011a, 2011b)에 기여한다. 또한 정신건강 서비스가 진단 및 치료가 주도하는 시스템에서 페미니즘 및 다른 사회적 관점이 두드러지는 지역사회 개발 접근방식으로 전환되어야 한다는 함의를 제공한다(Pilgrim et al., 2009; Carpenter and Raj, 2012 참조). 억압에 도전하고 '사회 불의로 인한 심리적 고통과 여성의 권력과 무력함의 주제를 건설적으로 다룰 수 있는'(Williams and Lindley, 1996, p. 4; Williams and Watson, 1996; Sheppard, 2002 참조) 젠더 감수성을 갖춘 서비스 대응이 필요하다(DH, 2002). 사회교육 정책과 관련해서 이 연구 결과는 정책의 중요성을 인식하는 것이 필요하다는 것을 보여주는데, 정책은 여성의 역량, 자유, 인권(Sen, 1999, 2010)에 대한 젠더 불평등을 다룸으로써 평등 논쟁에서 광범위하게 사회적으로 기여하며 중요한 역할을 담당한다(Schuller and Watson, 2009; Marmot et al, 2010). 또한 일반적으로 지역사회 교육이 중점을 두는 기술 습득과 고용이라는 의제와 사회정의라는 의제는 필연적으로 상호의존적이며 두 의제 간 균형을 맞추는 것이 필요하다는 점도 강조한다. 이 연구는 여성을 위한 지역사회 교육의 '사회적 용도'는 사회적 의식 고취와 실천과 결속을(Coyne, 2011; Caldwell, 2013) 목표로 정치적으로 참여하는 방향으로 거듭나야 하며, '교육의 중심에 있는 도덕적 목적은 변혁'이어야 한다는 것을 옹호한다(Elliott, 2014).

감사의 말

연구에 기꺼이 참여해 준 모든 이들과 지역 비영리기관의 교육 관련자들의 도움에 감사드린다. 이 연구는 레스터 대학교 사회과학 대학 지식 교환 박사 후 과정 기금 지원으로 이루어졌다. 이 장에 포함된 일부 초점집단 자료의 출처는 다음과 같다. Lewis, L.(2014) 'Responding to the mental health and well-being agenda in adult community learning', *Research in Post-Compulsory Education,* © Further Education Research Association, Taylor & Francis Ltd, www.tandfonline.com의 허가를 받아 인용함.

12장

여성이 말하다!
여성에게 필요한 알코올 서비스

패치 스태던

여성을 위한 대안적 방법인 사회적 모델

이 장에서 나는 먼저 여성 음주를 향한 기존의 이해와 대응의 한계에 대해 설명할 것이다. 이어서 여성을 지지하고 도와주는 대안적 방법을 보여 주는 당사자가 주도한 연구 한 편을 소개하고자 한다. 대안적 방법은 여성 음주의 의미를 더 잘 반영하고 앞으로 설명할 '사회적 모델'에 기반하는 것이다. 마지막으로 정치적 차원에서 여성의 음주가 어떻게 받아들여지고 '치료'되는지 생각해 보고 여기에 인권이 어느 정도까지 개입될 수 있는지 알아보려고 한다.

음주의 사회적 모델은 정신건강의 사회적 모델과 유사하게 음주의 맥락을 빈곤, 가정폭력, 외로움, 우울, 불안과 같은 사회적 요소와 더불어 이해하려는 모델이다(Staddon, 2009). 이 책 1장과 서문에서 제안한 것처럼 알코올 문제를 가진 여성에게는 '사회적 모델'이 더 적절하고 효과적인 접근이 될 수 있다. 우리 사회가 음주를 이해하고 치료하는 방법 중 일부는 알코올이 다양한 집단에게 어떤 의미인지 제대로 이해하지 못한 채 이루어지고 있다.

젠더 감수성을 갖춘 여성 치료 서비스의 필요성

음주와 관련해 지난 10여 년 동안 적어도 학문적으로, 그리고 치료를 제공하는 일부 영역에서 약간의 전환이 이루어졌다. 여전히 일부는 알코올중독을 평생 가지고 가야 할 개인의 의지와 관련된 질병으로 보기 때문에 역설적으로 중독자를 질환을 가진 환자인 동시에 비도덕적인 사람으로 간주한다(Willenbring, 2010; Perryman et al., 2011). 하지만 최근 자료를 보면 생애 주기 변화에 따라 별다른 치료 없이 회복하는 사람들도 많고(Penberthy, 2007; White, 2008; Willenbring, 2010), 중독으로부터 완전히 회복하는 경우도 보고되고 있다(Raistrick, 2005; Heather et al., 2006; White, 2008; Willenbring, 2010; Perryman et al., 2011). 따라서 알코올중독은 평생 짊어지고 가야 하는 만성 질환이라는 전통적 관점에 도전할 필요가 제기된다. 하지만 대부분의 사람들은 전통적 관점을 받아들이고 있으며(Ettorre, 2007; White, 2008), 결과적으로 이는 정부 부처가 지원하는 치료 유형에도 영향을 미친다. 일반의를 포함하는 부처는 소위 '보편적 지식'의 영향을 받을 수밖에 없다. 이들은 관련 분야에서 제시되는 최신 연구와 실천 지식을 바로바로 파악하지 못하는 경우가 있는데, 특히 건강의학을 넘어 사회학이나 사회정책에서 제시되는 연구 결과에까지 관심을 기울이지 않는 경우 더욱 그렇다.

또한 이용 가능한 연구에도 종종 한계가 있는데, 예를 들어 많은 연구들은 치료 중인 사람이나 최근 치료를 종료한 사람을 대상으로 이루어진다. 하지만 치료 시스템 안에 들어가는 것에는 여러 사회적 요인이 작동하며, 치료 집단에 근거한 연구는 음주자 전체의 경험을 반영하지 못한다는 한계를 가지고 있다. 최근 자료를 보면 음주 문제를 가진 사람 중 치료 서비스를 받는 비율은 6.4%에 불과하며, 그 중에서도 여성은 절반에도 못 미친다(Wolstenholme, 2012: 이 책 10장). '"치료 세팅에서 만나는" 사람과 일반 인구 중 알코올 의존 기준을 충족하는 사람들 사이에는 상당한 차이가 있다는 인식이 점점 증가하고 있다.'(Cunningham and McCambridge, 2012, p. 8)

또한 전통적으로 문제음주에서 젠더는 중요한 요인으로 고려되지 않았는데, 여기에 문제를 제기해야 할 필요성이 명확해지고 있다. 여성 알코올의존은 원인과 유형과 치료에서 남성과 상당히 다를 수 있다는 학문적 인식이 증가하고 있지만(Thom, 1986, 1994; Ettorre, 1997; Plant, 1997; Angove and Fothergill, 2003; Niv and Hser, 2007; Tuchman, 2010; Staddon, 2011a), 이러한 지식이 치료 접근에 일관되게 영향을 미친다는 증거는 거의 없다. 이제 다양한 이유로 젠더 감수성을 갖춘 치료가 여성에게 유용하다는 인식이 증가하고 있는데, 그 이유 중 하나는 수치심이다.

알코올 문제를 가진 여성은 사회가 기대하는 여성성 규범에 미치지 못했다는 인식(Linton et al., 2009), 그리고 가족을 지켜야 한다는 상징적 지위에 부응하지 못했다는 생각으로 더 큰 수치심을 느낀다(Legault and Chasserio, 2003). 또한 집안에서 해야 하는 많은 가사 업무는 여성들로 하여금 집단 프로그램, 상담이나 사회적 지지 프로그램에 참여하는 것을 어렵게 만들기도 한다(Small et al., 2010; Staddon, 2012). 연구에 따르면 알코올 문제를 경험했거나 경험하고 있는 여성은 외부의 평가나 압박 없이 여성들만 참여하는 환경에서 자신의 알코올 문제를 들여다보는 기회를 원한다(Angove and Fothergill, 2003; Staddon, 2012). 직장이 있거나 가사 및 돌봄을 수행해야 하는 여성이 더 쉽게 접근할 수 있는 저녁 시간이나 주말에 이루어지는 서비스도 필요하다.

실제로 치료 서비스의 문턱을 넘기만 한다면 치료 종류를 막론하고 어떤 형태의 관심이라도 중독 문제의 감소에 영향을 미친다(Project Match Research Group, 1997). 예를 들어, 문제를 가진 당사자의 입장에서는 자신과 유사한 문제를 경험한 사람과 알코올 혹은 다른 문제에 대해 '이야기만' 나누어도 도움이 된다(Repper and Perkins, 2003; Tew, 2005). 하지만 앞서 지적한 대로 알코올 문제를 가진 여성 중 일반이나 치료 서비스를 찾아가는 수는 매우 적으며, 찾아간다고 해도 여성에게 부과되는 일이나 수치심과 같은 젠더 문제에 대한 이해가 부족한 것은 심각한 장애물이 된다(Staddon, 2013a). 건강 전문가는 도덕적 관점에 입각한 부정적 태도를 갖는 경우가 많은데, 특히 여성 약물 오용자에게는 더욱 그렇다(Hill, 2010).

여전히 '치료 집단'은 남녀가 함께 참여하는 형태가 보편적이며 운영 측면에서도 경제적이라는 주장도 있다(Staddon, 2019). 하지만 여러 연구에 따르면 알코올 문제를 가진 여성은 종종 남녀가 함께 참여하는 치료보다는 여성들로 이루어진 치료 형태를 선호한다(Thom, 1986, 1994; Ettorre, 1997; Plant, 1997; Angove and Fothergill, 2003; Niv and Hser, 2007). 예를 들어 치료 중인 여성이 남성 참여자 앞에서 자신이 살면서 겪은 수치스러운 일을 털어 놓아야 할 때, 죄책감과 수치심이 증폭되기 쉽다. 알코올 문제를 가진 여성은 성장과정에서 그리고 성인이 되어서까지 남성으로부터 학대와 폭력을 당한 경우가 많고, 남성들 앞에서 그런 이야기를 나누는 것이 꺼려질 수 있다. 그럼에도 불구하고 여성 전용 치료 센터, 특히 장기 치료 센터는 매우 드물고 (Women's Resource Centre, 2007), 치료가 처음인 경우 그런 곳을 찾기란 더욱 힘들다(Staddon, 2009).

이런 문제의식에서 출발한 다음의 연구 프로젝트는 영국 남서부에서 수행한 것으로 알코올 치료의 종류와 이용 가능한 지원은 무엇인지, 알코올 문제로 힘들어하는 여성의 요구에 치료가 얼마나 지속적으로 부응하는지, 그리고 어떤 대안적 지원이 가장 필요한지와 관련한 증거를 구축하기 위해 시작되었다.

이 장은 당사자가 주도한 두 개의 연구 프로젝트를 기반으로 작성되었다. 이 연구들은 2004년과 2007년에 에이번과 윌트셔 정신건강기금의 지원을 받아 브리스틀 및 주변 도심 지역에서 진행되었다(Staddon, 2009). 연구의 목적은 여성들이 음주에 대해 느끼는 감정, 음주에 대한 타인들의 반응, 그리고 치료 경험을 탐색하는 것이었다. 지역 내에서 현재 알코올 문제를 가지고 있거나 문제를 경험한 여성들을 대상으로 수행한 이들 프로젝트에는 '시작하기Making a Start' 프로그램이 포함되어 있는데, 일련의 심층 인터뷰와 초점집단 면접으로 구성되어 있었다. 참여한 여성들은 자신이 실패했다고 느끼게 만드는 상황에 괴로움을 토로했다. 중간 중간 실패를 다잡아가며 끊임없이 단주를 시도하는 것이 유일한 해결책이라는 사실에 괴로워했고, 질병이라고 하면서도 음주 문제를 일종의 도덕적 실패로 보는 남녀 혼성모임에 참여하는 것도 괴로워했다. 암과 같은 신체적 질병이나 조현병과 같은 정신질환에서는 생각할 수 없는 이런 접근은 회복에 걸림돌이 되는 것 같았다(Staddon, 2009, 2012). 그들이 느끼는 수치심은 약물 사용 그 자체보다 더 많은 괴로움을 초래했다.

연구 프로젝트에 참여한 여성들은 '알코올중독자'는 영원히 '회복 중'이라는 통념에 익숙해 있었기 때문에 알코올중독에서 회복한 여성 '중독자'와 이야기할 수 있는 기회를 매우 반겼다. 결과적으로 이들은 같은 지역에 사는 여성들로 구성된 자조 모임을 만드는 것에 열성적이었는데, 이들은 서로를 비난하지 않고 이해하는 것을 강조했다. 이후 알코올 문제에 맞서는 여성Women's Independent Alcohol Support, WIAS이라는 이름으로 알려진 이 모임은 대면 모임뿐 아니라 전화를 통한 지원도 제공했고, 때로는 참여자의 상황에 맞춰 사교하는 자리도 만들었다. 이 모임을 통해 여성들은 이전보다 삶을 잘 관리하고 즐기는 전략과 음주를 중단하거나 사용을 조절하는 전략을 개발했다.[1] 이 모임은 4년 넘게 운영되었지만 참석자가 줄어들기

1　이 집단은 최근 브리스틀에서 비영리단체로 재설립되었다(www.wiaswomen.org.uk).

시작했고, 주최측은 잠시 중단하는 시간이 필요하다고 느꼈다. 몇 년이 지난 후 우리는 모임을 비영리단체로 등록하여 다시 시작했다.

『빅이슈Big Issue』에 기고했던 내 회복 경험을 다룬 글(Staddon, 2011b)에 대한 뜨거운 반응을 보면, 영국 내 다른 지역에 있는 여성들(그리고 남성들) 역시 전문적인 지원이든 지지 모임을 통한 지원이든 알코올 문제를 다루는 작금의 지원에 만족하지 못하고 있다는 것을 알 수 있다. '시작하기' 프로젝트는 대부분 도시에서 이루어졌지만(Staddon, 2009, 2012), 『빅이슈』 기고문(Staddon, 2011b)에 대한 반응을 보면 지방에 사는 여성들은 더욱 고립되어 있고 받을 수 있는 적절한 지원이 없다는 것을 알 수 있었다.

술 때문에 고민하는 여성을 위한 프로젝트를 계획하다

이 가능성을 모색하기 위해 나는 2012년 9월 당사자가 주도하는 '음주로 고민하는 여성을 위한 지원 개선'이라는 이름의 프로젝트를 계획했다. 이 연구는 영국 플리머스 대학의 지원과 엑서터 대학의 당사자 주도 연구소인 'Folk.us'의 기금으로 이루어졌다. 나는 데번과 콘월 지역의 여성들이 그들이 경험한 알코올 서비스에 대해 어떻게 느끼는지 그리고 어떤 다른 지원을 원하는지 알아보고자 했는데, 연구에서 제안한 선택지는 브리스틀 지역에 있는 단체인 '알코올 문제에 맞서는 여성'의 선례를 따랐다.

이 연구는 당사자가 주도하고 수행한다는 원칙을 엄격하게 준

수하는 프로젝트였다. '당사자'라는 용어에 대한 논의는 다른 곳에서 다루었지만(Beresford, 2005; McNicoll, 2012), 이 장에서는 알코올 문제에 대해 도움을 청한 적이 있거나 도움을 찾고 있는 이들을 지칭하는 용어로 사용했다. 연구 자문단으로는 과거 알코올 서비스 이용 경험이 있는 린 데이비스(이전 연구에 저자와 함께 참여했고 현재 브리스틀에서 지지 모임 운영 중)와 나 그리고 플리머스 대학교 사회학과의 게일 레더비 교수와 보건전문대학(건강과 인간과학 전공) 실습 담당 교수인 앤지 리건이 참여했다.

프로젝트 모집 공고는 다양한 지역사회 커뮤니티를 통해 이루어졌는데 흑인, 소수민족 및 난민 단체, 레즈비언, 게이, 양성애자, 트랜스젠더 단체, 장애인 단체, 정신건강과 중독 당사자 단체, 종교 단체와 사회복지 서비스 기관, 일반 커뮤니티 등이었다. 홈페이지, 소식지, 지역 라디오 방송과 여러 강연을 통해 연구를 홍보했고, 콘월 여성연구소 협회 연차 총회와 우리 지역 되살리기 모임Redeeming our Communities, ROC이 엑서터에서 주최한 행사에서도 모집 공고를 했다. 나는 일반의나 치료 서비스를 경험하지 않은 이들이 응답해 주기를 바랐다. 이들의 경험은 다른 이들과 매우 다를 것이라는 기대 때문이었다(Ettorre, 1997). 하지만 공지 기간을 3~6개월로 연장했음에도 불구하고 마지막까지 모집에 응답한 사람은 실망스럽게도 13명뿐이었다.

우리는 참여자에게 전화번호를 알려 준 뒤 연락해 달라고 요청했고, 그 전화는 나만 받았다. 연락이 오면 전화 인터뷰를 요청했고 허락을 구한 뒤 통화 내용을 녹음했다. 프로젝트가 진행되는 동안 필요할 땐 언제든지 제공할 수 있도록 정신건강 문제 및 가정폭력 피해자를 위한 전국의 다양한 자원 목록을 준비해 두었다.

전화 인터뷰로 여성들의 솔직한 감정을 듣다

이런 연구들은 '민감한 주제'(Lee, 1993)와 '감정 작업'(Letherby, 2003; Drake and Harvey, 2013)을 다룬다. 예기치 못한 영역에서 통찰력을 얻기도 하지만 인터뷰 자체와 분석과정에서 특별한 도전을 받기도 한다. 전화를 받고 대화하는 사람은 나였지만, 통화 후 린에게 연락해 필요한 논의를 했다(물론 전화한 사람의 익명성은 철저하게 보장했다). 밤늦은 시간에 이루어진 통화 내용으로 인해 무척 힘들 때도 있었지만 가급적 린에게 지원 요청을 하지 않으려고 노력했다. 반면 내가 늦은 시간에도 전화를 받는다는 사실은 여성 참여자들로 하여금 더 쉽게 전화기를 들게 했고, 대화를 나눈 참여자들은 전화하기를 잘했다고 생각하는 것 같았다.

내용을 정리하고 데이터를 분석하는 과정 역시 외롭고 힘든 작업이었다. 그 내용들은 고통스러웠고 술 마시던 시절의 내 경험을 떠올리게 했다. 거기에는 매일 일상에서 겪는 갖가지 어려움뿐 아니라 친구들이 멀어져 가고 가장 사랑했던 사람들의 지지를 잃어버리는 경험들이 있었다. 참여자들이 고백하는 외로움은 자신의 상태를 알면 친구들이 떠나 버리거나 그들을 잃을까 봐 두려운 마음에서 오는 것이었다. 여러 기억과 감정들이 북받쳐 올라 작업을 오래 이어 가지 못하고 자주 멈춰야 했다. 많은 시간이 걸리는 작업이었지만 이 연구가 '"이론가라는 특별한 집단"만을 위한 것이 아닌 모든 사람에게 다가갈 수 있는 반영적이면서 자기-반영적인 연구'(Landman, 2006, p. 430)가 되기 위해서는 나를 돌아보는 것이 필요했고, 반드시 해야 하는 작업이었다.

내 경험을 지지대로 삼아 대화록을 해석하면서 동시에 응답자 개개인의 특성을 살리는 것은 중요한 일이었다. 응답자의 삶과 내 삶에는 유사한 부분들이 많았다. 예를 들어 캐럴[2]은 '알코올중독자들'이라는 3인칭을 사용함으로써 자신은 그들과 다르다는 것을 보여 주려 했는데, 나 역시 '진짜 나'를 에워싸는 담을 만들고 치료 경험을 분리시키면서 나를 안전하게 지키고자 했던 경험이 있다. 이처럼 응답자의 경험과 개인의 경험을 연결시키는 작업은 어렵기도 하고 때로는 고통스럽기도 한 여정이다(Wilkins, 1993).

편안하고 안전하게 이야기할 기회가 필요했던 여성들

나는 직접 연락해 온 대부분의 여성들과 오랜 시간 대화를 나누었다. 예를 들어, 제인은 1시간을 훌쩍 넘겨 가며 자신의 고통을 이야기했다. 연락을 준 여성들은 익명성을 보장받으며 자유롭게 이야기할 수 있는 기회가 주어진 것에 매우 고마워했다.

2 모든 이름은 가명이다.

"본인이 직접 경험하고 이게 어떤 건지 아는 분과 이야기하니 좋아요."(지나)

"이런 식으로 선생님과 이야기하니 기분이 벌써 훨씬 나아지는 거 같아요!"(에스터)

3명의 여성에게 음주는 처음에는 즐거운 일상적 활동이었는데, 점점 삶에서 받는 스트레스로부터 도피하는 수단이 되어 갔다. "애들이 잠자리에 들면 그때부터 "휴~"하며 와인을 한 병 따면서, 아… 드디어 오늘 하루가 끝났구나 생각해요."(에스터) 이런 상황은 보통 몇 년에 걸쳐 일어난다.

"내 음주는 슬금슬금 다가왔어요."(베벌리)

"시간이 지나면서 일종의 통제 범위를 벗어난 것 같아요 … 항상 술 마시는 걸 좋아하긴 했지만…"(헬렌)

삶에서 특정한 위기를 겪으면서 음주가 증가한 경우도 있었다. 파라의 남편은 알츠하이머병 진단을 받았고 결국 폐쇄 병동에 입원했다. "매일매일 병원에 갔어요 … 그리고 집으로 돌아오면 앉아서 보드카 한 병을 따는 거예요. 그게 내 일상이었어요." 응답자 모두는 음주보다 우울이 먼저 왔다고 했지만 여전히 스스로를 책망했다. "사는 게 힘들었어요 … 그렇다고 내가 한 행동이 괜찮다는 건 아니에요 … 술을 왕창 마시고 나면 못할 게 없었어요."(베벌리) 여성들은 또한 가족의 온갖 위기와 상실에 대한 책임을 자기 탓으로 돌리는 경향이 있었다. "정말 힘들었어요, 그렇지만 그렇다고 그런 일이 생긴 걸 뭐라고 할 수는 없어요. 결국 나, 내가 문제죠."(델리아)

나는 참여자들의 가정폭력 피해 경험 가능성이 매우 높을 수 있다는 것을 인지하고 있었다(Holly and Horvath, 2012). 과거에 수행한 에이번 지역의 연구 프로젝트인 '시작하기'의 경우, 참여자 23명 중 12명이 가정폭력 피해자였다. 이 연구에서는 13명 중 3명이 가정폭력을 구체적으로 언급했다. 하지만 통화 녹음을 원치 않았던 3명 중 2명은 연구 참여 동의서를 다 읽기도 전에 두려워하는 목소리로 전화를 다급하게 끊었다. 네 번째 응답자인 아이린은 '가정폭력'이라는 단어 자체를 사용하는 것은 주저했지만, 자신의 엄마는 비판적이고 차가운 사람이고, 남편은 '정말 지랄 맞은' 사람이라고 했다.

1990년대 초부터 가정폭력 서비스에서는 가정폭력과 물질 사용을 함께 다루어야 한다고 지속적으로 강조해 왔다(Stella Project Toolkit, 2007 참조). 이런 노력에도 불구하고 알코올 서비스는 종종 이를 간과한다. 예를 들어, 유치장에 있는 베벌리를 만나러 온 알코올 문제 담당자는 그녀가 겪은 심각한 가정폭력에 대해서는 관심이 없었고 음주 문제를 먼저 다루어야 한다고 강조했다.

이 연구 프로젝트에서 제기된 일반의에 대한 평가는 전반적으로 부정적이었다. 델리아는 자신의 일반의를 좋아했고 음주 같은 문제로 그를 괴롭히고 싶지 않아 했다. 캐럴과 베벌리는 자신들의 의료기록에 '알코올중독'이라고 남겨지는 것이 두려워 알코올 문제 언급을 피했다고 했다. 참여자 중 5명은 일반의에게 이야기했지만 '일반의 선생들은 알코올에 대해 아무것도 모른다'(케이티)고 회고했다. 앤의 일반의는 당황한 것 같았다고 했다.

"그 선생님은 이해를 잘 못했어요. 약간 '술을 끊으셔야겠습니다' 이런 투였고, 나는 '네 알아요' 그랬죠. 당연히 술은 안 끊었고요. 그런데 그 선생님은 나를 어디에 의뢰해야 할지 모르더군요. 특별히 비난하는 건 아네요. 단지 어디에서 도움을 받아야 하는지 몰랐다는 거죠."(앤)

일반의는 다른 의료 전문가와 마찬가지로 특정 종류의 질병의 경우 건강 상태에 대한 책임은 환자 개인에게 있다고 믿는 도덕적 입장을 취하는 경우가 있다(Hill, 2010; van Boekel et al., 2013). 또는 앤이 만났던 일반의처럼 갑자기 알코올 문제에 대한 이야기를 들으면 허를 찔린 듯 당황하기도 한다. 교회에 다니는 어엿한 중년 여성이 그런 문제를 가지고 있을 거라고 예상하지 못한 것이다.

참여한 여성의 절반 이상은 '알코올중독자모임AA'에 참여한 경험을 가지고 있었다. 은퇴한 간호사 앤은 기독교 신자였는데 AA가 매우 친숙하게 느껴졌다고 한다. "나는 규칙 있는 삶이 좋아요. 임기응변으로 병동을 운영할 수는 없잖아요. 안 그래요?" 일부는 AA를 자신을 많이 지지해 주는 따뜻한 모임으로 생각했지만 종교적 성격에 거부감을 느낀 여성들도 있었다. "내 취향은 아니었어요."(케이티) 지나는 AA 조직이 다소 위협적이라고 느꼈고 오히려 술을 다시 마시게 된 경우도 있었다. AA 모임의 성격은 당시 어떤 회원이 가장 '연륜', 즉 권위를 가지고 있는가에 따라 크게 달라지는 경향이 있다. 통제하려는 성격을 가진 회원들이 존재하고, 새로 온 회원에게 자신들이 옳다고 생각하는 방식을 따를 것을 종용한다. 모임 중 '옳지 않은 말'을 했다고 모임이 끝난 후 '조언을 듣는' 경우도 종종 있다. 또한 일부 연구 참여자들은 남녀가 함께하는 알코올 치료 프로그램에서 남성 전문가가 여성인 자신의 음주에 대해 이야기하는 것이 불편했으며, 그 상황이 너무 부끄럽고 수치스러워서 마음을 달래 줄 술을 찾게 된 경우도 있었다고 했다. 여기에는 종종 여성답지 않은 행동을 하는 여성에 대한 경멸과 혐오의 기류가 있는 듯하다(McCarthy, 2010). 일부는 치료 프로그램에서 남성의 행동이나 심지어 남성의 존재만으로도 큰 수치심을 느꼈다고 했는데, 연구에 따르면 일반적으로 여성은 민감한 개인 문제를 여성 의료 전문가와 상의하는 것을 선호한다(Delgado et al., 2011). 여기에는 수치스러운 경험도 포함될 것이다.

익명 보장, 비난과 수치심 걱정이 없는 서비스

여성의 '과다한' 음주를 향한 대중의 태도에는 거부감이 넘쳐 난다. 품위 없고 자기만족적인 행동으로 인해 처녀성과 모성을 포함해 모든 여성의 상징적 역할이 위험에 처했다는 인식이 존재한다(Ettorre, 1997). 그러므로 참여자 대부분이 알코올 문제를 가진 자신을 비난하고, 사회가 기대하는 이상에 따라가지 못하는 것에 수치심을 느끼는 것은 놀랍지 않다. 여성들은 마치 모든 사람들의 도덕적 안녕과 신체적 안녕에 책임감을 느끼는 것 같다. 이에 대해서는 다른 연구자들도 언급한 바 있다(Velleman and Templeton, 2007; Moore, 2008). 일반적으로 여성 음주자의 가족들은 상대적으로 비협조적이고, '정신 차리고' 빠져나오라고 요구하거나 적절하지 않은 역할을 할 것을 요구한다.

연구에 참여한 여성들이 경험한 가까운 친구 및 친지의 이해와 연민 부족은 이런 경우에 일반적으로 나타나는 가족이나 이웃의 지지 철회(Beck, 1992)와 같은 여러 사회적 요인으로 설명할 수 있다. 하지만 본질적으로 여기에는 이 여성들이 사회가 기대하는 행동의 영역을 벗어났고 가족에게 수치심을 안겨 주었다는 인식이 존재한다(Ettorre, 1992). 이것이 이들을 절망하게 만든다. 케이티와 제인은 자살을 시도한 경험이 있고, 앤에게는 딸의 자살이 과음을 시작하게 된 주요 원인이었다. 제인은 살면서 계속 겪어 온 정신건강 문제에 대해 제대로 치료받지 못한 것을 음주 문제의 원인으로 설명했는데, 이는 관련 전문가들이 주장하는 관점과 유사하다(Guest and Holland, 2011).

인터뷰 말미에 나는 참여자들에게 본인의 치료 경험이나 치료 고려 여부와 관계없이 알코올 문제에 대한 어떤 지원을 바라는지 질문했다. 참여자들은 다양한 의견을 제안했고 일부는 다음과 같다.

- 비밀이 보장되는 비의료 헬프라인(정신건강 서비스의 세인라인

Saneline*과 유사한 서비스)

- 당사자를 위한 포럼이 제공되는 상호 소통이 가능한 웹 사이트
  (Women's Aid: www.womensaid.org.uk와 유사한 웹 사이트)
- 지역 내 대면 모임(알코올 문제에 맞서는 여성이 브리스틀에서 4년
  간 운영했던 것과 유사한 형태)

한 명을 제외한 모든 참여자는 여성을 위한 헬프라인이 가장 이 상적인 첫 번째 접촉 포인트라고 입을 모았다. "전화를 통한 지원이 가장 도움이 돼요. 연락하기도 쉽고 익명성도 보장되니까요. 전문가 의 도움을 받아 본 사람들도 항상 이야기해요. 헬프라인으로 도움 을 받으면 좋겠다고."(베벌리)

긍정적 알코올 치료를 경험한 케이티 같은 여성들은 수치스러운 경험을 안전하게 이야기할 수 있는 비심판적 접근을 높이 평가했 다. 일반적으로 가장 선호하는 것은 개별 상담이지만 비용을 무시 할 수 없다. 여성들 일부는 여성 집단을 선호했지만, 치료의 종류와 관계없이 가장 중요한 것은 친절과 공감이라고 강조했다. 무엇보 다 치료진과 동료 환자들의 태도가 가장 중요했다. 일부는 이미 제 공되고 있는 치료와 상담에 만족하지만 모든 참여자가 공통적으로 바라는 것은 익명이 보장되는 지원 프로그램이 더 다양해지는 것과 더 많은 정보와 '기록에 남는 것'에 대한 걱정 없이 이야기하고 도 움 받을 수 있는 기회였다.

* 세인라인은 가족과 친구를 포함해 정신질환으로 영향을 받는 모든 사람에게 전문적인 정서적 지원, 안내 및 정보를 제공하는 영국의 근무 시간 외 정신건강 헬프라인이다.

맺으며: 변화를 위한 새로운 방식

연구 프로젝트가 진행되면서 분명해진 것은 알코올 문제와 정신 건강 문제를 가진 여성들은 여성의 올바른 행동에 대한 기대치에서 오는 어마어마한 무게를 짊어지고 있다는 것이었다. 성적으로 유혹하는 여자와 아낌없이 내어 주는 순수함의 아이콘인 어머니상이 교차하며 여성에게 부여되는 이중적 역할은 모든 여성에게 영향을 미치지만(Fillmore, 1984; Ettorre, 1997; Raine, 2000; Letherby, 2002; Allen, 2003; Staddon, 2011a, 2012, 2013a, 2014), 건강 문제로 고통받거나 빈곤하고 파괴적인 환경에 있는 여성에게는 더 큰 어려움을 유발한다. 사회적 기대치에 부응하지 못한다는 것은 여성을 제대로 기능하기 어렵게 만들며, 이때 알코올은 일시적이지만 즉각적인 피난처를 제공한다.

여성이 음주하는 주요한 원인은 불행을 떨쳐 버리기 위해서였다. 알코올 치료 서비스가 아니라도 다양한 사회적 지지는 이들의 문제에 도움이 되었다. 수화기 반대편에서 연민어린 마음으로 귀 기울여 주는 사람의 존재는 참여자 대부분에게 큰 도움이 되었고, 이들이 선호하는 첫 번째 연락 포인트가 되었다. 이후에 치료를 선택하든 안 하든 이들에게는 비슷한 삶의 경험을 가진 여성의 존재, 특히 직접적인 '조언' 없이 비심판적인 태도로 받아 주는 사람의 존재는 도움이 되었다. 이 연구를 통해 나타난 증거 외에도 마음 편히 통화할 수 있는 사람의 존재는 여러 가지 문제 상황에서 도움이 된다는 증거가 차고 넘친다(Phillips et al., 2008; Fukkink and Hermanns, 2009; Darbyshire et al., 2013).

여성으로 구성된 집단(Blanch et al., 2012)과 상호소통이 가능한 웹 사이트는 알코올 문제에 대한 적절한 대응의 하나로 제시되었다. 이는 '비난과 수치심에 대한 걱정이 없는' 접근이어야 하며, 여성이 자신의 요구와 문제를 터놓을 수 있는 안전한 공간이어야 한다. 알코올 문제를 가진 여성을 위한 서비스는 턱없이 부족하고, 알코올 문제의 원인과 결과를 명확하게 정의하고 해결하도록 도와주는 접근은 더욱 부족하다. 안타깝게도 대부분의 전통적 치료는 여성들에게 수치심을 악화시키는 경향이 있기 때문에(Linton et al., 2009) 상호소통이 가능한 웹 사이트가 제공하는 익명성은 도움이 될 것이다(Barak et al., 2008; Riper et al., 2009).

여기에는 인권의 문제도 존재한다. 인정 정치는 문화와 관련된 불의에 주목하는데, 한 사회의 문화는 특정 집단(빈곤, 인종, 장애, 젠더 등)과 관련하여 일부 부분에 불이익을 줌으로써 기본적 인권을 침해하고, 이런 방식으로 불이익을 배가시킨다(Fraser, 2007; Lewis, 2013). 이들은 자신의 가치를 부정당하고 '일상적인 상호작용이나 표현에서 비방과 폄하를 경험한다'(Lewis, 2013, p. 88). 내가 Folk.us와 에이번과 윌트셔 정신건강재단 연구 프로젝트를 통해 만난 여성들의 경우, 그들의 행동은 여성에 대한 비현실적인 문화적 기대의 결과이며, 여성이라는 위치가 그들의 행동을 가치 없는, 평생 열등감의 상징으로 만들었다. 그들이 추구한 것은 가치 있는 인간으로 존중받고 인정받는 것이었다(Lister, 1997).

음주가 더 이상 문제가 되지 않는 상황이 되면 애초에 그 문제를 유발시킨 정치가 고통스럽게 모습을 드러낸다. 예를 들어 흑인 여성이나 레즈비언 여성으로 살면서 겪은 불평등, 사회 부정의, 학대, 세상을 다르게 이해하는 방식 등을 들여다보아야 할 필요가 있다. 이런 것들이 과거에 알코올 문제를 유발했거나 현재 음주에 영향을 미치고 있고, 이로 인한 고통은 술을 찾게 만든다. 다른 여성의 인정과 지지는 비현실적 기대에 도전하는 통로가 되어 줄 수 있고, 함께 연대하면 모든 여성을 위한 의미 있는 사회적 변화를 가져올 수 있다. 이를 성취하기 위해서는 문과 스태던 그리고 루이스(이 책 8장, 11장)가 언급한 방법들, 즉 함께 모여서 스스로에게 힘을 부여해 사회적 불이익에 대응하는 기회가 필요하다.

잘 알려진 젊은 여성의 과다한 음주 현상에도 불구하고 억압에 대한 목소리를 내는 것을 두려워하지 않는 젊은 페미니스트의 새로운 물결이 일렁이고 있고, 이들의 자신감은 귀감이 된다. 예를 들자면 다음과 같은 움직임들이 있다.

- 일상의 성차별 프로젝트(the Everyday Sexism Project)(www.everydaysexism.com)
- F로 시작하는 말 블로그(the F word blog)(www.thefword.org.uk)
- 바젠더 블로그(the Vagenda blog)(vagendamag.blogspot.co.ur)
- 영국 페미니스타(UK Feminista)(ukfeminista.org.uk)

이런 움직임들은 앞으로 술을 마시든 안 마시든 더 이상 술이 보호막으로 필요하지 않게 변화시켜 가고, 더 많은 자신감을 가지고 삶을 이끌어갈 수 있게 변화를 도모하는 새로운 방식들이다. 더 이상 파괴적인 음주 행동이 여성에게 주요한 문제가 되지 않도록 만들어 갈 수 있다.

이 장에서는 여성의 알코올 문제에 접근할 때에는 그들이 겪는 정신적 고통의 원인을 파악하고 다루며, 미래의 삶에 도움이 되는 전략을 고민하는 전인적인 접근이 중요하다는 점을 강조했다. 우리에게 필요한 것은 알코올 문제에 대한 사회적 접근이며, 맥락 속에서 문제를 이해하고 고통 속에 있는 여성에게 더 다양한 종류의 지원과 격려를 제공하는 것이다.

13장

다름의 가치를 인식하는
치료 서비스

데이지 보그, 테리 보그

여성 알코올 치료에서 고려해야 하는 것들

지난 20년 동안 영국의 알코올 치료 서비스는 주로 1차 의료기관에서 약식으로 이루어지는 약물 오남용 치료나 기부금으로 운영하는 민간 알코올 상담 서비스에서 시작해서 최근 중요한 정치적 쟁점이 되는 것들에 이르기까지 급격한 변화를 겪었다. 아마도 알코올이 우리 사회에 미치는 경제적 영향과 여러 폐해 때문일 것이다.

젠더 문제, 더 나아가 치료를 필요로 하는 여성의 요구에 어떻게 서비스가 대응하고 또 대응해야 하는지에 대한 연구는 여전히 부족하다. 예를 들어, 영국 보건임상연구원에서 제공하는 알코올 사용 장애 임상 치료 지침을 보면 여성과 관련한 내용은 신체적으로 다른 알코올 대사 비율에 대한 내용만 다루고 있고, 유념해야 할 다른 차이에 대한 내용은 전무하다(NICE, 2011). 임산부와 어머니, 특히 태아알코올증후군과 아동보호의 문제와 관련한 프로토콜은 구체적으로 제시되는 반면, 음주가 여성의 사회적 웰빙에 미치는 광범위한 영향에 대한 언급은 없다. 각종 서비스는 여전히 남성 중심 접근에 기반하고 있으며, 여성 음주를 둘러싼 보다 넓은 사회적 맥락은 거의 언급되지 않는다.

해로운 음주, 문제적 음주 또는 알코올의존으로 인해 여성이 겪는 어려움은 남성과는 다르기 때문에 고려해야 할 것들이 있다. 예를 들어 과거에 겪었거나 아직도 계속되는 가정폭력과 성폭력 및 학대로 인한 건강 문제에서부터 자존감, 낙인, 정체성, 역할기대의 영향에 이르기까지 다양하다. 처음 치료 문턱을 넘는 사람은 높은 불안감과 고립감을 경험하는 반면, 치료 경험이 많은 이들은 '다 거기서 거기다'는 생각에 의미 있는 변화를 기대하지 못하고 비관하는 경우가 많다.

더욱이 분명한 것은 여성들이 현재 제공되는 서비스로부터 제대로 도움을 받지 못하고 있다는 것이다(Staddon, 2012). 이 장에서는 여성과 알코올 치료를 탐구하며 다음 질문에 답하고자 한다. 페미니스트 관점은 여성을 위한 사회적 치료 모델 개발에 어떻게 기여할 수 있을까?

사회 변화에 따른 여성 음주의 변화

여성의 알코올 사용과 오용을 바라보는 시선은 20세기 초 이후 급격하게 변해 왔다.[1] 여성 역할의 변화와 평등 및 평등권에 대한 관심이 증가하면서 이전과는 다른 상황이 되었고, 특히 젊은 여성들에게 술은 과거에는 남성에게만 해당되던 유사한 기능을 했다. 즉 적어도 일부 여성들에게 과음은 예전에는 은밀하게 행하던(또는 아예 하지 않았던) 드문 행동에서 이제는 사회적으로 용인될 뿐 아니라, 어떤 상황에서는 당연하게 여겨지는 일상 행동이 되었다.[2]

여성의 음주 패턴은 사회 인식이 변하고 성평등을 지향하는 움직임이 커지면서 나타난 새로운 문제의 한 예다. 1990년대에 출현한 '라데트 문화'는 종종 24시간 음주가 여성의 폭음을 부추긴 결과라고 비난받아 왔다(Whitehead, 2009). 게다가 젊은 여성들이 또래 남성들과 비슷하게 술을 마시고 즐기는 모습을 보여주는 리얼리티 TV 쇼가 폭증한 것도 여성의 과음을 정상화하는 결과로 이어졌다. 하지만 문제는 이보다 더 복잡하다.

노동시장에 참여하는 여성이 증가하고 고위직 여성이 증가한 것도 영향을 미쳤다. 예전과 달라진 음주 양상은 젊은 여성만의 현상이 아니며 일하는 여성의 음주 역시 매년 증가 추세를 보인다(IAS, 2013). 동시에 경제적 압박과 경기 침체도 여성의 음주를 증가시키는 요인으로 지목된 바 있는데, 과거 경제 쇠퇴기에 정리해고와 재정

---

1   이 책 2장을 보면 이에 대해서는 논쟁이 있다.—엮은이 주
2   이 책 3장을 참조하라.—엮은이 주

적 압박이 남성에게 미친 영향과 유사하다.

그런데 젊은 여성과 일하는 여성만 영향을 받은 것은 아니다. 2013년에 넷맘(엄마들의 인터넷 커뮤니티)은 회원 3,000명을 대상으로 진행한 설문 조사 결과를 다음과 같이 보고했다.

- 절반 이상은 집에서 정기적으로 음주한다고 응답했으며 비음주자는 1.9%뿐이었다.
- 22%는 권장량보다 더 많이 마셨고, 이 중 83%는 저녁에 술을 마시는 주된 이유가 하루 동안의 스트레스를 내려놓기 위한 것이라고 응답했으며,
- 86%는 술을 좀 줄여야겠다고 생각한다고 응답했다(Netmums, 2013).

미디어에서도 그렇지만, 어느 도심의 밤거리를 걸어 봐도 여성은 남성과 매우 비슷한 방식으로 그리고 사회생활의 윤활유로 혹은 긴장을 풀기 위해 술을 마신다(하지만 이 책 4장을 보라—엮은이 주). 여성이 남성과 유사한 방식으로 음주하는 것이 점점 받아들여지고 있다고 해도, 만일 '여자답지 않은' 행동을 하거나 술을 너무 많이 마셔서 '알코올 문제'를 겪는다면 그녀는 사회로부터 소외되고 타인의 따가운 시선을 받는다. 밤을 즐기는 것을 벗어나 음주가 문제가 되기 시작하면, 즉 알코올이 하루를 버티게 해 주는 부적응적 대처 기술이 된다거나 스트레스, 불안과 같은 일상의 요구로 인한 압박으로부터의 안식처가 되기 시작하면 여성은 사회로부터 남성보

다 더 가혹한 대우를 받는다(Staddon, 2013 참조; 이 책 3장, 4장 참조—엮은이 주).

여성 음주 문제의 고유한 특성들

종합해 보면, 과음하는 여성을 받아들이는 분위기는 증가하고 있고 일하는 여성과(IAS, 2013) 엄마들(Netmums, 2013)의 음주도 증가하고 있지만, 여기에는 명백한 사회적 역설이 존재한다. 금요일과 토요일 밤을 즐기며 취하거나 퇴근 후 동료들과 술잔을 기울이는 것은 괜찮지만, 삶이 힘들어서 술에 기대는 것은 괜찮지 않다는 것이다.

음주는 사회적 활동이다. 많은 여성은 음주를 사회생활의 윤활유로 권장하고 받아들이는 문화, 그리고 동료들과 친구들이 정기적으로 해로울 정도로 술을 마시는 문화에 둘러싸여 있다. 이런 문화에서 벗어나 술 없는 삶으로 이동한다는 것은 단지 신체적인 재조정 작업이 아니다. 이는 심오한 정서적, 사회적 변화를 의미하며 단기 개입과 제독에 초점을 둔 현재의 서비스는 여기에 충분히 대응하지 못하고 있다. 알코올은 영국 문화 속에 녹아 있고, 여기서 벗어날 방법은 많지 않다. 이 지점에서 여성은 큰 딜레마에 봉착한다. 신세대 여성으로서 남성 동료들과 비슷하게 음주하면서 동시에 영국 사회가 기대하는 여성성과 역할과 기대와 정체성을 어떻게 유지할 수 있을까?

2005년 이후 주간 알코올 소비량은 점차적으로 감소했다(IAS, 2013). 하지만 동시에 많은 여성들이 위험 음주(정부의 권장 수준을 일주일에 한 번 이상 초과하는 음주)를 하며, 같은 기간 동안 알코올 관련 문제로 입원한 여성의 수는 두 배로 증가했다(HSCIC, 2012; IAS, 2013). 치료 서비스에 의뢰된 새로운 환자 역시 2008~2009년 2만 3,484명에서 2011~2012년 2만 6,347명으로 증가했다(NTA, 2012). 이 중 새로 의뢰되거나 치료를 받은 여성의 비율은 비교적 안정적으로 36% 정도에 머물러 있다. 이는 문제적 음주가 성별에 따라 다르지 않다는 것을 의미하며, 이제는 여성의 연도별 알코올 관련 문제 증가율도 남성과 비슷하다는 견해를 뒷받침한다. 음주하는 사람은 감소하는데(아니면 전반적으로 덜 마시거나), 동시에 알코올 문제로 지원 혹은 치료의 필요성을 인식하는 사람은 더 많아진다고 할 수 있다.

여성이 알코올에 의존하게 되는 이유는 매우 복잡하다. 생물학적, 사회적 그리고 심리적 요인이 모두 복합적으로 문제음주의 잠재적 파괴력과 결합해 여성의 건강, 웰빙, 관계, 신체적 안전, 성행동, 사회적 역할과 지위, 직업적 열망, 자기 이미지와 정체성 등에 영향을 미친다(Falkin and Strauss, 2003; Lyons and Wilmott, 2008; La Flair et al., 2012). 여성에게만 고유하게 적용되는 특성들이 있다는 것을 여러 연구들이 보고하는데, 생리적 차이로 인해 발생하는 더 심한 신체적 피해에서부터 가정폭력, 성적탈억제, 성장기 아동학대와 성폭력과 관련한 정서적 문제와 관계적 문제에 이르기까지 광범위하다(La Flair et al., 2012; Tracy et al., 2012; Salter and Breckenbridge, 2014). 젠더 특성을 고려한 사회적 관점을 적용하지 않고서는 이런 쟁점들을 다룰 수 없다.

치료를 원하는 여성들이 부딪히는 장벽

도움이 필요한 사람들이 서비스를 받는 과정에는 두 가지 주요 경로가 있다. 음주로 인한 범죄행위로 경찰이나 사회복지 서비스를 통해 의뢰되는 경우와 여성 스스로 자신의 음주를 걱정하여 도움이나 조언을 청하는 경우다. 연구에 따르면 후자의 경우 직접 약물중독 서비스에 도움을 구하기보다는 1차 의료기관이나 정신건강 서비스를 통해 도움을 청하는데, 남성들도 이와 비슷하다(Harvard Medical School, 2011).

여성이 치료를 받기까지는 여러 장벽이 존재한다는 것은 잘 알려져 있다(Briggs and Pepperell, 2009; Best and Laudet, 2010; Greenfield et al., 2010; Liang and Long, 2013). 몇 가지를 나열해 보면 아래와 같다.

- 사회적 낙인
- 양육권 박탈에 대한 두려움
- 가족과 직장의 요구 사이에서 균형 잡기의 어려움
- 복합적 정신건강 문제
- 폭력과 학대의 경험이 있거나 남성 중심 치료 집단을 불편해 하는 여성이 선택할 수 있는 여성을 위한 프로그램의 부족

  (Greenfield et al., 2010; La Flair et al., 2012; IAS, 2013)

게다가 브리그스와 페퍼럴(Briggs and Pepperell, 2009, p. 8)이 지적한 대로 '여성들이 가지고 있는 관계에 대한 욕구는 병리화되는 경우

가 있고' 이는 치료를 시작하거나 치료를 유지하는 것을 주저하게 만든다. 여성은 약물 사용 및 오용 문제를 가진 남성에 비해 더 고립되기 쉬우며, 자신의 어려움을 숨기고 다른 대안적 방법을 찾으려 하는 경향이 있다(Briggs and Pepperell, 2009; Greenfield et al., 2010; Harvard Medical School, 2011).

우리 사회는 건강과 사회적 돌봄 제공 영역에서 평등하고 공평한 접근을 상당히 중요시하지만, 중독 관련 서비스는 몰성적gender blind 특성을 가지고 있고, 건강이나 육아 문제에만 주의를 기울이는 정도다. 여성 관련 쟁점들은 대부분 예산 지원 우선순위에서 밀려나기 때문에 긍정적 치료 결과에 실질적인 차이를 가져올 수 있는 복잡한 사회적 고려 사항을 다루기에는 역부족이다.

치료 서비스는 여성의 사회심리적 욕구에 부응하는가

정부 부처와 서비스 제공자들은 청소년기 폭음에서 시작해 의존과 중독으로 이어지는 여성의 알코올 문제를 아직 제대로 파악하거나 이에 대응하지 못하고 있는 듯하다. 이쯤 되면 이들은 '아내와 어머니' 역할이나 여성다움이라는 사회적 이상향 등 사회적으로 부여된 역할들을 유지하기가 어려워질 것이다. 현재의 남성 중심 서비스는 애초에 여성들의 알코올 문제에 기여한 여러 사회적, 심리적 욕구를 제대로 파악하지 못하는 경우가 많다. '많은 알코올 및 약물 서비스가 표방하는 "누구에게나 똑같은" 제너럴리스트적 접근은 젠더 중립적이지 않으며 학대, 정신질환, 양육과 같은 여성의 구체적인 욕구를 무시함으로써 오히려 암묵적으로 성별화된 서비스라고 이해해야 한다'(Salter and Breckenridge, 2014, p. 165).

분명한 것은 여성의 음주와 관련해서는 주로 건강과 의료 문제에 초점을 맞추고 있고, 여성의 삶을 황폐화시킬 수 있는 사회적 문제에는 별로 관심이 없다는 사실이다. 개인, 가족, 친족 네트워크와 지역공동체는 약물중독 회복을 지원할 수도 있고 방해할 수도 있다 (Falkin and Strauss, 2003; White, 2008). 알코올의존과 관련한 광범위한 사회경제적 문제(고용, 소득, 주거 등)는 이제 남녀 구분 없이 젠더 중립적인 문제로 인식되는 반면, 여성들은 여전히 좀 더 구체적인 욕구를 가지고 있다. 특히 학대, 취약성, 정신건강과 양육과 관련한 욕구들이 있지만 치료 서비스는 여기에 부응하지 못한다(Salter and Breckenbridge, 2014).

여성들은 어떤 치료 욕구를 가지고 있을까

알코올 문제를 가진 여성에게 효과적인 치료는 무엇인지에 대한 일련의 연구들이 진행되었다. 몇 가지 예를 보자.

- 여성 전용 서비스: 아이 돌봄의 어려움을 고려하는 서비스, 여성 전용 모임 제공, 그리고 학대에 대한 상담 및 임신에 대한 지원은 약물 및 알코올 문제를 가진 여성들의 긍정적 치료 결

과에 중요한 요소들로 밝혀졌다(Copeland and Hall, 1992; Copeland et al., 1993; Greenfield et al., 2010).

- 표적화된 개입: 여성과 남성은 치료 유형에 다르게 반응한다는 연구 결과가 보고되었다(Sanchez-Craig et al., 1989, 1991; Copeland and Hall, 1992; Jarvis, 1992; Beckman, 1994; Liang and Long, 2013). 따라서 서비스도 젠더에 맞춰 제공되어야 한다.

- 개인 및 부부 상담: 개인 상담과 부부 상담 중 여성이 어디에 더 잘 반응하는지에 대한 연구가 수행되었다. 여성의 음주 행동은 파트너의 음주와 관련 있는 경우가 많고, 이런 경우 여성들은 개인 상담을 선호하지만 부부 상담이 단주 기간에는 더 효과적인 것으로 나타났다(McCrady et al., 2009, 2011). 하지만 학대나 통제 문제가 의심된다면 부부 상담은 절대로 선택지가 되어서는 안 되며, 함께하는 상담을 제안하기 전에 각 파트너를 개별적으로 면담하는 것이 필수다[AVA(폭력과 학대에 대응하기)가 개발한 스텔라 프로젝트 지침서 참고: www.avaproject.org.uk/our-resources/good-practice-guidance—toolkits/complicated-matters-stella-project-toolkit-and-e-learning-(2013).aspx].

완전하지는 않지만 위 연구들은 효과적 치료의 모습을 그려볼 수 있게 해 주는데, 여성들은 매우 다른 치료 욕구를 가지고 있으며 치료 유형에 따라 다르게 반응한다는 것을 보여 준다.

알코올의존의 의학적 측면은 비교적 짧은 시간 내에 치료될 수 있지만, 그렇다고 해서 알코올 문제로 인한 사회적 자본이 재건되거나 지속되는 회복의 문제가 해결되는 것은 아니다. 여성 위험 집단을 표적으로 하는 스텔라 프로젝트와 같은 소수의 모범적인 프로젝트를 제외하고, 현재의 치료 서비스는 '누구에게나 똑같은 치료'를 수행하고 있다(Perryman et al., 2011). 누구에게나 적용될 수 있는 서비스란 없다는 정부 알코올 전략(HM Government, 2012)의 주장에도 불구하고 현실은 그러하다.

회복 모델: 삶의 새로운 의미와 목적을 찾아가는 과정

그동안 '회복'을 둘러싸고 연구와 치료 서비스 간에 심오한 논의들이 오갔다. 약물, 알코올 및 정신건강 서비스 분야에서 '회복'의 정의에 대한 광범위한 논쟁이 있었고, 많은 당사자에게 이는 매우 개인적인 의미가 있는 용어로 자리 잡고 있다. 분명한 것은 회복이란 결과보다는 여정이며, 모든 사람은 각자 자기만의 여정을 경험한다는 것이다.

이 분야에서 영향력 있는 회복의 정의는 앤서니(Anthony, 1993, p. 17)가 주장한 것으로 회복이란 '한 사람의 태도, 가치, 감정, 목표, 기술, 역할을 변화시켜 가는 매우 개인적이고 특별한 과정이다. 이는 만족스럽고 희망적이고 기여하는 삶을 사는 방식이며 … 삶의 새로운 의미와 목적을 찾아가는 과정이다'.

이 정의는 원래 정신건강 영역에 적용된 것이지만, 알코올의존과의 분투와 이로부터 회복하고자 하는 여성 개개인의 특징을 잘 담아내고 있기 때문에 이 분야에도 충분히 적용할 수 있다.

회복은 목적이라기보다 과정이다

최근 알코올과 약물 서비스 및 전반적인 정신건강 영역에서 사회자본의 증가를 치료 성과로 보는 움직임이 있다(Granfield and Cloud, 2001; Ferlander, 2007; Cloud and Granfield, 2008; Laudet and White, 2008; Shepherd et al., 2008). 최근까지도 이런 서비스들은 여성의 다양한 욕구를 고려하지 않았다. 비록 이 담론이 인간에 대한 보다 전인적인 관점을 취한다고 해도 치료 서비스는 여전히 약물 치료가 중심이었고 여성이 가진 관계적 욕구는 관심 밖이었는데, 관계적 문제는 종종 여성의 음주와 얽혀 있다. 예를 들어, 여성은 동료 지원 혹은 회복 지원 집단에서 수적으로 열세인 경우가 많고, 이는 참여 의지에 도움이 되지 않을 수 있다. 특히 폭력적 관계가 음주의 계기가 된 여성이라면 더욱 그럴 것이다. 게다가 이들에게는 불안과 죄책감과 수치심이 일상이고 알코올 오용은 여성이 자신을 보는 방식, 다른 사람들이 그녀를 인식하는 방식, 그리고 그녀가 접근할 수 있는 사회적 역할과 자본에 직접적으로 영향을 미친다(Staddon, 2012).

'회복'의 개념, 더 구체적으로 '회복자원'을 개발하도록 개인을 지원하는 치료 서비스의 역할은 최근 몇 년간 지대한 관심을 받아왔다(Granfield and Cloud, 1999). 그로 인해 여성의 경험이 이전보다는 나아졌다고 할 수 있지만, 앞서 설명한 몰성적인 특성은 여전히 알코올 문제를 가진 여성에게 장벽으로 작용한다.

회복자본은 '알코올과 약물 문제로부터 회복을 시작하고 유지

하기 위해 사용할 수 있는 내외적 자원의 폭과 깊이'로 정의된다
(Granfield and Cloud, 1999, p. 154).

이런 맥락에서 회복은 목적 자체보다는 과정으로 간주된다. '회
복자본'의 개념은 근본적으로 사회적 지향을 가진 접근이며, 네 가
지 영역에서 자원과 힘을 키우는 것에 주목한다.

사회적 자본: 관계를 통한 지지와 의무

사회적 자본은 개개인이 가지고 있는 관계를 통해 개인에게 부
여되는 자원의 합이며, 개인이 속한 집단으로부터 받는 지원과 집
단에 대한 의무를 모두 포함한다. 예를 들어, 가족들은 지지를 제공
하지만 동시에 가족 구성원으로서의 의무와 책임을 요구한다.

한 여성이 가족, 친구, 공동체와 맺는 관계는 보통 자신이 스스
로를 인식하는 방식과 필연적으로 연결되어 있다. 우리 사회는 여
성들에게 남성과는 다른 다양한 기대와 모순적인 요구를 부여한
다. 오늘날 여성은 고용, 직업, 레크리에이션 측면에서 남성과 비슷
한 접근성을 가지고 있다(물론 완전한 평등까지는 아직 갈 길이 멀다).
하지만 사회적 자본의 조건으로 여성이 여성에게 부여한 모성과 돌
봄의 역할은 여전히 없어지지 않고 남아 있다. 이런 역할 갈등은 많
은 여성에게 고도의 스트레스를 촉발한다. 두 역할을 모두 유지하
는 이들은 매일의 일상에서 정교한 균형을 위해 분투하고, 가족보
다 일을 선택한 이들은 여성 정체성과 관련한 평가(남성뿐 아니라 다
른 여성들로부터)를 받는다. 그런데 일보다 가족을 선택한 이들은 사
회적으로 고립된 자신을 발견하기도 하고(일보다 가정을 택하는 여성

이 많은 사회에서는 더욱 그렇다), 경제적으로도 파트너(주로 남성)나 국가에 의존하게 된다. 이런 각각의 선택은 여성의 자기 이미지와 정체성에 파괴적인 영향을 미칠 수 있고 정서적 갈등과 스트레스를 증가시키며, 알코올 문제가 발생할 수 있는 이상적인 조건을 제공하기도 한다.

물리적 자본: 회복을 돕는 경제적 자원

물리적 자본은 회복을 도와줄 수 있는 유형자산, 즉 자산이나 돈으로 구성된다(예를 들어 함께 사는 파트너, 가족, 혹은 네트워크로부터 떠나거나 떠날 수 있는 조건).

여성의 임금은 여전히 남성에 비해 현저히 낮지만, 노동시장에서 남성과 경쟁할 수 있는 일과 능력을 가진 여성은 남성과 비슷하게 물리적 자본에 접근할 수 있다(Peacock, 2012). 이런 여성은 필요 시 다른 직업을 찾거나 다른 거주지를 찾는 것이 가능할 것이다. 하지만 역할의 균형을 맞추려고 애쓰는 여성이나 파트너에게 의존하는 여성에게 이는 또 다른 무거운 고민거리다.

알코올 문제를 경험하는 여성의 상당수는 폭력적 관계나 가정폭력이나 아동학대의 경험을 가지고 있는데, 이들에게 선택의 폭은 매우 제한적이고 물리적 자본이 없거나 있다고 해도 현저하게 적다. 낮은 자존감, 자원에 대한 제한적 접근, 그리고 정서적, 재정적 의존 같은 문제는 대처 수단으로 음주를 하게 하는 요인이 되기도 하고, 경우에 따라서는 결핍된 물리적 자본을 지속시키는 요인이 되기도 한다. 때로는 가학적인 파트너가 알코올을 이용해 여성을 통제하려 들기도 한다(Galvani and Humphreys, 2007).

인적 자본: 기술, 건강, 희망

인적 자본은 기술, 신체건강, 열망, 희망을 포함한다. 개인이 가지고 있는 자원과 탄력성은 회복의 필수 요소로서 삶과 상황을 변화시킬 수 있는 힘을 부여한다.

음주는 여성의 자존감과 정체성에 직접적인 영향을 미치는 것으로 알려져 있고(Lyons and Willmott, 2008; Shinebourne and Smith, 2009), 서비스를 찾는 여성의 상당수는 가중된 취약성을 가지고 있다(Burman, 1994; La Flair et al., 2012; Tracy et al., 2012). 이런 맥락에서 여성들은 기술이나 좋은 건강, 열망, 희망을 가지고 있다고 해도 그것들을 제대로 인식하지 못할 수 있고 가용한 개인적 자원도 부족할 가능성이 높다. 탄력성과 자원을 만들어 가는 것이 핵심 과업이며 여기에는 상당한 지지가 필요하다. 여성 네트워크와 지지 집단은 심도 있는 치료 개입과 지지에서 핵심 역할을 할 수 있다. 의료적 치료와 제독, 그리고 상호 지지 집단 등이 여기에 포함된다.

문화자본: 가치, 신념, 태도를 재정립하는 전략

문화자본은 지배적인 사회적 행동에 편입될 수 있는 능력과 사회적 적응과 연결된 가치, 신념 및 태도를 포함한다(Cloud and Granfield, 2008).

앞서 언급한 대로 사회가 주는 복잡하고 모순적인 메시지는 여성을 독특한 문화적 지위에 위치시킨다. 하위집단은 각자 자신의 고유한 가치와 신념과 태도를 가지고 있는데 지배적인 사회적 행동에 부응하기 위해 과도하게 술을 마시기도 하고, 위험한 음주 행태에 기여하는 집단적 판단과 개인적 판단을 생성하기도 한다. 지속가능한 회복을 위해서는 이를 해체하고, 여성들이 금주나 절주를 지지하는 문화자본을 재정립할 수 있도록 전략을 개발해야 한다.

이런 접근은 치료 서비스에 참여하는 여성의 경험과 성과를 향상시킬 수 있는 잠재력을 가지고 있다. 하지만 이것이 가능하기 위해서는 여성들의 특정한 요구와 맥락, 그리고 지역사회 및 가족 내에서 그들이 수행하는 역할을 제대로 인식하고 대응하는 서비스가 개발되어야 한다.

여성의 사회적 맥락을 고려하는 치료 서비스

치료 서비스가 여성에게 매력적이고 효과적이기 위해서는 여성에게 적용되는 회복과 사회적 자본의 개념을 구체적으로 고려해야 한다. 남성 중심적 접근은 여성 음주의 복잡성을 제대로 다루지 못할 가능성이 높은데 여성이 경험한 수많은 육체적, 실제적 손실과 그로 인해 겪는 위험을 제대로 인지하지 못하기 때문이다. 몰성적인 접근으로는 여성의 금주(실제로 이것이 목표라면)를 지원하기에 적합하지 않을 것이다. 많은 여성들이 다른 종류의 지원들을 탐색하고 '자연적' 회복을 선택하는 경향은 이런 주장을 뒷받침한다.

여성이 경험하는 것의 특이성과 다양성에 대응하는 진정으로 포

사회적 자본			
긍정적 자존감과 개인의 웰빙	건강한 관계	역할과 책임	사회적 기대와 사회 규범

⇩

물리적 자본			
안전	주거	경제적 독립	복지 서비스

⇩

인적 자본			
정서적 기술과 회복탄력성	선호와 권리	의료적 치료와 건강 상태	직업 기술과 관심

⇩

문화 자본			
사회적 이미지에 도전하기	가치와 신념 점검하기	사회적 전략	공동체 참여

그림 13.1 여성을 대상으로 한 치료의 사회적 모델

용적인 알코올 치료의 사회적 접근을 달성하기 위해서는 몰성적 눈가리개를 벗어 던지고 남성과 여성은 서로 다르며 서로 다른 요구를 가지고 있음을 명시적으로 선언해야 한다. 같은 모델이라고 해도 그 안의 각 요소들이 여성의 경험에 구체적일 때 비로소 여성의 알코올 치료를 독려하고 치료를 유지하게 할 수 있다. 〈그림 13.1〉 은 이러한 접근을 제시한다.

이 모델 안에서 보면 현재의 치료 서비스는 약물 치료, 단기 개입, 인지행동 치료가 주를 이루는 제한된 서비스를 제공한다. 어떤 여성들의 어떤 문제에는 이런 치료 요소들이 유용할 수 있지만, 여성 음주를 둘러싼 광범위한 사회적 맥락이 고려되는 치료 서비스는

3부 사회적 접근으로 해결책을 모색하다

여성의 요구에 구체적으로 대응하는 회복자본을 개발시켜 줄 것이며, 궁극적으로 의미 있고 지속적인 회복경험으로 이어질 것이다. 여기에는 다른 정신건강 서비스 사례처럼 여성전용 서비스를 더 많이 개발하는 방법도 있고, 현재 서비스 전달 모델을 확장해 치료과정에서 보다 많은 주제를 다룰 수 있게 하는 방법도 있다.

맺으며: 젠더특성에 응답하는 회복지향 치료

치료와 관련한 많은 연구와 정책들이 사회적 접근을 지지함에도 불구하고 많은 치료 서비스가 이를 달성하기까지는 아직 갈 길이 멀어 보인다. 많은 서비스들이 회복을 지향하는 방향으로 변화하고 있다. 하지만 젠더 평등에 대한 강조가 일부 보건 서비스에서는 오히려 몰성적인 결과를 가져왔고, 여성들의 구체적인 요구를 인식하거나 이에 응답하지 못했다. 담당 부처는 젠더 특성을 고려하는 서비스, 지역 내 여성들의 요구에 귀 기울이는 서비스를 마련해야 할 구체적 책임과 의무를 가지고 있다.

여성만 대상으로 하는 서비스가 일부 개발되기는 했지만 여전히 드물고, 여성전용 서비스가 필요하기는 하지만 약물 치료나 제독과 마찬가지로 그 자체만으로 유일한 해결책이 될 수는 없다. 사회적이고 회복지향적인 접근이 성공하기 위해서는 여성을 그 안에서도 각각 다른 관점, 욕구, 선호 및 태도를 가진 다양한 집단으로 이해하고 여기에 맞게 대응해야 한다. 역할 갈등과 복잡한 사회적 관계를 인정하고 이를 중요한 주제로 다루어야 한다. 이제는 알코올 및 약물 서비스뿐 아니라 정신건강 전반에 걸쳐 사회적 자본을 치료 성과로 보는 경우가 증가하고 있다(Granfield and Cloud, 2001; Ferlander, 2007; Cloud and Granville, 2008; Laudet and White, 2008; Shepherd et al., 2008). 하지만 아직까지는 여성이 가진 다양한 요구를 고려하지 못하고 있으며, 인간에 대한 전인적인 관점을 견지하는 담론이라고 해도 치료 서비스는 여전히 약물 치료에 초점을 두고, 여성이 가질 수 있는 관계적 요구(종종 음주 문제와 뒤얽힌)에 대한 관심은 저조한 편이다. 여성 중에는 폭력적인 남성과의 관계가 음주 문제를 유발하게 된 경우가 있다. 사회 불안을 가진 이들도 많고, 죄책감과 수치심을 가진 경우도 많다. 음주 문제는 여성이 자신을 보는 방식, 다른 사람들이 그녀를 인식하는 방식, 그리고 그녀가 접근할 수 있는 사회적 역할과 자본에 직접적으로 영향을 미친다(Staddon, 2012).

회복자본 모델은 젠더와 관련한 차이를 고려해야 하며, 사회에서 여성이 가지고 있는 다양한 역할과 관련된 상황에 근거해야 한다. 그래야만 여성 음주의 복잡한 원인에 응답하는 회복지향 치료가 이루어질 수 있다.

우리가 추구하는 것은 젠더를 충분히 고려하는 문화적 역량을 갖추는 것이다. 평등은 동일함을 의미하는 것이 아니다. 평등이란 다양성을 인정하는 서비스이며 (현재 대부분의 서비스에서 보기 힘든) 다름의 가치를 인식하는 서비스를 의미한다.

나가는 글

패치 스태던

서문에서 나는 사회적 환경적 요인을 고려할 때 비로소 알코올 '오용'과 관련한 문제를 제대로 이해할 수 있다고 주장했다. 이 책에서 우리는 이 관점이 전개되는 과정을 볼 수 있었다. 여기에는 용어들을 질문하고 다듬어 가는 과정부터 음주의 의미에 대한 대안적 이해를 인지하고, 정치적 틀 및 페미니즘의 틀에 맞게 여성의 음주를 다루는 정책 제안까지의 과정이 담겨 있다. 갈바니와 토프트는 5장에서 이 관점을 잘 설명해 주었다. '전문가의 역할은 피해자를 비난하지 않고, 더 상처받게 하지 않는 접근 방법을 모색하며, 안전을 최우선으로 고려하면서 이들의 힘을 키워 주고 공감해 주며 적절한 정보에 근거한 도움을 제공하는 것이다.'

알코올 문제에 대한 지원은 현존하는 치료 서비스 밖에서 이루어지는 것이 이상적이며, 여성 전용 동료 지원(6장, 12장)과 소수자 집단을 위한 대안적인 장을 마련하는 것(7장, 8장)이 제안되었다. 12장에서는 생존자가 주도하는 여성 전용 핫라인을 강력하게 제안했다. 성인 지역사회 교육의 일환으로 여성 집단을 활용하는 것(11장)과 여성 금주를 위해서 지역 내 '특별한 장'을 마련하는 것(10장)이 제안되었고, 13장에서는 영국 보건 의료 치료 서비스가 여성의 음주를 이해하고 별도로 치료하는 방향으로 변화해야 한다는 점을 피력했다.

그러나 이 책은 단지 회복에 대한 것만은 아니다. 이 책은 여성들 스스로에게 음주의 의미가 무엇이고, 여성 음주에 대한 사회의 반응이 어떻게 전통적 치료 방법에 기여했는지 보여 주었다. 이런 반응은 여성을 사회적으로 통제하기 위해 수치심이라는 장치를 활용해 온 역사적 배경을 가지고 있다(12장). 또한 젊은 여성(3장, 4장)과 여성 노인(6장)에게 음주가 어떤 의미인지, 그리고 이들의 음주 정도에 대한 오해, 혼란 및 잘못 알려진 사실들도 확인했다. 우리는 또한 가정폭력의 피해와 심각성의 정도, 그리고 그것이 여성 음주와 얼마나 밀접하게 연관되어 있는지 알게 되었다(5장). 알코올 치료의 근거가 되었던 오해와 특히 카리브계 흑인 여성(7장)과 레즈비언 여성(8장)에게 잘못된 이해가 미친 영향도 확인했다. 문은 음주로 인한 고통과 절망, 하지만 그 여정에서 경험했던 한가닥 희망을 자문화기술지 방식으로 풀어냈다(9장).

여성 음주에 대한 수치심과 잘못 알려진 사실들은 대중의 공감 부족, 치료 서비스 부족, 그리고 음주와 관련한 법과 정부 차원 권고의 혼란 등을 잘 반영하며, 보다 깊은 이해와 더 효율적인 공공 대응이 필요하다는 중요한 함의를 던진다. 이 모든 것의 배경에는 알코올을 '오용'하는 이들은 우리와 다른 '타자'이며, 엄격한 통제가 필요하고, 당사자를 위해서라도 강제적 입원 '치료'가 필요하다는 신념이 자리 잡고 있다(Becker, 1963). 가장 널리 알려진 자조 모임인 '알코올중독자모임AA'은 안타깝게도 이런 신념을 지지한다. 알코올중독자 모임은 문제음주자에게 음주에 대한 이유를 찾아내고 음주에 대응하는 방식을 찾아가도록 독려하기보다는(문, 9장 참조), '성격상 결함'을 가지고 있는 문제음주자는 '알코올 앞에 무력하며', 겸손하게 '영적으로 각성'하는 것이 필요하고, 잘못을 저지른 이들에게 '직접적으로 보상'해야 한다고 주장한다(Alcoholics Anonymous, 1939). 이 책의 저자들은 무력함과 직접적 보상은 종종 부적절하고 상처를 줄 뿐 아니라 위험할 수도 있다고 설명한다(5장). 여성들은 권력을 내려놓기보다는 되찾아야 한다. 이 책은 삶에 대한 권력을 되찾기 위해서는 각기 다른 여성의 삶에 알코올이 어떤 의미를 가지고 있는지 폭넓게 이해해야 한다고 말해 준다. 세런트가 제안하고 문과 스태던이 지지한 대로 음주하는 방식은 문화별로 다르며, 이런 문화를 보다 잘 이해함으로써 알코올에 관한 지식을 전반적으로 변화시킬 수 있다.

이 책은 여성들의 삶에서 알코올이 담당하는 중요한 역할을 이해할 수 있게 해 준다. 음주 문제가 생긴다고 해도 모두에게 금주가 필수적이거나 가장 우선적인 해결책은 아니다. 사회적 관계망은 건강한 삶에 중요한 부분인데, 그 관계망이 매주 만나는 회복 모임으로 제한되는 것은 안타까운 일이다. 관계망은 오히려 더 개발되고 확장되어야 하며, 여성들은 자신의 삶에 피해를 주지 않는 사회적 공간을 발굴하는 방법을 익혀야 한다. 우리는 이 책에서 이를 실천하는 다양한 연령대의 여성들을 목격했다. 치료 센터에 처음 온 모든 이들에게 길을 걷다가 술집이 보이면 길을 건너 피하기보다는 당당하게 그 앞을 지나가라고 조언하는 날이 오기를 희망한다.

참고문헌

서문

Campbell, N.D. and Ettorre, E. (2011) *Gendering addiction: The politics of drug treatment in a neurochemical world,* Basingstoke: Palgrave Macmillan.

Clarke, A.E. and Olesen, (1999) 'Revising, diffracting, acting', in A.E. Clarke and V.L. Olesen (eds) *Revisioning women, health and healing: Feminist, cultural and technoscience perspectives,* New York, NY: Routledge, pp 3-48.

Tuana, N. (2006) 'The speculum of ignorance: the women's health movement and epistemologies of ignorance', *Hypatia,* vol 21, no 3, pp 1-19.

들어가는 글

Abbasi, K. (2004) 'The four pillars of global academic medicine', *British Medical Journal,* 329 (7469) pp 752-53, http://www.bmj.com/cgi/content/full/329/7469/0-g [Accessed 19 February 2009]

Becker, H.S. (1963) *Outsiders: Studies in the sociology of deviance,* New York, NY: The Free Press, 1966.

Beresford, P. (2002) 'Thinking about "mental health": towards a social model', *Journal of Mental Health,* vol 11, no 6, pp 581-584.

Chamberlin, J. (1978) *On our own: Patient-controlled alternatives to the mental health system,* New York: Haworth Press.

Cohen, S. (1972) *Folk devils and moral panics,* Abingdon: Routledge, 2002.

Crome, I.B. (1999) 'The trouble with training: Substance misuse education in British medical schools revisited. What are the issues?', *Drugs: education, prevention and policy,* vol 6, no 1, pp 111-13.

Davidson, L., Rakfeldt, J. and Strauss, J. (2010) *The roots of the recovery movement in psychiatry: Lessons learned,* Chichester: John Wiley & Sons Ltd.

Eliason, M.J. (2006) 'Are therapeutic communities therapeutic for women?', *Sub-*

stance *Abuse Treatment, Prevention, and Policy,* vol 1, no 3, www.substanceabuse-policy.com/content/1/1/3

Ettorre, E. (1992) *Women and substance use,* New Brunswick, NJ: Rutgers University Press.

Ettorre, E. (1997) *Women and alcohol: A private pleasure or a public problem?,* London: The Women's Press.

Ettorre, E. (2007) *Revisioning women and drug use: Gender, power and the body,* Basingstoke: Palgrave MacMillan.

Fillmore, K.M. (1984) 'When angels fall: women's drinking as cultural preoccupation and as reality', in Wilsnack, S.C. and Beckman, L.J. (ed) *Alcohol problems in women,* The Guilford Alcohol Studies Series, New York, NY: Guilford Press.

Friedli, L. (2009) Mental health, resilience and inequalities, www.euro.who.int/__ data/assets/pdf_file/0012/100821/E92227.pdf

Gewirtz, S. (2001) 'Rethinking social justice: A conceptual analysis', in J. Demaine (ed), *Sociology of education today,* Basingstoke: Palgrave, pp 49-64.

Goffman, E. (1963) *Stigma: Notes on the management of spoiled identity,* Harmondsworth: Penguin Books, 1968.

Hendry, J. (1994) 'Drinking and gender in Japan,' in McDonald, M. (ed) *Gender, drink and drugs: Cross-cultural perspectives on women,* vol 10, Oxford: Berg, 1997.

International Centre for Drug Policy (2007) *Substance misuse in the Undergraduate Medical Curriculum. A United Kingdom Medical Schools' collaborative programme,* The International Centre for Drug Policy (ICDP), www.sgul.ac.uk/depts/icdp/ our-programmes/substance-misuse-in-the-undergraduate-medical-curriculum/ substance-misuse-in-the-undergraduate-medical-curriculum_home.cfm (accessed 18 March 2009).

Jacobson, B. (1986) *Beating the ladykillers: Women and smoking,* London: Pluto Press, 1988.

Measham, F. and Brain, K. (2005) 'Binge drinking, British alcohol policy and the new culture of intoxication', *Crime, Media, Culture,* vol 1, no 3, pp 262-283.

Merton, R.K. (1968) *Social theory and social structure,* New York, NY: Free Press.

Mills, C.W. (1959) *The sociological imagination,* New York, NY: Oxford University Press.

National Involvement Partnership (2014) *The language of mental wellbeing,* www.nsun. org.uk/assets/downloadableFiles/networkspringsummer2014FORWEB2.pdf

Neville, S. and Henrickson, M. (2005) 'Perceptions of lesbian, gay and bisexual people of primary healthcare services', *Journal of Advanced Nursing,* vol 55, no 4, pp 407-415.

Nicholls, J. (2009) *The politics of alcohol: A history of the drink question in England,* Manchester: Manchester University Press.

Niv, N. and Hser, Y. (2007) 'Women-only and mixed-sex treatment programmes: service needs, utilizations and outcomes', *Drug and Alcohol Dependence,* vol 87, no 2-3, pp 194-201.

Oakley, A. (2007) *Fracture: Adventures of a broken body,* Bristol: Policy Press.

Plant, M.L. (1997) *Women and alcohol: Contemporary and historical perspectives,* London: Free Association Books.

Plant, M.L. and Plant, M. (2006) *Binge Britain: Alcohol and the national response,* Oxford: Oxford University Press.

Raine, P. (2001) *Women's perspectives on drugs and alcohol: The vicious circle,* Aldershot: Ashgate.

Raistrick, D. (2005) 'The United Kingdom: alcohol today', *Addiction,* vol 100, no 9, pp 1212-14.

Shaw, I. (2004) 'Doctors, "dirty work" patients and "revolving doors"', *Qualitative Health Research,* vol 14, no 8, pp 1032-1045.

Smart, C. (1976) *Women, crime and criminology,* London: Routledge & Kegan Paul.

Staddon, P. (2005) 'Labelling out: the personal account of an exalcoholic lesbian feminist', in Ettorre, E. (ed) Making lesbians visible in the substance use field, New York, NY: The Haworth Press.

Staddon, P. (2009) '"Making whoopee"? An exploration of understandings and responses around women's alcohol use', PhD thesis, Plymouth University, http://hdl.handle.net/10026.1/415.

Staddon, P. (2011a) 'Service user led research in the NHS: wasting our time?' in Barnes, M. and Cotterell, P. (eds) *Critical perspectives on user involvement,* Cambridge: Polity Press.

Staddon, P. (2011b) 'Many roads to recovery', *The Big Issue,* 10 January.

Staddon, P. (2012) 'No blame, no shame: towards a social model of alcohol dependency: a story from emancipatory research', in Carr, S. and Beresford, P. (eds) *Social care, service users and user involvement: Building on research,* London: Jessica Kingsley Publishers.

Staddon, P. (2013a) Report for Folk.us: *Improving support for women with alcohol issues*, www.wiaswomen.org.uk S

taddon, P. (2013b) 'Theorising a social model of "alcoholism": service users who misbehave', in Staddon, P. (ed) *Mental health service users in research: A critical sociological perspective*, Bristol: Policy Press.

Sulkunen, P. (2007) 'Images of addiction: representations of addictions in films', *Addiction Research and Theory*, vol 15, no 6, pp 543-559.

Van Wersch, A. and Walker, W. (2009) 'Binge-drinking in Britain as a social and cultural phenomenon: the development of a grounded theoretical model', *Journal of Health Psychology*, vol 14, no 1, pp 124-134.

Waterson, J. (2000) *Women and alcohol in social context: Mother's ruin revisited*, Basingstoke: Palgrave.

Wearing, B., Wearing, S. and Kelly, K. (1994) 'Adolescent women, identity and smoking: leisure as resistance', *Sociology of Health and Illness*, vol 16, no 5, pp 626-643.

White, W.L. (2008) *Recovery management and recovery-oriented systems of care: Scientific rationale and promising practices*, Northeast Addiction Technology Transfer Center, Great Lakes Addiction Technology Transfer Center, Philadelphia Department of Behavioral Health/Mental Retardation Services.

Wilkinson, R. and Pickett, K. (2009) *The spirit level: Why more equal societies almost always do better*, London: Allen Lane.

Wilsnack, S.C. and Beckman, L.J. (ed) (1984) *Alcohol problems in women*, New York, NY: Guilford Press.

Women's Health Council of Ireland (2005) *Women's mental health: Promoting a gendered approach to policy and service provision*, Conference Proceedings 2005, Dublin: Desire Publications.

Women's Resource Centre (2007) *Why women-only? The value and benefits of by women, for women services*, London: Women's Resource Centre.

Wright, N. (2012) 'The politics of recovery in mental health: a left libertarian policy analysis', *The Institute of Mental Health Blog*, http://imhblog.wordpress.com/2012/05/06/dr-nicola-wright-the-politics-of-recovery-in-mental-health-a-left-libertarian-policy-analysis/

1부 여성의 음주는 사회적으로 구성된다

1장 음주를 바라보는 새로운 관점이 필요하다

Beresford, P., Nettle, M. and Perring, R. (2009) *Towards a social model of madness and distress? Exploring what service users say,* York: Joseph Rowntree Foundation.

Bywaters, P., Ali, Z., Fazil, Q., Wallace, L. and Singh, G. (2003) 'Attitudes towards disability amongst Pakistani and Bangladeshi parents of disabled children in the UK: considerations for service providers and the disability movement', *Health and Social Care in the Community,* vol 11, no 6, pp 502-509.

Cameron, C. (ed) (2014) *Disability studies: A student's guide,* London: Sage Publications.

Campbell, J. and Oliver, M. (1996) *Disability politics: Understanding our past, changing our future,* London: Routledge.

Cosslett, R.L. and Baxter, H. (2014) 'The drunk woman's manifesto', *New Statesman,* 11 February, www.newstatesman.com/2014/02/drunk-women-manifesto

Crow, L. (1992) 'Renewing the social model of disability', *Coalition,* July, Manchester: Greater Manchester Coalition of Disabled People, pp 5-9.

Fazil, Q., Bywaters, P., Ali, Z., Wallace, L. and Singh, G. (2002) 'Disadvantage and discrimination compounded: the experience of Pakistani and Bangladeshi parents of disabled children in the UK', *Disability & Society,* vol 17, no 3, pp 237-253.

French, S. (1993) 'Disability, impairment or something in between', in Swain, J., Finkelstein, V., French, S. and Oliver, M. (eds) *Disabling barriers–enabling environments,* London: Sage Publications, pp 17-25.

Heather, N., Peters, T.J. and Stockwell, T. (eds) (2001) *International handbook of alcohol dependence and problems,* Chicago, IL: John Wiley.

Morgan, M.L. (2008) *On shame,* New York, NY: Routledge.

Morrow, M. (2013) 'Recovery: progressive paradigm or neoliberal smokescreen', in LeFrancois, B., Menzies, R. and Reaume, G. (eds) *Mad matters: A critical reader in Canadian mad studies,* Toronto: Canadian Scholars Press, pp 323-333.

Munt, S.R. (2007) *Queer attachments: The cultural politics of shame,* Aldershot: Ashgate.

Oliver, M. (2009) *Understanding disability: From theory to practice* (2nd edn), Basingstoke: Palgrave Macmillan.

Otto, S. (1974) 'A special case for treatment: Camberwell Council on alcoholism',

CCA Journal on Alcobolism, vol 3, no 3, pp 25-28.

Plant, M.L. and Plant, M. (2006) *Binge Britain: Alcobol and the national response*, Oxford: Oxford University Press.

Ramon, S. and Williams, J.E. (eds) (2005) *Mental health at the crossroads: The promise of the psychosocial approach*, Guildford: Ashgate.

Sayce, L. (2000) *From psychiatric patient to citizen: Overcoming discrimination and social exclusion*, Basingstoke: Macmillan.

Staddon, P. (2012) 'No blame, no shame: towards a social model of alcohol dependency-a story from emancipatory research', in Beresford, P. and Carr, S. (eds) *Social care, service users and user involvement*, London: Jessica Kingsley Publishers, pp 192-204.

Staddon, P. (2013a) 'Theorising a social model of "alcoholism": service users who misbehave', in Staddon, P. (ed) *Mental health service users in research: Critical sociological perspectives*, Bristol: Policy Press, pp 105-119.

Staddon, P. (2013b) *Improving support for women with alcobol issues*, 22 September, Bristol: www.wiaswomen.org.uk/uploads/3/1/2/9/3129441/staddon_report_sept_22_2013.pdf

Taylor, C. (2010) 'Extending GP training', in *InnovAiT: The RCGP Journal for aAssociates in Training*, no 3, pp 438-441, doi:10.1093/innovait/inp214.

Tew, J. (ed) (2005) *Social perspectives in mental health: Developing social models to understand and work with mental distress*, London: Jessica Kingsley Publishers.

Tew, J. (2011) *Social approaches to mental distress*, Basingstoke: Palgrave Macmillan.

Tew, J., Ramon, S., Slade, M., Bird, V., Melton, J. and LeBoutillier, C. (2012) 'Social factors and recovery from mental health difficulties: a review of the evidence', *British Journal of Social Work*, vol 42, no 3, pp 443-460, doi: 10.1093/bjsw/bcr076, first published online 15 June 2011.

Thomas, C. (1999) *Female forms: Experiencing and understanding disability*, Buckingham: Open University Press.

Thomas, C. (2007) *Sociologies of disability and illness: Contested ideas in disability studies and medical sociology*, Basingstoke: Palgrave Macmillan.

Anna van Wersch, A. and Walker, W. (2009) 'Binge-drinking in Britain as a social and cultural phenomenon: the development of a grounded theoretical model,' *Journal of Health Psychology*, vol 14, no 1, pp 124-134.

Bartky, S.L. (1990) *Femininity and domination: Studies in the phenomenology of oppression,* New York, NY: Routledge.

Bordo, S. (2003a) *Unbearable weight: Feminism, Western culture and the body,* London: University of California Press.

Bordo, S. (2003b) 'Hunger as ideology', in Bordo, S., *Unbearable weight: Feminism, Western culture and the body,* London: University of California Press.

Chatterton, P. and Hollands, R. (2003) *Urban nightscapes: Youth cultures, pleasure spaces and corporate power.* London: Routledge

Critcher, C. (2011) 'Drunken antics-The gin craze, binge drinking and the political economy of moral regulation' in P. Hier (ed) *Moral Panic and the politics of anxiety,* Abingdon: Routledge.

Ettorre, E. (1992) *Women and substance use,* New Brunswick, NJ: Rutgers University Press.

Ettorre, E. (1997) *Women & alcohol: A private pleasure or a public problem?,* London: The Women's Press.

Harrison, B. (1994) *Drink and the Victorians* (2nd edn), Keele: Keele University Press.

Hunt, A. (1999) *Governing morals: A social history of moral regulation,* Cambridge: Cambridge University Press.

Nicholls, J. (2009) *The politics of alcohol: A history of the drink question in England,* Manchester: Manchester University Press.

Shiman, L.L. (1988) *Crusade against drink in Victorian England,* Basingstoke: Macmillan.

Warner, J. (1997) 'The sanctuary of sobriety: the emergence of temperance as a feminine virtue in Tudor and Stuart England', *Addiction,* vol 92, no 1, pp 97-111.

Warner, J. (2004) *Craze: Gin and debauchery in an age of reason,* London: Profile Books.

Waterson, J. (2000) *Women and alcohol in social context: Mother's ruin revisited,* Basingstoke: Palgrave.

Winskill, P.T. (1891) *The temperance movement and its workers: A record of social, moral, religious and political progress,* London: Blackie and Son.

음주규제캠페인 자료

'A sad sight' (1851) *The Band of Hope Review*, September, www.victorianweb.org/periodicals/bandofhope.html

'Bridget Larkins' (circa 1850) *Ipswich Temperance Tracts*, no 89.

'Catching up: left behind' (2011) Why let good times go bad, www.drinksinitiatives.eu/details-dynamic.php?id=313

'Dance floor: toilet floor' (2011) Why let good times go bad, www.drinksinitiatives.eu/details-dynamic.php?id=313

'Laughing with you: laughing at you' (2011) Why let good times go bad, www.drinksinitiatives.eu/details-dynamic.php?id=313

'The British juggernaut' (1851) *The Band of Hope Review*, December, www.victorianweb.org/periodicals/bandofhope.html

'The craving of a drunkard' (circa 1850) *Ipswich Temperance Tracts*, no 108, http://apps.nationalarchives.gov.uk/a2a/records.aspx?cat=182-druitt&cid=-1#-1

'The crier' (2009), Play your night right, www.behance.net/gallery/Drinkaware-Play-Your-Night-Right/731926

'The other hangover' (2009-11) www.theotherhangover.com

'The victim of excitement' (circa 1850) *Ipswich Temperance Tracts*, no 78.

3장 영국 청년에게 술이란 무엇일까?: 음주문화 민족지학 연구

Alcohol Concern (2013) 'Alcohol Concern responds to latest statistics on alcohol' (online), www.alcoholconcern.org.uk/media-centre/news/alcohol-concern-responds-to-latest-stats-on-alcohol

BBC News Online (2001) 'Ladettes enter dictionary', 12 July, http://news.bbc.co.uk/1/hi/uk/1434906.stm

BBC News Online (2006) 'UK young women "out-drinking men"', 21 March, http://news.bbc.co.uk/1/hi/uk/4824794.stm

BBC News Online (2014) 'Up to five deaths caused by drinking game Neknominate', 22 February, www.bbc.co.uk/news/health-26302180

Bloomfield, K., Gmel, G., Neve, R. and Mustonen, H. (2001) 'Investigating gender convergence in alcohol consumption in Finland, Germany, The Netherlands, and Switzerland: a repeated survey analysis', vol 22, no 1, pp 39-53.

Bourdieu, P. (1984) *Distinction: A social critique of the judgement of taste,* London: Routledge & Kegan Paul.

Butler, J. (1999) *Gender trouble: Feminism and the subversion of identity,* New York, NY: Routledge.

Carey, T. (2011) 'Why DO young women go out dressed like this? We meet nightclubbers in four major cities to find the surprising and unsettling answer to the question despairing mothers are asking', *Daily Mail,* 30 November, www.dailymail.co.uk/news/article-2067391/Why-DO-young-women-dressed-like-We-meet-nightclubbersunsettling-answer.html#ixzz30DVsIjHg

Chatterton, P. and Hollands, R. (2003) 'Producing nightlife in the new urban entertainment economy: corporatization, branding and market segmentation', *International Journal of Urban and Regional Research,* vol 27, no 2, pp 361-385.

Dutchman-Smith, V. (2004) 'Is alcohol really a feminist issue?', www.thefword.org.uk/features/2004/09/is_alcohol_really_a_feminist_issue

Express Online (2013) 'Alcohol promoted in chart hits', 2 October, www.express.co.uk/news/uk/433799/Alcohol-promoted-in-charthits

Goffman, E. (1963) *Stigma,* Harmondsworth: Penguin.

Griffin, C., Bengry-Howell, A., Hackley, C., Mistral, W. and Szmigin, I. (2009) '"Every time I do it I absolutely annihilate myself ": loss of (self-)consciousness and loss of memory in young people's drinking narratives', *Sociology,* vol 43, no 3, pp 457-476.

Griffin, C., Szmigin, I., Bengry-Howell, A., Hackley, C. and Mistral, W. (2012) 'Inhabiting the contradictions: hypersexual femininity and the culture of intoxication among young women in the UK', *Feminism and Psychology,* vol 23, no 2, pp 184-206.

Gronow, J. (1997) *The sociology of taste,* London: Routledge.

Hackley, C., Bengry-Howell, A., Griffin, C., Mistral, W., Szmigin, I. and Hackley, R. nee Tiwsakul (2013) 'Young adults and "binge" drinking: a Bakhtinian analysis', Journal of Marketing Management, vol 29, no 7-8, pp 933-949.

Harker, R. (2013) *Statistics on alcohol,* 29 March, London: House of Commons, www.parliament.uk/briefing-papers/SN03311/statisticson-alcohol

Hebdige, D. (2015) 'After Shock: from punk to pornetration to "let's be Facebook Frendz!!"', in Osgerby, W. (ed) Subcultures, *popular music and social change,* Basingstoke: Palgrave, forthcoming 2015.

Hollands, R. (1995) *Friday night, Saturday night: Youth cultural identification in the post industrial city,* Newcastle: Newcastle University, http://research.ncl.ac.uk/youth-nightlife/HOLLANDS.PDF

Home Office (2012) *The government's alcohol strategy,* London: Home Office.

Langford, A. (2012) 'Alcohol abuse has reached crisis point in Britain', *The Guardian Online,* 1 February, www.theguardian.com/healthcarenetwork/2012/feb/01/alcohol-abuse-crisis-point-britain

Lincoln, S. (2012) *Youth culture and private space,* Basingstoke: Palgrave Macmillan.

Mail Online (2009) 'Scourge of the ladette thugs: rising tide of violent crime committed by young women', 30 January, www.dailymail.co.uk/news/article-1131719/Scourge-ladette-thugs-Rising-tideviolent-crime-committed-young-women.html#ixzz30DUr7r89

Mail Online (2013a) 'Meteoric rise in alcohol-related deaths as a result of young people drinking heavily in their teens', 19 November, www.dailymail.co.uk/news/article-2510137/Meteoric-rise-alcoholrelated-deaths.html

Mail Online (2014a) 'Woman, 19, walks into a supermarket and strips to her underwear to down can of lager in latest NekNominate dare', 9 February, www.dailymail.co.uk/news/article-2555072/Woman-19-walks-supermarket-strips-underwear-lager-latest-NekNominatedare.html#ixzz30DWIGlSw

Mail Online (2014b) 'Woman strips to her underwear in the middle of a jobcentre as part of bizarre protest over benefits (but is it just the latest Neknominate dare to end up online?)', 15 March, www.dailymail.co.uk/news/article-2581551/Woman-strips-underwearmiddle-Jobcentre-bizarre-protest-benefits-just-latest-Neknominatedare-end-online.html

Mail Online (2014c) 'McNominate: young woman caught on camera downing pint of lager in McDonald's while dressed in Baywatch costume in latest twist on internet drinking craze', 12 February, www.dailymail.co.uk/news/article-2557473/McNominate-Youngwoman-caught-camera-downing-pint-lager-McDonalds-dressed-Baywatch-costume-latest-twist-internet-drinking-craze.html

McRobbie, A. (2004) 'Free to vomit in the gutter', *The Guardian Online,* 7 June, www.theguardian.com/world/2004/jun/07/gender.comment

Measham, F. and Brain, K. (2005) '"Binge" drinking, British alcohol policy and the new culture of intoxication', Crime Media Culture, vol 1, no 3, pp 262-283.

Measham, F. and Østergaard, J. (2009) 'The public face of binge drinking: British and

Danish young women, recent trends in alcohol consumption and the European binge drinking debate', *The Journal of Community and Criminal Justice*, vol 56, no 4, pp 415-434.

Mulvey, L. (1975) *Visual and other pleasures*, Basingstoke: Palgrave Macmillan.

Office for National Statistics (2012) *Drinking habits amongst adults*, 2012, London: Office for National Statistics.

O'Hagan, S. (1991) 'Is the new lad a fitting model for the nineties?', *Arena*, 27, spring/summer, May/June, pp 22-23.

Parker, H., Measham, F. and Aldridge, J. (1998) *Illegal leisure: The normalisation of adolescent recreational drug use*, London: Routledge.

Peralta, R. and Jauk, D. (2011) 'A brief feminist review and critique of the sociology of alcohol-use and substance-abuse treatment approaches', *Sociology Compass*, vol 5, no 10, pp 882-897.

Phipps, C. (2004) 'Why pick on us? We don't start fights. But like some leering bloke in a pub, the government won't leave women drinkers alone', *The Guardian Online*, 6 February, www.theguardian.com/politics/2004/feb/06/society.drugsandalcohol

Plant, M. and Plant, M. (2006) *Binge Britain: Alcohol and the national response*, Oxford: Oxford University Press.

Scottish Express Online (2013) 'Teenage girls are "selling sex for alcohol"', 20 February, www.express.co.uk/news/uk/378914/Teenage-girls-are-selling-sex-for-alcohol

Slack, J. (2008) 'Menace of the violent girls: binge-drinking culture fuels surge in attacks by women', *Mail Online*, 14 August, www.dailymail.co.uk/news/article-1039963/Menace-violent-girls-Bingedrinking-culture-fuels-surge-attacks-women.html

Staddon, P. (2011) 'Stigma and delight: making sense of women's alcohol use', in proceedings at the conference 'Qualitative Research in Mental Health', Nottingham University.

Storey, J. (1999) *Cultural consumption and everyday life*, London: Arnold. Szmigin, I., Bengry-Howell, A., Griffin, C., Hackley, C. and Mistral, W. (2011) 'Social marketing, individual responsibility and the "culture of intoxication"', European Journal of Marketing, vol 45, no 5, pp 759-779.

Wechsler, H. and McFadden, M. (1976) 'Sex differences in adolescent alcohol and drug use; a disappearing phenomenon', *Journal of Studies on Alcohol*, vol 37, no 9, pp 1291-1301.

Wolf, N. (1997) *Promiscuities: The secret struggle of womanhood*, New York, NY: Fawcett Columbine.

4장 젊은 여성과 음주문화: 음주는 누군가가 되기 위한 것

Adkins, L., (2001) 'Cultural feminization: "money, sex and power" for women', *Signs*, vol 26, no 3, pp 669-695.

Alcohol Concern (2008) 'Women and alcohol: a cause for concern?', in Factsheet: *Alcohol Concern's information and statistical digest*, London: Alcohol Concern.

Allen, P. (2011) 'France's young binge drinkers upset cafe society with their "British boozing"', *The Observer*, 24 July.

Amy-Chinn, D. (2006) 'This is just for me(n): how the regulation of post-feminist lingerie advertising perpetuates woman as object', *Journal of Consumer Culture*, vol 6, no 2, pp 155-175.

Attwood, F. (2007) 'Sluts and riot grrrls: female identity and sexual agency', *Journal of Gender Studies*, vol 16, no 3, pp 233-247.

Bauman, Z. (1999) 'The self in a consumer society', *The Hedgehog Review: Critical Reflections on Contemporary Culture*, vol 1, no 1, pp 35-40.

Baumgardner, J. and Richards, A. (2000) *Manifesta: Young women, feminism, and the future*, New York, NY: Farrar, Straus and Giroux.

Broom, D. and Stevens, A. (1991) 'Doubly deviant: women using alcohol and other drugs', *International Journal on Drug Policy*, vol 2, no 4, pp 25-27.

Brown, W. (2005) *Edgework: Critical essays on knowledge and politics*, Woodstock, NJ: Princeton University Press.

Carlson, M. (2008) 'I'd rather go along and be considered a man: masculinity and bystander intervention', *The Journal of Men's Studies*, vol 16, no 1, pp 3-17.

Courtenay, W.H. (2000) 'Constructions of masculinity and their influence on men's well-being: a theory of gender and health', *Social Science & Medicine*, vol 50, no 10, pp 1385-1401.

Cowie, C. and Lees, S. (1981) 'Slags or drags', *Feminist Review*, vol 9, no 1, pp 17-31.

Day, K., Gough, B. and McFadden, M. (2004) 'Warning! Alcohol can seriously damage your feminine health', *Feminist Media Studies*, vol 4, no 2, pp 165-183.

de Visser, R.O. and Smith, J.A. (2007) 'Alcohol consumption and masculine identity among young men', *Psychology & Health,* vol 22, no 5, pp 595-614.

Fillmore, K.M. (1984) '"When angels fall": women's drinking as cultural preoccupation and as reality', in Wilsnack, S.C. and Beckman, L.J. (eds) *Alcohol problems in women: Antecedents, consequences, and intervention,* New York, NY: The Guilford Press.

Fox, G.L. (1977) '"Nice girl": social control of women through a value construct', *Signs: Journal of Women in Culture and Society,* vol 2, no 4, pp 805-817.

Gill, R. (2007) *Gender and the media,* Cambridge: Polity Press.

Gill, R. (2009) 'Supersexualize me! Advertising and "the midriffs"', in (ed) *Mainstreaming sex: The sexualization of Western culture,* London: I.B. Tauris.

Gill, R. and Arthurs, J. (2006) 'Editors' introduction: new femininities?', *Feminist Media Studies,* vol 6, no 4, pp 443-451.

Goddard, E. (2007) *Estimating alcohol consumption from survey data: Updated method of converting volumes to units,* Newport: Office for National Statistics.

Gough, B. and Edwards, G. (1998) 'The beer talking: four lads, a carry out and the reproduction of masculinities', *The Sociological Review,* vol 46, no 3, pp 409-435.

Griffin, C. (1982) 'The good, the bad and the ugly: images of young women in the labour market', in Gray, A., Campbell, C., Erickson, M., Hanson, S. and Wood, H. (eds) *CCCS selected working papers,* vol 2, Abingdon: Routledge, 2007.

Griffin, C. (2005) 'Impossible spaces? Femininity as an empty category', *ESRC research seminar series: New femininities: Post-feminism and sexual citizenship,* London: University of East London.

Griffin, C., Bengry-Howell, A., Hackley, C., Mistral, W. and Szmigin, I. (2009) '"Every time I do it I absolutely annihilate myself": loss of (self-)consciousness and loss of memory in young people's drinking narratives', *Sociology: The Journal of the British Sociological Association,* vol 43, no 3, pp 457-476.

Griffin, C., Bengry-Howell, A., Hackley, C., Mistral, W. and Szmigin, I. (2012) 'Inhabiting the contradictions: hypersexual femininity and the culture of intoxication among young women in the UK', *Feminism & Psychology,* vol 23, no 2, pp 184-206.

Harris, A. (2004) *Future girl: Young women in the twenty-first century,* London: Routledge.

Harris, S. (2001) 'Women in their 30s are new "ladettes"', *Mail Online.*

Hayward, K. and Hobbs, D. (2007) 'Beyond the binge in "booze Britain": market-led liminalization and the spectacle of binge drinking', *The British Journal of Sociology*, vol 58, no 3, pp 437-456.

Hayward, K. and Majid, Y. (2006) 'The "chav" phenomenon: consumption, media and the construction of a new underclass', *Crime, Media, Culture*, vol 2, no 1, pp 9-28.

Jackson, C. and Tinkler, P. (2007) 'Ladettes and modern girls: troublesome young femininities', *The Sociological Review*, vol 55, no 2, pp 251-272.

Jackson, S. (2006) '"Street girl": "new" sexual subjectivity in a NZ soap drama?', *Feminist Media Studies*, vol 6, no 4, pp 469-486.

Jayne, M., Valentine, G. and Holloway, S.L. (2008) 'Fluid boundaries—British binge drinking and European civility: alcohol and the production and consumption of public space', *Space and Polity*, vol 12, no 1, pp 81-100.

Kehily, M.J. (2008) 'Taking centre stage? Girlhood and the contradictions of femininity across three generations', *Girlhood Studies*, vol 1, no 2, pp 51-71.

Lazar, M.M. (2009) 'Entitled to consume: postfeminist femininity and a culture of post-critique', *Discourse and Communication*, vol 3, no 4, pp 371-400.

Lemle, R. and Mishkind, M.E. (1989) 'Alcohol and masculinity', *Journal of Substance Abuse Treatment*, vol 6, no 4, pp 213-222.

Lindsay, J. (2005) *Drinking in Melbourne pubs and clubs: A study of alcohol consumption contexts*, Melbourne, Australia: School of Political and Social Inquiry, Monash University.

Mackiewicz, A. (2012) 'New' femininities in the culture of intoxication: exploring young women's participation in the night-time economy, in the context of sexualised culture, neoliberalism and postfeminism', doctoral thesis, British Library, uk.bl.ethos.582796#sthash.2sSPOxWS.dpuf

Mail Online (2004) 'Lager loutettes "fuel pub violence"', 19 July, www.dailymail.co.uk/health/article-310702/Lager-loutettes-fuelpub-violence.html

McRobbie, A. (1991) *Feminism and youth culture: From 'Jackie' to 'Just Seventeen'*, Basingstoke: Macmillan.

McRobbie, A. (2004) 'Post-feminism and popular culture', *Feminist Media Studies*, vol 4, no 3, pp 255-264.

McRobbie, A. (2009) *The aftermath of feminism: Gender, culture and social change*, London: Sage Publications.

Measham, F. (2004) 'The decline of ecstasy, the rise of "binge" drinking and the persistence of pleasure', *Probation Journal*, vol 51, no 4, pp 309-326.

Measham, F. and Brain, K. (2005) '"Binge" drinking", British alcohol policy and the new culture of intoxication', *Crime, Media, Culture*, vol 1, no 3, pp 262-283.

Measham, F. and Moore, K. (2009) 'Repertoires of distinction: exploring patterns of weekend polydrug use within local leisure scenes across the English night time economy', *Journal of Criminology* and Criminal Justice, vol 9, no 4, pp 437-464.

Measham, F. and Østergaard, J. (2009) 'The public face of binge drinking: British and Danish young women, recent trends in alcohol

consumption and the European binge drinking debate', Probation Journal, vol 56, no 4, pp 415-434.

Mullen, K., Watson, J., Swift, J. and Black, D. (2007) 'Young men, masculinity and alcohol', Drugs: Education, *Prevention and Policy*, vol 14, no 2, pp 151-165.

Nava, M., Blake, A., MacRury, I. and Richards, B. (eds) (1997) *Buy this book: Studies in advertising and consumption,* London: Routledge.

Ng Fat, L. and Elizabeth, F. (2012) 'Drinking patterns', in Craig, R. and Mindell, J. (eds) *Health Survey for England 2011, volume 1: Health, social care and lifestyles,* London: The Health and Social Care Information Centre, www.hscic.gov.uk/catalogue/PUB09300/HSE2011-Ch6-Drinking-Patterns.pdf

Niland, P., Lyons, A.C., Goodwin, I. and Hutton, F. (2013) '"Everyone can loosen up and get a bit of a buzz on": young adults, alcohol and friendship practices', *International Journal of Drug Policy*, vol 24, no 6, pp 530-537.

ONS (Office for National Statistics) (2013) 'An introduction', in *General Lifestyle Survey overview: a report on the 2011 General Lifestyle Survey,* London: Office for National Statistics, www.ons.gov.uk/ons/dcp171776_302472.pdf

Plant, M.L. (1997) *Women and alcohol: Contemporary and historical perspectives,* London: Free Association Books.

Plant, M.L. (2008) 'Women: the hidden risks of drinking', *The Observer,* 24 February.

Plant, M. and Plant, M.L. (2006) *Binge Britain: Alcohol and the national response,* Oxford: Oxford University Press.

Plant, M.L., Plant, M.A. and Mason, W. (2002) 'Drinking, smoking and illicit drug use among British adults: gender differences explored', *Journal of Substance use,* vol 7, no 1, pp 24-33.

RCP (Royal College of Physicians) (2011) *Royal College of Physicians' written evidence for the Science and Technology Select Committee's inquiry on alcohol guidelines,* London: RCP.

Rebelo, D. (2005) *New trends in young adults' alcoholic drinks occasions,* London: Datamonitor.

Richards, L., Fox, K., Roberts, C., Fletcher, L. and Goddard, E. (2004) *Living in Britain: Results from the 2002 General Household Survey,* Norwich: HMSO.

Ringrose, J. and Renold, E. (2012) 'Teen girls, working-class femininity and resistance: re-theorising fantasy and desire in educational contexts of heterosexualised violence', *International Journal of Inclusive Education,* vol 16, no 4, pp 461-477.

Ringrose, J. and Walkerdine, V. (2008) 'What does it mean to be a girl in the twenty-first century? Exploring some contemporary dilemmas of femininity and girlhood in the West', in Mitchell, C. and Reid-Walsh, J. (eds) *Girl culture,* Westport, CT: Greenwood Press.

Rolfe, A., Orford, J. and Dalton, S. (2009) 'Women, alcohol and femininity: a discourse analysis of women heavy drinkers' accounts', *Journal of Health Psychology,* vol 14, no 2, pp 326-335.

Rose, N. (1991) *Governing the soul: The shaping of the private self,* London: Routledge.

Rudolfsdottir, A.G. and Morgan, P. (2009) '"Alcohol is my friend": young middle class women discuss their relationship with alcohol', *Journal of Community and Applied Social Psychology,* vol 19, no 6, pp 492-505.

Skeggs, B. (1997) *Formations of class and gender: Becoming respectable,* London: Sage Publications.

Skeggs, B. (2004) *Class, self, culture,* London: Routledge.

Skeggs, B. (2005) 'The making of class and gender through visualizing moral subject formation', *Sociology: The Journal of the British Sociological Association,* vol 39, no 5, pp 965-982.

Smith, L. and Foxcroft, D. (2009) *Drinking in the UK: An exploration of trends,* York: Joseph Rowntree Foundation.

Tasker, Y. and Negra, D. (2007) *Interrogating post-femi-nism: Gender and the politics of popular culture,* Durham, NC: Duke University Press.

Tomsen, S. (1997) 'A TOP NIGHT: social protest, masculinity and the culture of drinking violence', *British Journal of Criminology,* vol 37, no 1, pp 90-102.

Tyler, I. (2006) 'Chav scum: the filthy politics of social class in contemporary Britain', *Journal of Media and Culture,* vol 9, no 5, http://journal.media-culture.org. au/0610/09-tyler.php

Tyler, I. (2008) '"Chav mum chav scum": class disgust in contemporary Britain', *Feminist Media Studies,* vol 8, no 1, pp 17-34.

Walkerdine, V. (2004) 'Neoliberalism, femininity and choice', *ESRC research seminar series: New femininities: Post-feminism and sexual citizenship,* London: London School of Economics and Political Science.

Wilkinson, H. (1994) *No turning back: Generations and the genderquake,* London: Demos.

5장 살아남기 위해 술을 마신다면

Allamani, A., Voller, F., Kubicka, L. and Bloomfield, K. (2000) 'Drinking cultures and the position of women in nine European countries', *Substance Abuse,* vol 21, no 4, pp 231-247.

Bailey, K. and Delargy, A. (2011) *Knowledge set three: Families and carers,* London: Alcohol Concern.

Barter, C. (2009) 'In the name of love: partner abuse and violence in teenage relationships', *British Journal of Social Work,* vol 39, pp 211-233.

Bear, Z., Griffiths, R. and Pearson, B. (2000) *Childhood sexual abuse and substance use,* London: The Centre for Research on Drugs and Health Behaviour.

Breckenridge, J., Salter, M. and Shaw, E. (2010) *Use and abuse: Understanding the intersections of childhood abuse, alcohol and drug use and mental health,* file:///C:/ Users/sgalvani/Downloads/use_and_abuselibre.pdf

Chase, K.A., O'Farrell, T.J., Murphy, C.M., Fals-Stewart, W. and Murphy, M. (2003) 'Factors associated with partner violence among female alcoholic patients and their male partners', *Journal of Studies on Alcohol,* vol 64, no 1, pp 137-149.

Coleman, K., Eder, S. and Smith, K. (2011) 'Chapter 1: Homicide', in Smith, K. (ed) *Homicides, firearm offences and intimate violence 2009/10,* London: Home Office.

Delargy, A. (2009) *Knowledge set two: Parenting,* London: Alcohol Concern.

Devries, K.M., Child, J.C., Bacchus, L.J., Mark, J., Falder, G., Graham, K., Watts, C. and Heise, L. (2013) 'Intimate partner violence victimization and alcohol consumption in women: a systematic review and meta-analysis', *Addiction,* vol 109, 379-391.

Dobash, R.E. and Dobash, R.P. (1979) *Violence against wives: A case against the patriar-*

chy, New York, NY: The Free Press.

Downs, W.R., Patterson, A., Barten, S., McCrory, M. and Rindels, B.(1998) 'Partner violence, mental health, and substance abuse among two samples of women', Paper presented at the Annual Meeting of the American Society of Criminology, Washington, DC.

Drugscope and AVA (2013) *The challenge of change: Improving services for women involved in prostitution and substance use,* http://drugscope.org.uk

Galvani, S. (2004) 'Responsible disinhibition: alcohol, men and violence to women', *Addiction Research and Theory,* vol 12, no 4, pp 357-371.

Galvani, S. (2007) 'Safety in numbers? Tackling domestic abuse in couples and network therapies', *Drug and Alcohol Review,* vol 26, 175-181.

Galvani, S. and Humphreys, C. (2005) *The impact of violence and abuse on engagement and retention rates for women in substance use treatment,* London: National Treatment Agency.

Grace and Galvani, S. (2009) 'Care or control? AA and domestic violence', *Drink and Drug News,* 16 November.

Goldenberg, S.M., Rangel, G., Vera, A., Patterson, T.L., Abramovitz, D., Silverman, J.G., Raj, A. and Strathdee, S.A. (2012) 'Exploring the impact of underage sex work among female sex workers in two Mexico-US border cities', *Aids Behavior,* vol 16, pp 969-981.

Grace and Galvani, S. (2010) 'Care or control? Part II', *Drink and Drug News,* 15 March.

Hedtke, K.A., Ruggiero, K.J., Fitzgerald, M.M., Zinzow, H.M., Saunders, B.E., Resnick, H.S. and Kilpatrick, D.G. (2008) 'A longitudinal investigation of interpersonal violence in relation to mental health and substance use', *Journal of Consulting and Clinical Psychology,* vol 76, no 4, pp 633-647.

Hester, M. (2009) *Who does what to whom? Gender and domestic violence perpetrators,* Bristol: University of Bristol in association with the Northern Rock Foundation.

Hey, V. (1986) *Patriarchy and pub culture,* London: Tavistock.

Holt, A. (2012) *Adolescent-to-parent abuse: Current understandings in research, policy and practice,* Bristol: Policy Press,

Home Office (2013) 'Guidance: domestic violence and abuse', https://www.gov.uk/domestic-violence-and-abuse#domestic-violence-andabuse-new-definition

Home Office and AVA (2013) *Information for local areas on the change to the definition of domestic violence and abuse,* London: Home Office.

Humphreys, C. and Mullender, A. (1999) *Children and domestic violence,* Totnes: Research in Practice, www.rip.org.uk

Humphreys, C., Thiara, R.K. and Regan, L. (2005) *Domestic violence and substance use: Overlapping issues in separate services?,* London: Home Office and the Greater London Authority.

Kantor, G.K. and Asdigan, N. (1997) 'When women are under the influence: does drinking or drug use by women provoke beatings by men?', in Galanter, M. (ed) *Recent developments in alcoholism—Volume 13: Alcohol and violence,* New York, NY: Plenum Press.

Klostermann, K.C. and Fals-Stewart, W. (2006) 'Intimate partner violence and alcohol use: exploring the role of drinking in partner violence and its implications for intervention', *Aggression and Violent Behavior,* vol 11, pp 587-597.

Krug, E.G., Dahlberg, L.L., Mercy, J.A., Zwi, A.B. and Lozano, R. (eds) (2002) *World report on violence and health,* Geneva: World Health Organization.

MacAndrew, C. and Edgerton, R.B. (1969) *Drunken comportment: A social explanation,* New York, NY: Aldine.

McKeganey, N., Neale, J. and Robertson, M. (2005) 'Physical and sexual abuse among drug users contacting drug treatment services in Scotland', *Drugs: Education, Prevention and Policy,* vol 12, no 3, pp 223-232.

Messman-Moore, T.L., Ward, R.M. and Brown, A.L. (2009) 'Substance use and PTSD symptoms impact the likelihood of rape and revictimisation in college women', *Journal of Interpersonal Violence,* vol 24, no 3, pp 499-521.

Olszewski, D. (2008) *Sexual assaults facilitated by drugs or alcohol,* Lisbon: European Monitoring Centre for Drugs and Drug Addiction, www.emcdda.europa.eu/publications/technical-datasheets/dfsa

ONS (Office for National Statistics) (2014) 'Chapter 4: Intimate personal violence and partner abuse', www.ons.gov.uk/ons/dcp171776_352362.pdf

Osman, Y. and Delargy, A. (2009) *Knowledge set one: Domestic abuse,* London: Alcohol Concern.

Peralta, R.L., Tuttle, L.A. and Steele, J.L. (2010) 'At the intersection of interpersonal violence, masculinity, and alcohol use: the experiences of heterosexual male perpetrators of intimate partner violence', *Violence Against Women,* vol 16, no 4, pp 387-409.

Rolfe, A., Orford, J. and Dalton, S. (2009) 'Women, alcohol and femininity: a discourse analysis of women heavy drinkers' accounts', *Journal of Health Psychology*, vol 14, no 2, pp 326-335.

Salter, M. and Breckenridge, J. (2014) 'Women, trauma and substance abuse: understanding the experiences of female survivors of childhood abuse in alcohol and drug treatment', *International Journal of Social Welfare*, vol 23, pp 165-173.

Schumacher, J.A. and Holt, D.J. (2012) 'Domestic violence shelter residents' substance abuse treatment needs and options', *Aggression and Violent Behavior*, vol 17, pp 188-197.

Sims, C.M., Noel, N.E. and Maisto, S.A. (2007) 'Rape blame as a function of alcohol presence and resistance type', *Addictive Behaviors*, vol 32, pp 2766-2775.

Stella Project (2007) *Domestic violence, drugs and alcohol: Good practice guidelines* (2nd edition), London: The Stella Project.

Templeton, L. and Galvani, S. (2011) *Think family safely: Enhancing the response of alcohol services to domestic abuse and families: External evaluation of the embrace project*, London: Alcohol Concern.

Topping, A. (2014) 'Police referrals of domestic violence cases fall', *The Guardian*, 10 March, www.theguardian.com/society/2014/mar/10/domestic-violence-police-referrals-numbers

Waterson, J. (2000) *Women and alcohol in social context: Mother's ruin revisited*, Basingstoke: Palgrave.

Wells, S., Flynn, A., Tremblay, P., Dumas, T., Miller, P. and Graham, K. (2014) 'Linking masculinity to negative drinking consequences: the mediating roles of heavy episodic drinking and alcohol expectancies', *Journal of Studies on Alcohol and Drugs*, vol 75, no 3, pp 510-519.

2부 다양한 여성들의 목소리

6장 나이 든 여성도 술을 마셔요

Henwood, F., Carlin, L., Guy, E.S., Marshall, A. and Smith, H. (2010) 'Working (IT) out together: engaging the community in e-health developments for obesity management', in Harris, R., Wathen, C.N. and Wyatt, S. (eds) *Configuring health* consumers: *Health work and the imperative of personal responsibility* (pp 194-210), Basingstoke: Palgrave Macmillan.

Herring, R. and Thom, B. (1997a) 'The right to take risks: alcohol and older people', *Social Policy & Administration,* vol 31, no 3, pp 233-246.

Herring, R. and Thom, B. (1997b) 'Alcohol misuse in older people: the role of home carers', *Health and Social Care in the Community,* vol 5, no 4, pp 237-245.

Hurd Clarke, L. and Griffin, M. (2008) 'Visible and invisible ageing: beauty work as a response to ageism', *Ageing and Society,* vol 28, no 5, pp 653-674.

Johnson, I. (2000) 'Alcohol problems in old age: a review of recent epidemiological research', *International Journal of Geriatric Psychiatry,* vol 15, no 7, pp 575-581.

Klein, W.C. and Jess, C. (2002) 'One last pleasure? Alcohol use among elderly people in nursing homes', *Health & Social Work,* vol 27, no 3, pp 193-203.

NHS Information Centre (2008) *Statistics on alcohol: England 2008,* www.ic.nhs.uk/pubs/alcohol08

Peters, R., Peters, J., Warner, J., Beckett, N. and Bulpitt, C. (2008) 'Alcohol, dementia and cognitive decline in the elderly: a systematic review', Age and Ageing, vol 37, no 5, pp 505-512.

Plant, M. and Plant, M. (2008) *Alcohol and older people: A review of issues and responses,* Bristol: Centre for Public Health Research, University of the West of England.

Simpson, M., Williams, B. and Kendrick, A. (1994) 'Alcohol and elderly people: an overview of the literature for social work', *Ageing and Society,* vol 14, no 4, pp 575-587.

Smith, L. and Foxcroft, D. (2009) *Drinking in the UK: An exploration of trends,* York: Joseph Rowntree Foundation.

Triggle, N. (2009) 'NHS treating more older drinkers', BBC News, 5 March, http://news.bbc.co.uk/1/hi/health/7922002.stm

Ward, L., Barnes, M. and Gahagan, B. (2008) *Cheers!?* A project about older people and alcohol, www.brighton.ac.uk/_pdf/research/ssparc/cheers-report.pdf

7장 카리브계 흑인 여성과 크리스마스 케이크

Abbot, P. and Chase, D. (2008) 'Culture and substance abuse: impact of culture affects approach to treatment', *Psychiatric Times* www.psychiatrictimes.com

Andreuccetti, G., Carvalho, H.B., Korcha, R., Ye, Y., Bond, J. and Cherpitel, C.J. (2012)

'A review of emergency room studies on alcohol and injuries conducted in Latin America and the Caribbean region', *Drug and Alcohol Review,* vol 31, no 6, pp 737-746, doi: 10.1111/j.1465-3362.2012.00419.x

Becares, L., Nazroo, J. and Stafford, M. (2009) 'The ethnic density effect on alcohol use among ethnic minority people in the UK', *Journal of Epidemiology and Community Health,* vol 65, no 1, pp 20-25.

Brah, A. and Phoenix, A. (2013) 'Ain't I a woman? Revisiting intersectionality', *Journal of International Women's Studies,* vol 5, no 3, pp 75-86.

Brown, E.M.L. (2013) 'The Blacks who "got their 40 acres": a theory of Black West Indian migrant asset acquisition, http://works.bepress.com/eleanor_brown/9

Browne, R.M. (2011) 'The "bad business" of Obeah: power, authority, and the politics of slave culture in the British Caribbean', *The William and Mary Quarterly,* vol 68, no 3, pp 451-480.

Caetano, R., Clark, C.L. and Tam, T. (1998) 'Alcohol consumption among racial/ethnic minorities', *Alcohol Health and Research World,* vol 22, no 4, pp 233-242.

Carpenter, K. (2011) 'Introduction to the special issue on sexuality in the Caribbean', *Sexuality & Culture,* vol 15, no 4, pp 313-314.

Chamberlain, M. (ed) (2002) *Caribbean migration: Globalized identities,* London: Routledge.

Collins, R.L. and McNair, L.D. (2002) 'Minority women and alcohol use', *Alcohol Research and Health,* vol 26, no 4, pp 251-256.

Crome, I.B. and Kumar, M.T. (2001) 'Epidemiology of drug and alcohol use in young women', *Seminars in Foetal and Neonatal medicine,* vol 12, no 6, pp 98-105.

Davis, A.Y. (2011) *Women, race, & class,* New York, NY: Random House.

Haworth, E.A., Soni Raleigh, V. and Balarjan, R. (1999) 'Cirrhosis and primary liver cancer amongst first generation migrants in England and Wales', *Ethnicity and Health,* vol 4, no 1-2, pp 93-99.

Hendry, T. and Lim, R.F. (2006) 'The assessment of culturally diverse individuals', in Lim, R.F. (ed) *Clinical manual of cultural psychiatry,* Arlington VA: Psychiatric Publishing.

Herd, D. (1987) 'Rethinking Black drinking', *British Journal of Addiction,* vol 82, no 4, pp 219-223.

Hooks, B. (1992) *Black looks, race and representations,* London: Turnaround.

Johnson, M., Jackson, R., Guillaume, L., Meier, P. and Goyder, E. (2011) 'Barriers and facilitators to implementing screening and brief intervention for alcohol misuse: a systematic review of qualitative evidence', *Journal of Public Health,* vol 33, no 3, pp 412-421.

Jolliffe, L. (2012) 'Connecting sugar heritage and tourism', in Jolliffe, L. (ed) *Sugar heritage and tourism in transition,* Clevedon: Channel View Publications.

Kincheloe, J.L. and McLaren, P. (2002) 'Rethinking critical theory and qualitative research', in Zou, Y. and Trueba, H.T. (eds) *Ethnography and schools: Qualitative approaches to the study of education* (pp 87-138), New York, NY: Rowman & Littlefield.

McKeigue, P.M. and Karmi, G. (1993) 'Alcohol consumption and alcohol-related problems in Afro-Caribbeans and South Asians in the United Kingdom', *Alcohol and Alcoholism,* vol 28, no 1, pp 1-10.

Mercer, K. (2013) *Welcome to the jungle: New positions in Black cultural studies,* New York, NY: Routledge.

Modood, T., Berthoud, R., Lakey, J., Nazroo, J. Y., Smith, P., Virdee, S., and Beishon, S. (1997) *Ethnic minorities in Britain: diversity and disadvantage,* London: Policy Studies Institute.

Newman, S.P. (2013) *A new world of labor: The development of plantation slavery in the British Atlantic,* Philadelphia, PA: University of Pennsylvania Press.

Okin, S.M. (2013) *Women in western political thought,* Princeton, NJ: Princeton University Press.

Orford, J., Johnson, M. and Purser, B. (2004) 'Drinking in second generation Black and Asian communities in the English Midlands', *Addiction Research and Theory,* vol 12, no 1, pp 11-30.

Salter, N. (2013) 'Caribbean slave women's resistance as a form of preservation', *Ruptures* (pp 59-66), Toronto: Sense Publishers.

Scott, J.W. (1991) 'The evidence of experience', *Critical Inquiry,* vol 17, no 4, pp 773-779.

Serrant-Green, L. (2011) 'The Sound of "Silence": a framework for researching sensitive issues or marginalised perspectives in health', *Journal of Research in Nursing,* vol 16, no 4, pp 347-360.

Simpson, A. (2011) 'From stigma to strategy: intersectionality and articulated identities', paper presented to the Western Political Science Association Annual Meeting, Seattle.

Sleeter, C.E. (2011) 'Becoming white: reinterpreting a family story by putting race back into the picture', *Race, Ethnicity and Education*, vol 14, no 4, pp 421-433.

Smith, F.H. (2005) *Caribbean rum: A social and economic history,* Gainsville, FL: University Press of Florida.

Stevens, K. (2011) 'Carnival: fighting oppression with celebration', *Totem: The University of Western Ontario Journal of Anthropology,* vol 2, no 1, p 14.

Taylor, R.J. and Chatters, L.M. (2010) 'Importance of religion and spirituality in the lives of African Americans, Caribbean Blacks and non-Hispanic Whites', *The Journal of Negro Education,* vol 79, no 3, pp 280-294.

Taylor, R.J., Nguyen, A., Sinkewicz, M., Jow, S. and Chaters, L.M. (2013) 'Comorbid mood and anxiety disorders, suicidal behavior, and substance abuse among Black Caribbeans in the USA', *Journal of African American Studies,* vol 17, no 4, pp 409-425.

Williams, M. and May, T. (1996) *Introduction to the philosophy of social research,* London: UCL Press.

8장 레즈비언 여성의 음주 이해하기: 지지와 연대의 필요성

Aaronson, R. (2006) *Addiction: This being human: A new perspective,* Bloomington, IN: Authorhouse.

Alcohol Concern (2004) *Draft Mental Health Bill 2004: Submission of evidence to the Joint Committee by Alcohol Concern,* 28 October, http://wwwwww.publications.parliament.uk/pa/jt200304/jtselect/jtment/1127/1127se03.htm

Bent, K.N. and McGilvy, J. (2006) 'When a partner dies: lesbian widows', *Issues in Mental Health Nursing,* vol 27, no 5, pp 447-459.

Bostwick, W.B., Hughes, T.L. and Johnson, T. (2005) 'The cooccurrence of depression and alcohol dependence symptoms in a community sample of lesbians', in Ettorre, E. (ed) *Making lesbians visible in the substance use field,* New York, NY: The Haworth Press.

Bridget, J. and Lucille, S. (1996) 'Lesbian Youth Support Information Service (LYSIS): developing a distance support agency for young lesbians', *Journal of Community & Applied Social Psychology,* vol 6, no 5, pp 355-364.

Buffin J., Roy, A., Williams, H. and Winter, A. (2012) 'Part of the picture: lesbian, gay and bisexual people's alcohol and drug use in England (2009-2011)', http://www-

www.lgf.org.uk/documents/sep_12/FENT__1347531966_10584_POTP_Year_3_
ReportFINALL.pdf

Burgard, S.A., Cochran, S.D., Mays, V.M. (2005) 'Alcohol and tobacco use patterns
among heterosexually and homosexually experienced California women', *Drug
and Alcohol Dependence,* vol 77, no 1, pp 61-70.

Camp, DL., Finlay, W.M.L. and Lyons, E. (2002) 'Is low self-esteem an inevitable
consequence of stigma? An example from women with chronic mental health
problems', *Social Science and Medicine,* vol 55, no 5, pp 823-834.

Cochran, B.N. and Cauce, A.M. (2006) 'Characteristics of lesbian, gay, bisexual, and
transgender individuals entering substance abuse treatment', *Journal of Substance
Abuse Treatment,* vol 30, no 20, pp 135-146.

Cocker, C. and Hafford-Letchfield, T. (2009) 'Out and proud? Social work's relation-
ship with lesbian and gay equality', *British Journal of Social Work* (2010) vol 40, no
6, pp 1996-2008, doi: 10.1093/bjsw/bcp158

Cohen, S. (1972) *Folk devils and moral panics,* Abingdon: Routledge, 2002.

Cresswell, M. (2009) 'Psychiatric survivors and experiential rights', *Social Policy and
Society,* vol 8, no 2, pp 231-243.

Daley, A. (2010) 'Being recognized, accepted, and affirmed: selfdisclosure of lesbian/
queer sexuality within psychiatric and mental health service settings', *Social Work
in Mental Health,* vol 8, no 4, pp 336-355, doi: 10.1080/15332980903158202

Daley, A.D. (2012) 'Becoming seen, becoming known: lesbian women's
self-disclosures of sexual orientation to mental health service provid-
ers', *Journal of Gay & Lesbian Mental Health,* vol 16, no 3, pp 215-234, doi:
10.1080/19359705.2012.680547

Drabble, L. and Trocki, K. (2005) 'Alcohol consumption, alcoholrelated problems,
and other substance use among lesbian and bisexual women', in Ettorre, E.(ed)
Making lesbians visible in the substance use field, New York: Haworth Press. Also
co-published in special issue of Journal of Lesbian Studies, 2005, vol 9, no 3, pp
69-78.

Ettorre, E. (ed) (2005) *Making lesbians visible in the substance use field,* New York,
NY:The Haworth Press.

Ettorre, E. (2007) *Revisioning women and drug use: Gender, power and the body,* Bas-
ingstoke: Palgrave Macmillan.

Fifield, L.H., Lilene, H. and Lathem, J. David D., with Christopher Phillips, C. (1977)

Alcoholism in the gay community, Los Angeles, LA: (Los Angeles Gay Community Center.)

Fish, J. (2006) *Heterosexism in health and social care,* Basingstoke: Palgrave Macmillan.

Galvani, S. (2009) 'Care? Or control?', *Drinkanddrugsnews,* 16 November, www.drinkanddrugsnews.com

Goffman, E. (1963) *Stigma: Notes on the management of spoiled identity,* Harmondsworth: Penguin Books, 1968.

Hall, J.M. (1993) 'Lesbians and alcohol: patterns and paradoxes in medical notions and lesbians' beliefs', *Journal of Psychoactive Drugs,* vol 25, no 2, pp 109-119.

Heather, N. and Robertson, I. (1985) *Problem drinking,* Oxford: Oxford Medical Publications, , 1997.

Holt, M. and Griffin, C. (2003) 'Being gay, being straight, and being yourself: local and global reflections on identity, authenticity, and the lesbian and gay scene', *European Journal of Cultural Studies,* vol 6, no 3, pp 404-425.

Hughes, T.L. (2003) 'Lesbians' drinking patterns: beyond the data', *Substance Use and Misuse,* vol 38, no 11, pp 1739-58.

Hunt, R. and Fish, J. (2008) *Prescription for change: Lesbian and bisexual women's health check 2008,* London: Stonewall, http://www.stonewall.org.uk/campaigns/2365.asp

Jaffe, C., Clance, P.R., Nichols, M.F. and Emshoff, J.G. (2000) 'The prevalence of alcoholism and feelings of alienation in lesbian and heterosexual women', *Addictions in the Gay and Lesbian Community/Journal of Gay & Lesbian Psychotherapy,* vol 3, nos 3-4, pp 25-36.

Kertzner, R.M., Barber, M.E. and Schwartz, A. (2011) 'Mental health issues in LGBT seniors', *Journal of Gay & Lesbian Mental Health,* vol 15, no 4, pp 335-338, doi: 10.1080/19359705.2011.606680

King, M., McKeown, E. and Warner, J. (2003) 'Mental health and quality of life of gay men and lesbians in England and Wales', *British Journal of Psychiatry,* vol 183, no 2, pp 552-58.

King, M., Smith, G. and Bartlett, A. (2004) 'Treatments of homosexuality in Britain since the 1950s—an oral history: the experience of professionals', *British Medical Journal,* vol 328, no 7437, pp 427-429.

Liu, R.T. and Mustanski, B. (2012) 'Suicidal ideation and self-harm in lesbian, gay, bisexual, and transgender youth', *American Journal of Preventative Medicine,* vol

42, no 3, pp 221-228.

Moncrieff, J. (1997) *Psychiatric imperialism: The medicalisation of modern living,* www.academyanalyticarts.org/moncrieff.htm

Morrison, P.M., Noel, N.E. and Ogle, R.L. (2012) 'Do angry women choose alcohol?', *Addictive Behaviors,* vol 37, no 8, pp 908-913.

Nelson-Jones, R. (1982) *The theory and practice of counselling psychology,* London: Holt, Rinehart and Winston.

Neville, S. and Henrickson, M. (2006) 'Perceptions of lesbian, gay and bisexual people of primary healthcare services', *Journal of Advanced Nursing,* vol 55, no 4, pp 407-415.

Parslow, O. and Hegarty, P. (2013) 'Who cares? UK lesbian caregivers in a heterosexual world', *Women's Studies International Forum,* vol 40, September-October, pp 78-86.

Payne, E. (2007) 'Heterosexism, perfection, and popularity: young lesbians' experiences of the high school social scene', *Educational Studies: A Journal of the American Educational Studies Association,* vol 41, no 1, pp 60-79.

Pelka, S. (2010) 'Observing multiple mothering: a case study of childrearing in a U.S. lesbian-led family', *ETHOS, Journal of the Society for Psychological Anthropology,* vol 38, no 4, pp 422-440.

Plant, M. and Plant, M. (2001) 'Heavy drinking by young British women gives cause for concern', *British Medical Journal,* vol 323, no 7322, p 1183.

Prochaska, J. and DiClemente, C. (1983) 'Stages and processes of selfchange in smoking: toward an integrative model of change', *Journal of Consulting and Clinical Psychology,* vol 5, no 3, pp 390-395.

Ricks, J.L. (2012) 'Lesbians and alcohol abuse: identifying factors for future research', *Journal of Social Service Research,* vol 38, no 1, pp 37-45, doi: 10.1080/01488376.2011.616764

Rivers, I. and Carragher, D.J. (2003) 'Social-developmental factors affecting lesbian and gay youth: a review of cross-national research findings', *Children and Society,* vol 17, no 5, pp 374-385.

Roberts, S.J., Tarmina, M.S., Gatson, C., Patsdaughter, C.A. and DeMarco, R. (2005) 'Lesbian use and abuse of alcohol', *Substance Abuse,* vol 25, no 4, pp 1-9, doi: 10.1300/J465v25n04_01

Sheehan, M. and Ridge, D. (2001) '"You become really close…you talk about the silly things you did, and we laugh": the role of binge drinking in female secondary students' lives', *Substance Use and Misuse,* vol 36, no 3, pp 347-372.

Staddon, P. (2005) 'Labelling out', in the special issue of Journal of Lesbian Studies, vol 9, no 3, pp 69-78, also co-published in Ettorre, E. (ed) *Making lesbians visible in the substance use field,* New York, NY: Haworth Press.

Staddon, P. (2009) 'Making whoopee'? An exploration of understandings and responses around women's alcohol use', PhD thesis, Plymouth University, http:// hdl.handle.net/10026.1/415

Staddon, P. (2012) 'No blame, no shame: towards a social model of alcohol dependency-a story from emancipatory research', in Carr, S. and Beresford, P. (eds) *Social care, service users and user involvement: Building on research,* London: Jessica Kingsley Publishers.

Staddon, P. (2013a) 'Theorising a social model of '"alcoholism"': service users who misbehave', in Staddon, P. (ed) *Mental health service users in research: A critical sociological perspective,* Bristol: Policy Press.

Staddon, P. (2013b) *Improving support for women with alcohol issues,* report for Folk.us.

Sweanor, D., Alcabes, P. and Drucker, E. (2007) 'Tobacco harm reduction: how rational public policy could transform a pandemic', *International Journal of Drug Policy,* vol 18, no 2, pp 70-74.

Szymanski, D.M. (2006) 'Heterosexism and sexism as correlates of psychological distress in lesbians', *Journal of Counseling & Development,* vol 83, no 3, pp 355-360.

Vicinus, M. (1993) *'They wonder to which sex I belong': The historical roots of the modern lesbian identity,* London: Routledge.

Warner, J. (2009) 'Smoking, stigma and human rights in mental health: going up in smoke?', *Social Policy and Society,* vol 8, no 2, pp 257-274.

Weeks, J. (1986) *Sexuality,* Hemel Hempstead: Ellis Horwood and Tavistock Publications.

White, K. (2002) *An Introduction to the sociology of health and Illness,* Los Angeles, LA: Sage Publications.

World Bank (1990) World Bank's world development report, http://econ.worldbank. org/external/default/main?pagePK=64165259&theSitePK=469372&piP-K=64165421&menuPK=64166093&entityID=000178830_98101903345649

9장 음주 이면에 감춰진 아픔을 들여다봐야 한다

Chang, H. (2007) 'Autoethnography: raising cultural consciousness of self and others', in Walford, G. (ed) *Methodological developments in ethnography* (Studies in Educational Ethnography, Volume 12) (pp 207-221), Bradford: Emerald Group Publishing.

Denzin, N.K. (2014) *Interpretative autoethnography* (2nd edn), Chicago, IL: University of Illinois.

Goffman, E. (1974) *Frame analysis: An essay on the organisation of experience, Cambridge,* MA: Harvard University Press.

Grant, A. (2010) 'Writing the reflexive self: an autoethnography of alcoholism and the impact of psychotherapy culture', *Journal of Psychiatric and Mental Health Nursing,* vol 17, no 7, pp 577-582.

Moon, L. (2011) 'The gentle violence of therapists: misrecognition and dis-location of the Other', *Psychotherapy and Politics International,* vol 9, no 3, pp 194-205.

Plummer, K. (2001) *Documents of life 2: An invitation to a critical humanism,* London: Sage Publications.

3부 사회적 접근으로 해결책을 모색하다

10장 여성에게 적합한 치료 공간과 서비스

Brady, H. (2009) *Medical sociology: An introduction,* London: Sage Publications.

Centers for Disease Control and Prevention (2012) 'Alcohol use and binge drinking among women of childbearing age', *Morbidity and Mortality Weekly Report (MMWR),* vol 61, pp 534-538.

Fernandez, J. (2006) 'Attracting the opposite sex? A more psychological approach in primary care', www.smmgp.org.uk (resource library/other resources).

Gabe, J., Bury, M. and Elston, M.A. (2004) *Key concepts in medical sociology,* London: Sage Publications.

Gilmore, I. and Rieuss Brennan, B. (2008) 'Excessive drinking in women', *British Medical Journal,* vol 336, no 7650, pp 952-953.

Haralambos, M. and Holborn, M. (2000) *Sociology: Themes and perspectives* (5th edn),

London: HarperCollins.

Jones, A., Weston, S., Moody, A., Millar, T., Dollin, L., Anderson, T. and Donmall, M. (2009) *The drug treatment outcomes research study,* DTORS baseline reportwww. dtors.org.uk/

Public Health England (2013) *Medications in recovery: Best practice in reviewing treatment: Supplementary advice from the Recovery Orientated Drug Treatment Expert Group report,* London: The Stationery Office, https://www.gov.uk/government/ news/medications-in-recoverybest-practice-in-reviewing-treatment

Rhodes, R. and Johnson, A. (1997) 'A feminist approach to treating alcohol and drug-addicted African-American women', *Women and Therapy,* vol 20, no 3, pp 23-48.

Shipton, D., Whyte, B. and Walsh, D. (2013) 'Alcohol-related mortality in deprived UK cities: worrying trends in young women challenge recent national downward trends', *Journal of Epidemiology & Community Health,* vol 67, no 10, pp 805-12.

Staddon, P. (2012) 'No blame, no shame: towards a social model of alcohol dependency-a story from emancipatory research', in (eds) *Social care, service users and user involvement: Building on research,* London: Jessica Kingsley Publishers.

11장 지역사회 교육의 의의: 정신건강 증진에서 사회 변화까지

Bates, L.M., Berkman, L.F. and Glymour, M.M. (2013) 'Socioeconomic determinants of women's health: the changing landscape of education, work and marriage', in Goldman, M., Troisi, R. and Rexrode, K. (eds) *Women and health* (pp 671-682), London: Elsevier.

Bourdieu, P. (1986) 'The forms of capital', in Richardson, J.G. (ed) *Handbook of theory and research for the sociology of education* (pp 241-258), Westport, CT: Greenwood.

Brison, S. (2002) *Aftermath, violence and the remaking of the self,* Princeton, NJ: Princeton University Press.

Bromley, C., Given, L. and Ormston, R. (eds) (2010) *The Scottish Health Survey 2009. Volume 1: Main report,* Edinburgh: The Scottish Government, www.scotland.gov.uk

Caldwell, P. (2013) 'Recreating social purpose adult education', *Adults Learning,* vol 25, no 4, pp 39-41.

Carpenter, M. and Raj, T. (2012) 'Editorial introduction', mental health special issue, *Community Development Journal,* vol 47, no 4, pp 457-472.

Coare, P. and Johnston, R. (2003) *Adult learning, citizenship and community voices,* Leicester: NIACE.

Cotton, A. and Lewis, L. (2011) Proceedings of the British Sociological Association Mental Health Study Group symposium, *A difficult alliance? Making connections between mental health and domestic violence research and practice agendas,* Edgehill University, www.britsoc.co.uk/groups/medsocmharchive.aspx

Coyne, G. (2011) 'Developing a radical, action-learning oriented educational approach in the WEA to deal with old challenges in new times', working paper, http://blogs.erratum.org.uk/author/admin/

Deverill, C. and King, M. (2009) 'Common mental disorders', in McManus, S., Meltzer, H., Brugha, T., Bebbington, P. and Jenkins, R. (eds) *Adult psychiatric morbidity in England 2007: Results of a household survey* (pp 25-52), Leeds: Health and Social Care Information Centre.

DH (Department of Health) (2002) *Women's mental health: Into the mainstream,* London: DH.

Elliott, G. (2014) 'The new English post-compulsory education environment', paper presented to the University of Wolverhampton, CRADLE, Walsall, UK, 26 March.

Ettorre, E. (1997) *Women and alcohol: A private pleasure or a public problem?,* London: The Women's Press.

Fenner, J. (1999) 'Our way: Women's Action for Mental Health (Nottingham)', *Journal of Community and Applied Social Psychology,* vol 9, no 2, pp 79-91.

Field, J. (2009) 'Good for your soul? Adult learning and mental wellbeing', *International Journal of Lifelong Education,* vol 28, no 2, pp 175-91.

Field, J. and Spence, C. (2000) 'Social capital', in Coffield, E. (ed) *The necessity of informal learning,* Bristol: Policy Press, pp 32-42.

Friedli, L. (2009) *Mental health, resilience and inequalities,* Copenhagen: WHO Europe.

Fullagar, S. (2008) 'Leisure practices as counter-depressants: emotionwork and emotion play within women's recovery from depression', *Leisure Sciences,* vol 30, no 1, pp 35-52.

Fullagar, S. and O'Brien, W. (2014), 'Social recovery and the move beyond deficit models of depression: a feminist analysis of mid-life women's self-care practices', *Social Science and Medicine,* vol 117, pp 116-124.

Fuller, E., Jotangia, D. and Farrell, M. (2009) 'Alcohol misuse and dependence', in McManus, S., Meltzer, H., Brugha, T., Bebbington, T. and Jenkins, R. (eds) *Adult psychiatric morbidity in England 2007: Results of a household survey* (pp 151-174), Leeds: Health and Social Care Information Centre.

Galvani, S. and Humphreys, C. (2007) *The impact of violence and abuse on engagement and retention rates for women in substance use treatment,* London: NTA.

Gewirtz, S. (2001) 'Rethinking social justice: a conceptual analysis', in Demaine, J. (ed) *Sociology of education today* (pp 49-64), Basingstoke: Palgrave.

GOS (Government Office for Science) (2008) *Mental capital and wellbeing: Final project report,* http://tinyurl.com/ForesightReportMentalcapital

Hopper, K. (2007) 'Rethinking social recovery in schizophrenia: what a capabilities approach might offer', *Social Science and Medicine,* vol 65, no 5, pp 868-79.

Krantz, G. (2002) 'Violence against women: a global public health issue', *Journal of Epidemiology and Community Health,* vol 56, no 4, pp 242-243.

Laitinen, I. and Ettorre, E. (2004), 'The Women and Depression Project: feminist action research and guided self-help groups emerging from the Finnish women's movement', *Women's Studies International Forum,* vol 27, no 3, pp 203-221.

Lather, P. (1995) 'Feminist perspectives on empowering research methodologies', in Holland, J., Blair, M. with Sheldon, S. (eds) *Debates and issues in feminist research and pedagogy,* Clevedon: Multilingual Matters, pp 292-305.

Lewis, L. (2009) 'Politics of recognition: what can a human rights perspective contribute to understanding users' experiences of involvement in mental health services?', *Social Policy and Society,* vol 8, no 2, pp 257-74.

Lewis, L. (2012a) 'The capabilities approach, adult community learning and mental health', *Community Development Journal,* vol 47, no 4, pp 522-37.

Lewis, L. (2012b) *'You become a person again': Situated resilience through mental health adult community learning,* Research report, for the Workers' Educational Association.

Lewis, L. (2014) 'Responding to the mental health and well-being agenda in adult community learning', *Research in Post-Compulsory Education,* vol 19, no 4, pp 357-377.

Lovett, T. (1997) 'Adult education and the women's movement', in Thompson, J. (ed) *Words in edgeways: Radical learning for social change* (p 69), Leicester: NIACE.

Mancini Billson, J. and Fluehr-Lobban, C. (2005) *Female well-being: Toward a global theory of social change,* New York, NY: Zed Books.

Marmot, M., Atkinson, T., Bell, J., Black, C., Broadfoot, P., Cumberlege, J., Diamond, I., Gilmore, I., Ham, C., Meacher, M. and Mulgan, G. (2010) *Fair society, healthy lives: The Marmot review: Strategic review of health inequalities in England 2010,* London: The Marmot Review.

McKie, L. (2006) 'The hidden injuries of everyday life: violations, care and health', *Medical Sociology Online,* vol 1, no 1, pp 61-72.

Morgan, A. (2007) '"You're nothing without me!": the positive role of education in regaining self-worth and "moving on" for survivors of domestic abuse', *Research in Post-Compulsory Education,* vol 12, no 2, pp 241-258.

O'Grady, H. (2005) *Woman's relationship with herself,* London: Routledge.

Pilgrim, D., Rogers, A. and Benthall, R. (2009) 'The centrality of personal relationships in the creation and amelioration of mental health problems: the current interdisciplinary case', Health, vol 13, no 2, pp 235-254.

Preston, J. (2004) '"A continuous effort of sociability": learning and social capital in adult life', in Schuller, T., Preston, J., Hammond, C., Brassett-Grundy, A. and Bynner, J., *The benefits of learning: The impact of education on health, family life and social capital,* London: RoutledgeFalmer, pp 119-36.

Rodriguez, E., Lasch, K., Chandra, P. and Lee, J. (2001) 'Family violence, employment status, welfare benefits, and alcohol drinking in the United States: what is the relation?', *Journal of Epidemiology and Community Health,* vol 55, no 3, pp 172-178.

Rogers, A. and Pilgrim, D. (2003) *Mental health and inequality,* Basingstoke: Palgrave Macmillan.

Ross, C. and Mirowsky, J. (2006) 'Sex differences in the effect of education on depression', *Social Science and Medicine,* vol 63, no 5, pp 1400-13.

Rutherford, L., Sharp, C. and Bromley, C. (eds) (2012) *The Scottish Health Survey, 2011. Volume 1: Adults,* Edinburgh: The Scottish Government.

Schuller, T. and Watson, D. (2009) *Learning through life: Inquiry into the future of lifelong learning,* London: NIACE (National Institute for Community Learning).

Schuller, T., Bynner, J. and Feinstein, L. (2004) *Capitals and capabilities,* London: Centre for Research on the Wider Benefits of Learning.

Schuller, T., Preston, J., Hammond, C., Brassett-Grundy, A. and Bynner, J. (2004) *The benefits of learning,* London: Routledge Falmer.

Sen, A. (1999) *Development as freedom,* Oxford: Oxford University Press.

Sen, A. (2010) *The idea of justice,* London: Penguin Books.

SEU (Social Exclusion Unit) (2004) *Mental health and social exclusion,* Wetherby: Office of the Deputy Prime Minister.

Sheppard, M. (2002) 'Mental health and social justice: gender, race and the psychological consequences of unfairness', *British Journal of Social Work,* vol 32, no 6, pp 779-97.

Staddon, P. (2009) 'Women, alcohol and mental health: achieving authenticity in a hostile environment', paper presented to the BSA/SRN seminar series, 'Researching in Mental Health: Sociological and Service User/Survivor Perspectives', The British Library, London, May 11, www.britsoc.co.uk/groups/medsoc-mharchive.aspx

Staddon, P. (2011) The bigger picture, *Mental Health Today,* February.

Staddon, P. (2013) 'Theorising a social model of "alcoholism": service users who misbehave', in Staddon, P. (ed) *Mental health service users in research: Critical sociological perspectives* (pp 105-120), Bristol: Policy Press.

Stoppard, J. (2000) *Understanding depression: Feminist social constructionist approaches,* New York, NY: Routledge.

Tew, J. (ed) (2005) *Social perspectives in mental health,* Philadelphia, PA: Jessica Kingsley Publishers.

Tew, J. (2011a) 'Recovery capital: what enables a sustainable recovery from mental health difficulties?', *European Journal of Social Work,* vol 16, no 3, pp 360-374.

Tew, J. (2011b) *Social approaches to mental distress,* Basingstoke: Palgrave Macmillan.

Thompson, J. (1997) *Words in edgeways: Radical learning for social change,* Leicester: NIACE.

Thompson, J. (2007) *More words in edgeways: Rediscovering adult education,* Leicester: NIACE.

UNDESA (United Nations Department of Economic and Social Affairs) (2010) *The world's women 2010: Trends and statistics,* New York: UN.

UNDPI (United Nations Department of Public Information) (2009) *Women's control over economic resources and access to financial resources,* World Survey on the Role of Women in Development Fact Sheet, www.un.org/womenwatch/

WEA (Workers' Educational Association) (2013) *A history of the Workers' Educational Association* [film], London: WEA, www.youtube.com/

Wilkinson, R. and Pickett, K. (2009) *The spirit level: Why more equal societies almost always do better,* London: Allen Lane.

Williams, J. (2005) 'Women's mental health: taking inequality into account', in Tew, J. (ed) *Social perspectives in mental health* (pp 151-167), Philadelphia, PA: Jessica Kingsley Publishers.

Williams, J. and Lindley, P. (1996) 'Working with mental health service users to change mental health services', *Journal of Community and Applied Social Psychology,* vol 6, no 1, pp 1-14.

Williams, J. and Watson, G. (1996) 'Mental health services that empower women', in Heller, T., Reynolds, J., Gomm, R., Muston, R. and Pattison, S. (eds) *Mental health matters: A reader* (pp 242-251), Basingstoke: Macmillan.

Williams, S.J. (2000) 'Reason, emotion and embodiment: is "mental" health a contradiction in terms?', in Busfield, J. (ed) *Rethinking the sociology of mental health* (pp 17-38), Oxford, Blackwell.

12장 여성이 말하다! 여성에게 필요한 알코올 서비스

Allen, V. (2003) 'The stereotypes of the male and female drunkard are the same as they've ever been: in a man alcohol is the harbinger of violence; in a woman, casual sex', *Sunday Herald Online,* 28 December.

Angove, R. and Fothergill, A. (2003) 'Women and alcohol: misrepresented and misunderstood', *Journal of Psychiatric and Mental Health Nursing,* vol 10, no 2, pp 213-219.

Barak, A., Boniel-Nissim, M. and Suler, J. (2008) 'Fostering empowerment in online support groups', *Computers in Human Behavior,* vol 24, no 5, pp 1867-1883.

Beck, U. (1992) *Risk society: Towards a new modernity,* translated by M.Ritter, London: Sage Publications, 1999.

Beresford, P. (2005) '"Service user": regressive or liberatory terminology?', *Disability & Society,* vol 22, no 4, pp 469-477.

Blanch, A., Filson, B. and Penney, D., with Cave, C. (2012) *Engaging women in trauma-informed peer support: A guidebook,* www.nasmhpd.org/docs/.../Engaging-Women/PEGFull_Document.pdf

Cunningham, J.A. and McCambridge, J. (2012) 'Is alcohol dependence best viewed as a chronic relapsing disorder?', *Addiction,* vol 107, no 1, pp 6-12, doi: 10.1111/

j.1360-0443.2011.03583.x

Darbyshire, P., Cleghorn, A., Downes, M., Elford, J., Gannoni, A., Mccullagh, C. and Shute, R. (2013) 'Supporting bereaved parents: a phenomenological study of a telephone intervention programme in a paediatric oncology unit', *Journal of Clinical Nursing,* vol 22, no 3-4, pp 540-549.

Delgado, A., Andres Lopez-Fernandez, L., de Dios Luna, J., Gil, N.Jimenez, M. and Puga, A. (2008) 'Patient expectations are not always the same', *Journal of Epidemiology and Community Health,* vol 62, no 5, pp 427-434, doi:10.1136/jech.2007.060095

Drake, D.H. and Harvey, J. (2013) 'Performing the role of ethnographer: processing and managing the emotional dimensions of prison research', International Journal of Social Research Methodology, doi: 10.1080/13645579.2013.769702

Ettorre, E. (1992) *Women and substance use,* New Brunswick, NJ: Rutgers University Press.

Ettorre, E. (1997) *Women and alcohol: A private pleasure or a public problem?,* London: The Women's Press.

Ettorre, E. (2007) *Revisioning women and drug use: Gender, power and the body,* Basingstoke: Palgrave Macmillan.

Fillmore, K.M. (1984) 'When angels fall: women's drinking as cultural preoccupation and as reality', in Wilsnack, S.C. and Beckman, L.J. (eds) *Alcohol problems in women,* New York, NY: Guilford Press.

Fraser, N. (2007) 'Reframing justice in a globalising world', in Lovell, T. (ed) *(Mis) recognition, social inequality and social justice: Nancy Fraser and Pierre Bourdieu,* London: Routledge.

Fukkink, R.G. and Hermanns, J.M.A. (2009) 'Children's experiences with chat support and telephone support', *Journal of Child Psychology and Psychiatry,* vol 50, no 6, pp 759-766.

Guest, C. and Holland, M. (2011) 'Co-existing mental health and substance use and alcohol difficulties—why do we persist with term "dual diagnosis" within mental health services?', *Advances in Dual Diagnosis,* vol 4, no 4, pp 162-172.

Heather, N., Raistrick, D. and Godfrey C. (2006) *Review of the effectiveness of treatment,* London: National Treatment Agency for Substance Misuse.

Hill, T.E. (2010) 'How clinicians make (or avoid) moral judgments of patients: implications of the evidence for relationships and research', *Philosophy, Ethics, and*

Humanities in Medicine, vol 5, no 11, doi: 10.1186/1747-5341-5-11, http://www. peh-med.com/content/5/1/11

Holly, J. and Horvath, A.H. (2012) 'A question of commitment-improving practitioner responses to domestic and sexual violence, problematic substance use and mental ill-health', *Advances in Dual Diagnosis,* vol 5, no 2, pp 59-67.

Landman, M. (2006) 'Getting quality in qualitative research: a short introduction to feminist methodology and methods', *Proceedings of the Nutrition Society,* vol 65, pp 429-433.

Lee, R.M. (1993) *Doing research on sensitive topics,* London: Sage Publications.

Legault, M. and Chasserio, S. (2012) 'Women and addiction: the importance of gender issues in substance use treatment', *International Journal of Project Management,* vol 30, no 6, pp 697-707.

Legault, M. and Chasserio, S. (2003) 'Family obligations or cultural constraints? Obstacles in the path of professional women', *Journal of International Women's Studies,* vol 4, no 3, pp 108-25, http://vc.bridgew.edu/jiws/vol14/iss3/9 [Accessed 09/01/2014]

Letherby, G. (2002) 'Claims and disclaimers: knowledge, reflexivity and representation in feminist research', *Sociology Research Online,* vol 6 http://ideas.repec.org/a/sro/srosro/2001-19-2.html

Letherby, G. (2003) *Feminist research in theory and practice,* Philadelphia, PA: Open University Press.

Lewis, L. (2013) 'Recognition politics as a human rights perspective on service users' experiences of involvement in mental health services', in Staddon, P. (ed) *Mental health service users in research: A critical sociological perspective,* Bristol: Policy Press.

Linton, J.M., Flaim, M., Deuschle, C. and Larrier, Y. (2009) 'Women's experience in holistic chemical dependency treatment: an exploratory qualitative study', *Journal of Social Work Practice in the Addictions,* vol 9, no 3, pp 282-298.

Lister, R. (1997) *Citizenship: Feminist perspectives,* Basingstoke: Palgrave Macmillan.

McCarthy, D. (2010) 'Self-governance or professionalized paternalism?: The police, contractual injunctions and the differential management of deviant populations', *British Journal Criminology,* vol 50, no 5, pp 896-913, doi: 10.1093/bjc/azq026

McNicoll, A. (2012) '"Service user" or "client"? Social workers divided on best term', Mad World, *Community Care,* 30 July 2012, www.communitycare.co.uk/

blogs/mental-health/2012/07/service-useror-client-social-1/#sthash.tgORTK4U. dpuf. Accessed 21/04/2014

Moore, S.E.H. (2008) 'Gender and the "new paradigm" of health', *Sociology Compass*, vol 2, no 1, pp 268-280.

Niv, N. and Hser, Y. (2007) 'Women-only and mixed-sex treatment programmes: service needs, utilizations and outcomes', *Drug and Alcohol Dependence*, vol 87, nos.2-3, pp 194-201.

Penberthy, J.K., Ait-Daoud, N., Breton M. (2007) 'Evaluating readiness and treatment seeking effects in a pharmacotherapy trial for alcohol dependence', *Alcoholism: Clinical and Experimental Research*, vol 31, no 9, pp 1538-1544.

Perryman, K., Rose, A.K., Winfield, H., Jenner, J., Oyefeso, A., Phillips, T.S., Deluca, P., Heriot-Maitland, C., Galea, S., Cheeta, S., Saunders, V. and Drummond, C. (2011) 'The perceived challenges facing alcohol treatment services in England: a qualitative study of service providers', *Journal of Substance Use*, vol 16, no 1, pp 38-49, doi: 10.3109/14659891003706399

Phillips, J.L., Davidson, P.M., Newton, P.J. and DiGiacomo, M. (2008) 'Supporting patients and their caregivers after-hours at the end of life: the role of telephone support', *Journal of Pain and Symptom Management*, vol 36, no 1, pp 11-21.

Plant, M.L. (1997) *Women and alcohol: Contemporary and historical perspectives*, London: Free Association Books.

Project Match Research Group (1997) 'Matching alcoholism treatments to client heterogeneity: Project MATCH posttreatment drinking outcomes', *Journal of Studies on Alcohol*, vol 58, no 1, pp 7-29.

Raine, P. (2001) *Women's perspectives on drugs and alcohol: The vicious circle*, Aldershot: Ashgate.

Raistrick, D. (2005) 'The United Kingdom: alcohol today', *Addiction*, vol 100, no 9, pp 1212-1214.

Repper, J. and Perkins, R. (2003) *Social inclusion and recovery*, London: Bailliere Tindal.

Riper, H., Kramer, J., Conijn, B., Smit, F., Schippers, G. and Cuijpers, P. (2009) 'Translating effective web-based self-help for problem drinking into the real world', *Alcoholism: Clinical and Experimental Research*, vol 33, no 8, pp 1401-1408.

Small, J., Curran, G.M. and Booth, B. (2010) 'Barriers and facilitators for alcohol treatment for women: are there more or less for rural women?', *Journal of Sub-*

stance Abuse Treatment, vol 39, no 1, pp 1-13.

Staddon, P. (2009) 'Making whoopee'? An exploration of understandings and responses around women's alcohol use', PhD thesis, Plymouth University, http://hdl.handle.net/10026.1/415

Staddon, P. (2011a) 'Service user led research in the NHS: wasting our time?', in Barnes, M. and Cotterell, P. (eds) *Critical perspectives on user involvement,* Bristol: Policy Press.

Staddon, P. (2011b) 'Many roads to recovery', *The Big Issue,* 10 January.

Staddon, P. (2012) 'No blame, no shame: towards a social model of alcohol dependency-a story from emancipatory research', in Carr, S. and Beresford, P. (eds) *Social care, service users and user involvement: Building on research,* London: Jessica Kingsley Publishers.

Staddon, P. (2013a) 'Theorising a social model of "alcoholism": service users who misbehave', in Staddon, P. (ed) *Mental health service users in research: A critical sociological perspective,* Bristol: Policy Press.

Staddon, P. (2013b) *Improving support for women with alcohol issues,* report for Folk.us [Unpublished internal formal report submitted to the universities of Exeter and Plymouth and to Folk.us, who funded the research].

Staddon, P. (2014) 'Turning the tide', *Groupwork,* vol 24, no 1, pp 26-41.

Stella Project Toolkit (2007) *Domestic violence, drugs and alcohol: Good practice guidelines* (2nd edn), www.avaproject.org.uk-our- resources/goodpractice

Tew, J. (ed) (2005) *Social perspectives in mental health: Developing social models to understand and work with mental distress,* London: Jessica Kingsley Publishers.

Thom, B. (1986) 'Sex differences in help-seeking for alcohol problems-1: the barriers to help-seeking', *Addiction,* vol 81, no 6, pp 777-788.

Thom, B. (1994) 'Women and alcohol: the emergence of a risk group', in McDonald, M. (ed) *Gender, drink and drugs: Cross-cultural perspectives on women,* vol 10, London: Berg, 1997.

Tuchman, E. (2010) 'Women and addiction: the importance of gender issues in substance use treatment', *Journal of Addictive Diseases,* vol 29, no 2, pp 127-138.

van Boekel, L.C., Brouwers, E.P.M., van Weeghel, J. and Garretsen, H.F.L. (2013) 'Stigma among health professionals towards patients with substance use disorders and its consequences for healthcare delivery: systematic review', *Drug and Alcohol Dependence,* vol 131, no 1-2, pp 23-35.

Velleman, R. and Templeton, L. (2007) 'Understanding and modifying the impact of parents' substance misuse on children', *Advances in Psychiatric Treatment,* vol 13, pp 79-89.

White, W.L. (2008) *Recovery management and recovery-oriented systems of care: Scientific rationale and promising practices,* Northeast Addiction Technology Transfer Center, Great Lakes Addiction Technology Transfer Center, Philadelphia Department of Behavioral Health/Mental Retardation Services.

Wilkins, R. (1993) 'Taking it personally: a note on emotion and autobiography', *Sociology,* vol 27, no 1, pp 93-100, doi: 10.1177/003803859302700109

Willenbring, M.D. (2010) 'The past and future of research on treatment of alcohol dependence', *Alcohol Research and Health,* Celebrating 40 Years of Alcohol Research, vol 33, nos 1 and 2, pp 55-63.

Wolstenholme, A., Drummond, C., Deluca, P. (2012) 'Chapter 9: Alcohol interventions and treatments in Europe', in AMPHORA *Alcohol policy In Europe: Evidence from AMPHORA,* http://alcoholreports.blogspot.co.uk/2012/10/alcohol-policy-in-europeevidence-from.html

Women's Resource Centre (2007) *Why women-only? The value and benefits of by women, for women services,* London: Women's Resource Centre.

13장 다름의 가치를 인식하는 치료 서비스

Anthony, W.A. (1993) 'Recovery from mental illness: the guiding vision of the mental health service system in the 1990's', *Psychosocial Rehabilitation Journal,* vol 16, no 4, pp 11-23.

Beckman, L. (1994) 'Treatment needs of women with alcohol problems', *Alcohol Health and Research World,* vol 18, no 3, pp 206-211.

Best, D. and Laudet, A.B. (2010) *The potential of recovery capital,* London: RSA, www.uniad.org.br/desenvolvimento/images/stories/arquivos/The_potential_of_recovery_capital_-_2010.pdf

Briggs, C.A. and Pepperell, L. (2009) *Women, girls and addiction: Celebrating the feminine in counselling treatment and recovery,* New York, NY and Hove: Routledge.

Burman, S. (1994) 'The disease concept of alcoholism: its impact on women's treatment', *Journal of Substance Abuse Treatment,* vol 11, no 2, pp 121-126.

Cloud, W. and Granfield, W. (2008) 'Conceptualising recovery capital: expansion of a theoretical construct', *Substance Use and Misuse,* vol 42, no 12/13, pp 1971-1986.

Copeland, J. and Hall, W. (1992) 'A comparison of women seeking drug and alcohol treatment in a specialist women's and two traditional mixed-sex treatment services', *British Journal of Addictions,* vol 87, no 9, pp 1293-1302.

Copeland, J., Hall, W., Didcott, P. and Biggs, V (1993) 'A comparison of a specialist women's alcohol and other drug treatment service with two traditional mixed sex services: client characteristics and treatment outcome', *Drug and Alcohol Dependence,* vol 32, no 1, pp 81-92.

Falkin, G.P. and Strauss, S.M. (2003) 'Social supporters and drug use enablers: a dilemma for women in recovery', *Addictive Behaviours,* vol 28, no 1, pp 141-155.

Ferlander, S. (2007) 'The importance of different forms of social capital for health', *Acta Sociologica,* vol 50, no 2, pp 115-128.

Galvani, S. and Humphreys, C. (2007) *The impact of violence and abuse on engagement and retention rates for women in substance use treatment,* London: National Treatment Agency for Substance Misuse.

Granfield, R. and Cloud, W. (1999) *Coming clean: Overcoming addiction without treatment,* New York, NY: NYU Press.

Granfield, R. and Cloud, W. (2001) 'Social context and "natural recovery": the role of social capital in the resolution of drug-associated problems', *Substance Use and Misuse,* vol 36, no 11, pp 1543-1570.

Greenfield, S.F., Back, S.E., Lawson, K. and Brady, K.T. (2010) 'Substance abuse in women', *Psychiatric Clinics of North America,* vol 33, no 2, pp 339-355.

Harvard Medical School (2011) *Alcohol use and abuse: Special report,* Cambridge, MA: Harvard University Press.

HM Government (2012) *The government's alcohol strategy,* Cm 8336, London: The Stationery Office, https://www.gov.uk/government/uploads/system/uploads/attachment_data/file/224075/alcoholstrategy.pdf

HSCIC (Health and Social Care Information Centre) (2013) *Statistics on alcohol, 2012,* www.hscic.gov.uk/pubs/alcohol12

IAS (Institute for Alcohol Studies) (2013) *Women and alcohol: Factsheet,* London: IAS, www.ias.org.uk/uploads/pdf/Factsheets/Women%20and%20alcohol%20factsheet%20May%202013.pdf

Jarvis, T.J. (1992) 'Implications of gender for alcohol treatment research: a quantitative and qualitative review', *British Journal of Addiction,* vol 87, no 9, pp 1249-

1261.

La Flair, L.N., Bradshaw, C.P., Storr, C.L., Green, K.M., Alvanzo, A.A.H. and Crum, R.M. (2012) 'Intimate partner violence and patterns of alcohol abuse and dependence criteria among women: a latent class analysis', *Journal of Studies on Alcohol and Drugs,* vol 73, no 3, pp 351-360.

Laudet, A.B. and White, W.L. (2008) 'Recovery capital as prospective predictor of sustained recovery, life satisfaction, and stress among former poly-substance users', *Substance Use and Misuse,* vol 43, no 1, pp 27-54.

Liang, B. and Long, M.A. (2013) 'Testing the gender effect in drug and alcohol treatment: women's participation in Tulsa county drug and DUI programs', *Journal of Drug Issues,* vol 43, no 3, pp 270-288.

Lyons, A.C. and Willmott, S. (2008) 'Alcohol consumption, gender identities and women's changing social positions', *Sex Roles,* vol 59, no 9-10, pp 694-712.

McCrady, B.S., Epstein, E.E., Cook, S., Jenson, N. and Hildebrandt, T. (2009) 'A randomized trial of individual and couple behavioural alcohol treatment for women', *Journal of Consulting and clinical Psychology,* vol 77, no 2, pp 243-256.

McCrady, B.S., Epstein, E., Cook, S., Jenson, N.K. and Ladd, B.O. (2011) 'What do women want? Alcohol treatment choices, treatment entry and retention', *Psychology of Addictive Behaviours,* vol 25, no 3, pp 521-529.

Netmums (2013) *Netmums and alcohol: Full survey results,* www.netmums.com/woman/fitness-diet/mums-and-drinking/netmumsand-alcohol-the-full-results/netmums-alcohol-full-survey-results

NICE (2011) *Alcohol-use disorders: diagnosis, assessment and management of harmful drinking and alcohol dependence,* CG115, London: NICE. Available at – http://www.nice.org.uk/guidance/cg115 (accessed 14/09/14)

NTA (National Treatment Agency for Substance Misuse) (October 2012) 'Alcohol statistics from the National Drug Treatment Monitoring System (NDTMS)', *The Telegraph,* 1 March, p 20, table 5.2.1.

Peacock, L. (2012) 'Women earn £500,000 less than men over working lives', *The Telegraph,* 7 November, www.telegraph.co.uk/finance/jobs/9659232/Women-earn-500000-less-than-men-over-workinglives.html

Perryman, K., Rose, A.K., Winfield, H., Jenner, J., Oyefeso, A.,Phillips, T.S., Deluca, P., Heriot-Maitland, C., Galea, S., Cheeta, S., Saunders, V. and Drummond, C. (2011) 'The perceived challenges facing alcohol treatment services in England: a qualitative study of service providers', *Journal of Substance Use,* vol 16, no 1, pp 38-49, doi:10.3109/14659891003706399

Salter, M. and Breckenbridge, J. (2014) 'Women, trauma and substance abuse: understanding the experience of female survivors of childhood abuse in alcohol and drug treatment', *International Journal of Social Welfare,* vol 23, pp 165-173, www. academia.edu/3539934/Women_trauma_and_substance_abuse_Understanding_ the_experiences_of_female_survivors_of_childhood_abuse_in_alcohol_and_drug_ treatment

Sanchez-Craig, M., Leigh, G., Spivak, K. and Lei, H. (1989) 'Superior outcome of females over males after brief treatment for the reduction of heavy drinking', *British Journal of Addiction,* vol 84, no 4, pp 395-404.

Sanchez-Craig, M., Spivak, K. and Davila, R. (1991) 'Superior outcome of females over males after brief treatment for the reduction of heavy drinking: replication and report of therapist effects', *British Journal of Addiction,* vol 86, no 7, pp 867-876.

Shepherd, G., Boardman, J. and Slade, M. (2008) *Making recovery a reality,* London: Sainsbury Centre for Mental Health, www.recoverydevon.co.uk/download/Making_recovery_a_reality.pdf

Shinebourne, P. and Smith, J.A. (2009) 'Alcohol and the self: an interpretative phenomenological analysis of the experience of addiction and its impact on the sense of self and identity', *Addiction Research and Theory,* vol 17, no 2, pp 152-167.

Staddon, P. (2012) 'No blame, no shame: towards a social model of alcohol dependency—a story from emancipatory research', in (eds) *Social care, service users and user involvement: Building on research,* London: Jessica Kingsley Publishers.

Staddon, P. (2013) 'Theorising a social model of "alcoholism": service users who misbehave', in Staddon, P. (ed) *Mental health service users in research: A critical sociological perspective,* Bristol: Policy Press.

Tracy, E.M., Laudet, A.B., Min, M.O., Brown, S., Jun, M.K. and Singer, L. (2012) 'Prospective patterns and correlates of quality of life among women in substance abuse treatment', *Drug and Alcohol Dependence,* vol 124, no 3, pp 242-249.

White, W.L. (2008) 'The mobilization of community resources to support long-term addiction recovery', *Journal of Substance Abuse Treatment,* vol 36, no 2, pp 146-158.

Whitehead, T. (2009) 'Rise of "ladette" culture as 241 women arrested each day for violence', *The Telegraph,* 1 May, www.telegraph.co.uk/news/uknews/law-and-order/5251042/Rise-of-ladette-culture-as-241-women-arrested-each-day-for-violence.html

나가는 글

Alcoholics Anonymous (1939) *The little book,* 2001, New York, NY: Alcoholics Anonymous, reprinted with permission of A.A. World Service, Inc.

Becker, H.S. (1963) *Outsiders: Studies in the sociology of deviance,* New York, NY: The Free Press, 1966.

찾아보기

집필진 소개

메리언 반스Marian Barnes 　영국 브라이튼 대학교 사회정책 명예교수. 버밍엄 대학교 사회연구의장을 역임했으며 리즈와 셰필드 대학에서 학생들을 가르쳤다. 당사자 참여와 당사자 운동, 시민권 및 새로운 형태의 민주적 실천에 대한 연구로 잘 알려져 있다. 지난 몇 년간 돌봄, 노화 및 복지 윤리에 초점을 둔 연구를 진행해 왔다. 주요 저서로는 *Power, Participation and Political Renewal*(J. Newman, H. Sullivan 공저, Policy Press, 2007), *Caring and Social Justice*(Palgrave, 2005), *Care in Everyday Life*(Policy Press, 2012)가 있다.

피터 베리스퍼드Peter Beresford OBE* 　런던 브루넬 대학교 사회정책 교수 및 시민참여센터장. 오랫동안 정신건강 서비스를 사용한 당사자로서 국가 장애인 및 당사자 조직 '셰이핑 아워 라이프Shaping Our Life'의 대표를 맡고 있다. 저서로 *A Straight Talking Introduction To Being A Mental Health Service User*(PCCS Books, 2010)가 있다.

셰인 블랙먼Shane Blackman 　영국 캔터베리 크라이스트처치 대학교 문화학 교수. 런던 대학교 교육연구소에서 경제사회연구협의회ESRC 장학생으로 박사학위를 받았다. 저서로 *Youth: Positions and Oppositions: Style, Sexuality and Schooling*(Avebury Press, 1995), *Drugs*

---

*　Officer of the Order of the British Empire, 대영제국 4등 훈장 수훈자.

education and the National Curriculum(Home Office, 1996), *Chilling Out: The Cultural Politics of Substance Consumption, Youth and Drug Policy*(Open University Press, 2004), *Young People, Class and Place*(T. Shildrick and R. MacDonald 편저, Routledge, 2010)가 있다. 학술지 *Journal of Youth Studies* 와 *YOUNG: Nordic Journal of Youth Research*의 편집자다.

데이지 보그Daisy Bogg　데이지 보그 자문회사Daisy Bogg Consultancy 대표. 영국 보건국 및 민간기관에서 18년간 정신건강 및 중독 서비스를 담당했다. 건강전문가협회 인증 사회복지사로서 통합 건강과 사회적 돌봄 분야에서 일하면서 전문적 리더십 개발과 통합 서비스 개선 분야의 자문을 맡아 왔다.

테리 보그Terry Bogg　데이지 보그 자문회사 공동대표. 상담사 훈련을 받고 15년간 지역사회 내 약물중독 서비스, 거주재활시설 및 교정재활시설에서 일해 왔다. 최근에는 주 전역의 약물중독 서비스의 성인 담당 서비스 책임자로 일하며, 영국 보건국과 파트너십을 맺고 서비스 재설계 프로그램을 진행하고 있다.

로라 도허티Laura Doherty　영국 캔터베리 크라이스트처치 대학교 인문학부 박사과정 학생. 동대학 예술과 디자인 학과에서 박사 논문 장학금을 받아 런던의 청소년 음주문화를 탐구하는 사회학 질적연구를 수행하고 있다. 주된 연구와 관심 분야는 알코올과 약물 연구, 미디어와 문화이론, 민족지, 청소년과 젠더 연구다. 영국 사회학회 알코올연구모임 공동회장을 맡고 있다.

제프 퍼낸데즈Jeff Fernandez　런던 이즐링턴 자치구의 알코올 및 약물 서비스 분야 전문 간호사. 치료 시스템에 대한 감사와 연구 및 해당 자치구를 위한 전문가 자문과 임상 실무를 하고 있다. 약물 오남용과 1차 의료기관에서 20년 이상의 경력을 가지고 있으며, 2007년 이즐링턴에 설립된 1차 의료약물 및 알코올팀 구성에 지대한 역할을 했다. 약물 오남용 분야에서 여성을 대상으로 하는 치료 과정에 특별한 관심을 가지고 있다.

세라 갈바니 Sarah Galvani　베드퍼드셔 대학교 부설 틸다 골드버그 사회복지와 사회돌봄센터에서 6년간 부센터장을 지내고, 현재는 영국 맨체스터 메트로폴리탄 대학교 사회복지학과 교수로 재직 중이다. 미국과 영국에서 정신건강, 노숙, 약물중독 전문 사회복지사 자격을 취득했다. 가정폭력 피해자 여성을 대상으로 보호관찰 서비스를 제공한 경력이 있다.

리디아 루이스 Lydia Lewis　영국 울버햄프턴 대학교 교육연구소의 박사후 연구원. 관심 분야는 정신건강과 교육 분야의 비판적 응용사회학 연구다. 버밍햄, 레스터, 워릭 대학교 사회학과 교육학 연구원과 배스 스파 대학 교육학 연구(사회학과 통합) 강사를 역임했다. 영국 사회학회 정신건강연구모임을 설립하고 10년간(2014년 9월까지) 회장을 역임했다.

앨리슨 매키비치 Alison Mackiewicz　애버리스트위스 대학교 심리학과 강사. 연구 관심 분야는 젠더, 전형과 문화에서의 정체성, 마케팅과 소비자문화를 포함하는 소비주의, 알코올과 약물 사용, 그리고 질적연구 방법론이다. 박사 논문은 행위주체성과 소비자 중심의 주관성이라는 지배적 담론 속에서 여성성이 어떻게 받아들여지고 재논의되고 저항받는지를 탐구했다. 섹슈얼리티, 젠더, 권력, 계급의 교차성 속에서 21세기 여성의 섹시함과 알코올 소비가 어떻게 타협되는지에 대한 여성들의 생생한 경험을 기록했다.

레이철 매컬린Rachel McErlain 영국 케임브리지 앵글리아 러스킨 대학 사회정책학과 연구조교이자 강사. 박사 논문으로 19세기 중반의 알코올 규제 캠페인을 21세기 음주 캠페인 자료와 비교하여 19세기 사회의 여성 음주 규제를 분석했고, 도덕적 규제, 후기구조주의 페미니즘과 사회역사 등의 주제를 탐색했다.

로버트 맥퍼슨Robert McPherson 영국 캔터베리 크라이스트처치 대학교 미디어 예술디자인학과 박사과정 학생. 사회학, 미디어와 문화 연구, 청소년 연구, 팝음악과 알코올 연구 등을 가르친다. 박사 논문은 도심 술집을 주제로 하는 민족지 연구로, 캔터베리 밤 문화 속 젊은이들의 음주를 연구한다.

린지 문Lyndsey Moon 영국 워릭 대학교 선임연구원. 20년간 영국 보건국과 민간 영역의 전문 심리상담사로 알코올과 약물 문제를 가진 사람들을 만나 왔다.

로라 세런트Laura Serrant 영국 울버햄프턴 대학교 지역사회와 공공보건간호학과 교수이자 건강과 사회돌봄센터CHSCI 연구 및 산업 책임자. 서인도제도 대학교 및 도미니카 스테이트 칼리지 보건과학과 초빙교수. 연구 관심 분야는 지역사회와 공중보건의 불평등이며, 특히 카리브해 지역에 관심이 있다. 학술지 *Nurse Researcher Journal*의 편집장을 4년간 역임했고, 2010년 보건부의 위촉을 받아 영국 수상 산하 간호 및 조산사 위원회 위원으로 참여했다.

패치 스태던Patsy Staddon 영국 브리스틀에 위치한 '알코올 문제에 맞서는 여성Women's Independent Alcohol Support' 단체의 설립자이자 책임자. 해당 단체는 여성 소집단을 운영하며 전략을 제안하고 자문을 제공한다. 울버햄프턴 대학교 명예 겸임교수이자 플리머스 대학교 객원교수로 재직 중이다. 영국 사회학회 알코올연구모임을 발족하고 회장을 맡고 있으며, 정신건강의 사회적 관점 네트워크 이사로 일하고 있다. 오랫동안 직접 경험한 심한 알코올의존이 여성 음주에 대한 사회적 접근을 연구하는 계기가 되었다.

크리스틴 토프트 Christine Toft 사회적 돌봄 분야에서 15년 이상 일해 왔다. 첫 직장은 알코올 문제로 어려움을 겪은 가족을 만나는 아동학대예방협회NSPCC였고, 그 후에는 지역에서 가정폭력 전문가로 일하며 알코올과 가정폭력을 경험하는 가족과 파트너십을 맺어 왔다. 이후 알코올 서비스를 전국적으로 제공한다는 목표를 가진 엠브레이스Embrace 프로젝트의 '알코올경보Alcohol Concern'에서 일했다. 9년 전 폭력적 관계로 인해 술을 마시게 되면서 알코올 문제를 경험했지만, 현재는 성공적으로 회복했다. 4년째 여성, 알코올 및 가정폭력을 전문으로 다루는 개인 상담을 하고 있으며, 해당 주제에 관심을 가지고 실천하는 전문가들을 양성하고 슈퍼비전을 주고 있다.

리지 워드 Lizzie Ward 영국 브라이튼 대학교 응용사회과학대학 선임연구원. 대학에 오기 전에 비영리기관에서 12년 이상 일한 경력이 있다.

엮은이·옮긴이 소개

엮은이

패치 스태던Patsy Staddon
영국 울버햄프턴Wolverhampton 대학교 명예 겸임교수이자 플리머스Plymouth 대학교 객원교수이다. 20년간의 알코올의존에서 회복한 후 대학으로 돌아와 사회학적 관점에서 여성의 음주를 연구하고 있다. 수치심과 주변화 등 여성의 회복을 가로막는 장벽에 관한 글을 쓰고 발표해 왔다. 정신건강 연구 분야에서 활발히 활동 중이며 영국 사회학회 알코올연구모임과 '알코올 문제에 맞서는 여성WIAS' 단체를 설립했다.

옮긴이

정슬기
2002년 미국 워싱턴Washington 대학교에서 박사학위를 취득한 후, 같은 해 9월부터 중앙대학교 사회복지학과 교수로 재직하면서 중독과 사회복지, 사회문제와 건강불평등, 인간과 사회 등에 대하여 강의해 왔다. 미국 세인트앤서니 메디컬 센터St. Anthony's Medical Center의 하일랜드Hyland 중독재활센터에서 상담가로 일한 경력이 있다. 지금은 사회복지 분야에서 중독의 사회적 요인에 관심을 가지고 사회불평등과 정신건강 및 중독의 관계를 연구하고 있다. 저서로는 『숨을 참다: 코로나 시대 우리 일』(공저), 『알코올 문제와 사회복지실천』(공저), 역서로는 『물질남용의 예방과 치료: 사회복지사, 상담가, 치료사, 상담교사를 위한 지식』(공역) 등이 있다.